北の男

第一部 激流篇

塩澤幸登

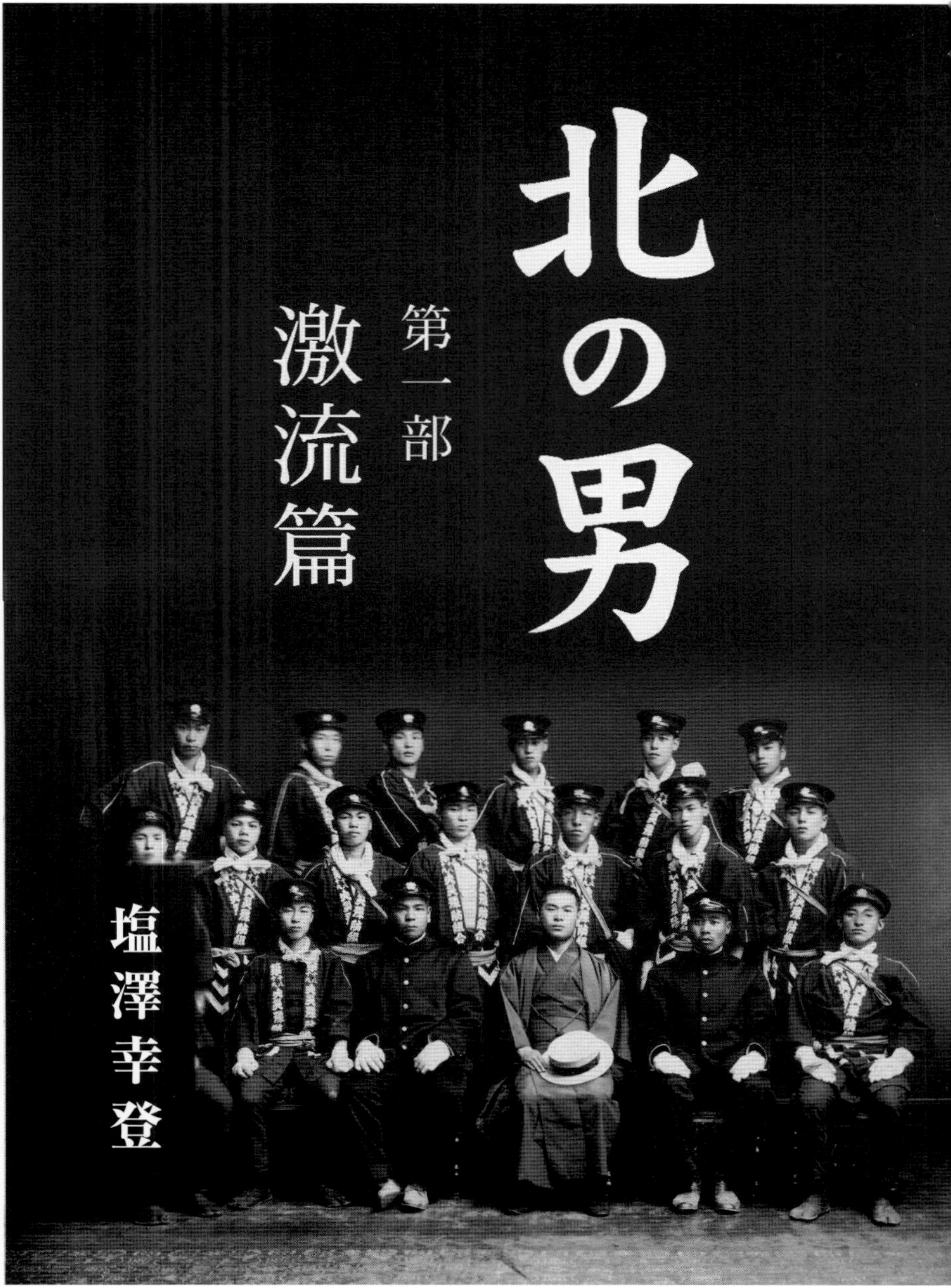

北の男

第一部　激流篇

目次

装幀・塩澤幸登

日本音楽著作権協会（出）許諾　第1603024―601号

序　神田須田町　河水遠く流れて

この物語の主人公である小柳昌之《こやなぎまさゆき》の、父親の父親の義理の父親の実の兄にあたる勤王の志士、島義勇《しまよしたけ》が、やがて北海道と呼ばれることになる蝦夷地《えぞち》に足を踏み入れたのは一八六九（明治二）年、いまからもう一四六年前のことだ。

彼は明治政府によって蝦夷地開拓使判官に任命され、無人の荒野であった現在の札幌の地にたどり着いて、蕩々と流れる石狩川のありさまを見てこう詠《うた》うのである。

河水遠流山峙隅
平原千里地膏腴
四通八達宜開府
他日五洲第一都

河水 遠く流れて 山隅《すみ》 峙《そばだ》つ
平原千里 地は膏腴《こうゆ》
四通八達 宜《よろ》しく府を開くべし
他日五洲 第一の都

島義勇は幕末から明治への時代のかわりめ、佐賀藩で、大隈重信《おおくましげのぶ》や江藤新平《えとうしんぺい》らと並んで「佐賀の七賢」と呼ばれた勤王の志士である。

一八二二（文政五）年の生まれというから、明治二年には四十七歳の男盛りだった。

佐賀藩は藩内に伝わる書に山本常朝《やまもとじょうちょう》が講述した、のちに「武士道とは死ぬ事と見付けたり」の苛烈な一語で有名になった秘本『葉隠《はがくれ》』があり、篤学尚武の藩風を持つ土地柄だった。

島は若いころ、藩主・鍋島直正《なべしまなおまさ》の命を受け、箱館奉行だった堀利熙《ほりとしひろ》の近習となっている。（1）

この時期に北海道の各地を探検調査した経験を持ち、現地の事情には相当に詳しい人だった。また、藩の許しを得て遊学し、儒学を佐藤一斎《さとういっさい》、水戸学を藤田東湖《ふじたとうこ》、国学を林桜園《はやしおうえん》に学んだ、いわば佐賀藩随一のインテリ侍だった。そして、五稜郭の戦いで土方歳三《ひじかたとしぞう》が戦死し、榎本武揚《えのもとたけあき》らが降伏して戊辰《ぼしん》戦争が終焉したあと、佐賀藩主の鍋島直正が開拓使初代長官に任命されたのに合わせて、島義勇が開拓使判官となったものだった。

この七言絶句を「佐賀偉人伝・島義勇」の著者である榎本洋介《えのもとようすけ》はこんなふうに通釈している。

遠く河水がゆるやかに流れ、一方の隅に山がそびえている。
ひろびろとした平原が千里の彼方まで続き地味は豊かである。
北海道の各地へ道を通じるに便であり、まさに首府をおくに最適である。
いつの日か、おそらく世界第一の大都になるであろう。（2）

のちに「北海道開拓の父」と呼ばれることになる島義勇の壮大な都市開発の構想は、資金不足や中央政府の無理解、既得権者たちの妨害工作で頓挫し、やがて、島本人は佐賀の乱に連座して、敗走、とらわれて斬罪梟首《ざんざいきょうしゅ》の悲運に出会うことになる。

島義勇の甥にあたる小柳昌之の祖父、小柳五郎が義父である島義勇の弟の嘉七を伴って北海道に渡るのは一八九六（明治二十八）年のことである。島の苗字がなぜ小柳に変わるのか、本当は富永という苗字が彼の系譜の苗字だというのだが、そのことも含めて後段で詳述するつもりだが、わたしは小柳五郎が屯田兵として、雨竜郡の一巳、大きく湾曲して流れつづける石狩川のほとりに入植した背後の事情に、島義勇が北海道開拓の最初の一鍬を入れながら、のちに反逆者として処刑されたことがなんらかのかたちで関係しているのではないかと考えている。

これらは歴史の闇のなかでの話だが、島義勇が持ちつづけた開拓者としての熱情と魂は、祖父や父、幾人かの男たちの人生、世代を経て、小柳昌之の精神のなかに受け継がれたのではないかと思っている。

小柳五郎が石狩平野に入植してからでも百二十年の歳月が経過している。

小柳昌之に初めて出会ったのは、二〇一五（平成二十七）年の真冬、一月のある日のことだった。場所は神田駅北口からわずか五分、神田須田町にあるＨＡＢＡ研究所の本社七階の会長室である。わたしの書いた本を何冊か読んでくれて、会って話をしてみたいといってくれたというのである。

わたしと彼のあいだを取り持ってくれたのは、石川次郎《いしかわじろう》と末広栄二《すえひろえいじ》だった。

石川はわたしの昔の勤め先の上司だった人で、いまは雑誌からテレビの世界にかけて怪物的に横たわっているメディア・プロデューサー、末広さんというのは、『売り上げを2倍にする！ソーシャルメディア成功の方程式』などの著書を持つ、デジタルを多用したマーケティング&ビジネスの専門家で、インターネットの人物紹介のなかでは「彼のソーシャルメディアを活用した販売手法はこれまで全国各地から講師の依頼が来るほどの成果を上げてきた」と賞賛されている。彼は前年にこの会社に入社して、小柳昌之に乞われて、マーケティング事業本部ディレクターという肩書きでしばらく仕事したあと、六月、この会社の社長に抜擢された人だった。

話の発端はその、末広栄二の社長就任の半年ほど前になるのだが、要は、面白い人がいるから会わせたいという話だったのだ。だいたいわたしには人間嫌いなところがあって、取材で人に会うのは別にして、初対面の人間と会ってあれこれと話をするのは苦手というか、あまり好きでないのである。それもあってなかなか仕事のしやすい作家だと思ってもらえず、新しい出版社が声をかけてくれない。それが、初対面の小柳昌之の印象は非常にソフトなもので、それでいて、口調のなかのところどころに、たったひとりだけで始めた会社を何百人という人間を擁する企業集団に育てあげたという自負も感じさせた。

そして、ちょっと聞いたところでは人生の遍歴が尋常でないのである。

北海道の炭坑町夕張の出身で慶應義塾大学の経済学部を卒業したのだという。（3）

この履歴を聞いて、わたしはまず、NHKの放送記者から外交評論家になった手嶋龍一《てしまりゅういち》を思いだした。小柳も手嶋とはたまたま知りあっている、という。

手嶋の出身は芦別で、父親は炭鉱労働者ではなく小さな炭坑の経営者だったらしい。

慶応の経済学部というと誰でも、小沢一郎《おざわいちろう》とか小泉純一郎《こいずみじゅんいちろう》という豪腕な政治家や、池上彰《いけがみあきら》とか石原良純《いしはらよしずみ》というようなエリートなテレビタレントの人生を想起するが、小柳昌之の履歴は普通ではなかった。

波瀾万丈である。

一例をあげれば、池袋の西口でパブ・レストランを経営していたころに恋人関係にあった某女は池袋の高級クラブで随一の美人ホステスで、のちにそのあたりを縄張りにする暴力団の組長、つまりヤクザの親分の奥さんになった人だったという。

だからどうしたということでもないのだが、そういう昔話をする小柳からは温かくて人間的な、と書いてもよさそうな不思議なオーラが漂っていて、同席していて、少しも疲れなかった。

小柳と会って、話をしたトタンに、わたしはこの人の人生を文章にしてみたいと思った。

小柳は、昔の思い出話にまぜて、

「広い海を目指して、流れる河の流れに身を任せて一生懸命に生きてきた、そんな人生だったような気がしているんです」

と、いった。

この何日かまえにわたしはＤＶＤでマリリン・モンロー（わたしはこの女優がけっこう好きなのだ）とロバート・ミッチャムが主演した『帰らざる河』という映画を見ていて、小柳のこの「人生は海をめざす河だ」というセリフをかなりの説得力を持って聞くことができた。

この映画はもう六十年近く前の作品で、モンローもミッチャムもすでにこの世の人ではないが、映画の面白さは少しも衰えていなかった。そして、そのときに彼のために書く作品に最初、『人生の河』というタイトルを思いついた。最初のうち、川は小川だが、いくつもの小川の流れが集まってやがて河になり、大河となって海に注ぐのである。

わたしの先入見では、小柳昌之は上場会社の創業者で、実権を持つ会長職にある人だから、古いスタイルの重苦しい貫禄の人かと思っていたらそうでもなかったのである。

彼は話していて、オレはすごいんだというような、この年齢の人生の成功者によくあるようなプレッシャーを少しも与えなかった。カフェのメニューにたとえると、ブラックにミルクだけ入れたビターだがマイルドなコーヒーというようなところだろうか。

それでわたしは、この人はどういう経験をしてこういう雰囲気を持った人になっていったのだろうかと思った。本人は謙遜気味に、天佑としか思えない人生の幸運が何度も連続的に起こってここまで来ることができたのだといった。

その話を聞いていて、わたしはこの人の人生を一冊の本にまとめてみたいと思った。

わたしはイヤなものはイヤで、嫌いなものは嫌いだという、気性の激しい花魁のようなところのある人間で、売文の徒ではあるが、気に入った仕事しかしない。まっすぐにしか走れない車みたいなところがある、頑固というか、頑迷なモノ書きなのである。

たぶん、それでかなり人生を損して生きているのではないかという気もするのだが、いまさら心を入れ替えて、誰の言うことでも聞きますといって回るわけにもいかない。ずっと昔、大学を卒業して出版社に就職が決まったときに、人生を損得で考えるのをやめようと思った。それが、いまでもつづいているのである。

小柳昌之と出会って予感したのは、この人が話してくれることだったらけっこうな本が書けるかも知れないということだった。読書が好きで、生涯を本を読みつづけてきたという話も、わたしとの共通点のような気がして、共感できた。

彼と話をしていて、そもそも、人生で成功するとはどういうことなのだろうかと思った。

わたしは国家から勲章をもらってうれしそうにしている人を人生の成功者だと思わないし、芥川賞や直木賞をもらって泣きそうになっている若い作家の人生を成功だとも思わない。

巨万の富を得ても、オレの人生は失敗だったと考える人もいるし、極貧のなかで死んでも、自分の人生は幸せだった、いろんなところでうまくいかなかったが、それでも幸せだったと思いながら終わる人生もある。夢を追いかけつづけ、答が出ぬまま、その夢の実現の半ばで死を迎える無念の人生もある。

最初にいっておくと、わたしは自分の人生をずっと「失敗作」だと思って生きてきたが、最近は「失敗作の最高傑作」というのもあるのかも知れない、などというようなことを考えるようになった。人生の敗者復活戦で一生懸命に戦っているヤツというような意味である。

人生の失敗・成功の要諦は、人間が生きるということの本質がどういうものなのかという問題なのだと思うが、どう生きれば、人から見ても成功していると見えて、当の本人も自分の人生に悔いはないと思えるのだろうか。それはマニュアル的な要領を持っている技術の問題と考えてもいいのだろうか。

わたしがこの作品のなかで主人公として取りあげようと考えた小柳昌之は、今年、つまり平成二十七年の時点で七十六歳になった。

彼は五百人あまりのスタッフを抱えるＨＡＢＡ研究所という企業集団の総帥で、創業社主である。

ＨＡＢＡ自身が創業してから三十三年が経過しているというから、小柳が会社を始めたのは昭和五十八（一九八三）年、四十四歳の時、ということになる。

彼はそれまでに、高校を卒業したあとの大学生になる前の三年間（三浪したのである）、つまり浪人時代には銀座のバーでバーテンダーを経験し、大学を出たあと、折り詰めの弁当を売る商売で苦労し、そのあと、パブ・レストランのマスターとして、夜の世界で生きたこともあった。どの仕事も最初は好きで選んだわけではなかったが、やってみるとそれなりに面白く、苦労もしたがおかげで波瀾万丈の人生を過ごせたという。しかし、自分の天職はこの仕事だと思えたのはＨＡＢＡを創業して、十五年ほどたってからのことだった。

年齢でいうと六十歳のときである。

そう考えられるようになるまでの人生の六十年間は、賽《さい》の河原で繰りかえして石を積み上げて、それを突きくずすような話なのだが「自分の本当にやりたい仕事ってなんなんだろう、自分はなにをやりたいんだろうと迷いつづけた。迷うたびにふりだしに戻っていた」といっている。

人生の意義と意味を自問自答する日々だった。

ふりだしということもくわしいことは後段で説明するが、まだ少年のとき、北海道の片田舎で夜空の星を数えながら世界に雄飛することを素朴に夢見たころの自分という意味である。

漫画の『冒険ダン吉』を夢中になって読み、海賊になりたいと素朴に願った、生涯忘れることのなかった少年の夢があったというのだ。

北海道を故郷に持つ男が、少年のときに夢見た夢を心の内奥に抱きつづけて、東京の盛り場で懸命に生きた。故郷を出た日から、北海道は文字どおり〝母なる大地〟、望郷の地であったが、生まれ育った炭坑町は残酷な歴史の歯車のなかで石炭とともに衰亡し消えていった。

彼がもどりたいと願った故郷の町はもうなかった。しかし、折に触れて北に帰ろうと願う彼の旅愁を北海道の豊かな大地と自然はいつも優しくいやしてくれたという。

そして、東京で夢を追いかけて六十年余が経過して、目先の目標を追いかけつづけたあげ句に、紆余曲折があり、最初、荒野を踏み分けて歩いているつもりだったのが、あるとき、自分が歩いていたのがそれなりに形の整った、多数の人たちが行き交う道だったことに気がついた。

彼は、そこでやっと自分の夢と現実をつなぎ合わせてみせることができるところにたどり着いた、と思えたのだという。

彼の人生は、少年時代に描いた夢をどこまで実現できたか、途中、減点の対象になるようなことがあったかどうかはひとまず措いて、まずは成功した人生だったと書いてもいいのだろう。つまり、それは逆のいい方になるが、六十歳まで、自分の人生の最良の形を探しつづけた、そして、それをやっと見つけた、という話なのだ。

六十歳というと、普通のサラリーマンだったら定年退職の時期で、定年後にあらためて人生の目標を見つけたというと、またちがう人生物語になってしまう。わたしがいまから書こうと思っているのはそういう老後の生きがいの発見の物語ではない。

人はどのように夢見て、その夢に向かって、さまざまの努力をし、人生を切り拓いて、夢を実現しようとするものなのか。この本のなかで、そのことを、小柳昌之という、「ボクの人生は戦いの連続だったですよ」と回顧する、ひとりの老練な人生の戦士の生きた軌跡をたどりながら、人間の幸福はどうやって作られ、人生という流れの激しい川のなかで、偶然としか思えない幸運にどうやってめぐり逢うのか、なにが人間の営為を成功に導くのか、どんな力が必死で生きようと努力する人間に幸運を恵むのか、そのことを考えてみようと思う。

【註】

（1）堀利熙（ほりとしひろ）は函館奉行を務めた後、ペリー来航時から初代外国奉行となり、横浜開港に尽力した幕臣開国派のインテリ。一八六〇（万延元）年、プロシャと通商条約締結を進めたが、ほぼ妥結した草案内容にプロシャ一国だけでなく、当時のドイツ連邦が含まれていたことが判明し、閣議で紛糾、堀は一切弁明せず割腹自殺して責任をとった。佐賀の人ではないが、「武士道とは死ぬことと見付けたり」のお手本のような人である。

（『コンサイス人名辞典日本編』一九八三年刊　三省堂　P・1014）

（2）『佐賀偉人伝05　島義勇』二〇一一年刊　佐賀城本丸歴史館　榎本洋介著　P・5　著者の榎本洋介は札幌市総務局行政部文化資料室に勤務。

（3）慶應義塾大学は煩瑣を避けて、これ以後、一般的な呼称である慶応大学と表記する。

小柳昌之 百四十六年 写真館

昭和四十四年の春、第三回太平洋大学船上の小柳昌之。大森実に依頼されて、事務局長として参加した。人生を変えた船旅になった。

明治維新、屯田兵

写真上段右はご先祖様、札幌市役所の建物のなかにある島義勇の銅像。島は初代蝦夷地開拓判官、札幌の今日を形作った佐賀藩の侍。大隈重信などとともに維新の七賢と呼ばれた。写真上段左は明治三十九年ころの祖父五郎と息子の文太郎（昌之の父親）六歳だった。

写真下段左は大阪で働いていたころの父・文太郎。おしゃれなモダン・ボーイだった。
写真下段右は現在の雨竜市一已。明治時代に屯田兵が開拓した広大な水田が広がっている。

明治二十八年、佐賀の写真館にて撮影したもの。写真の座っている人物の右が三男・小三郎、左が五郎、このとき二十歳。立っている人物の右が四男・友四郎、左は五郎と一緒に渡海した六男の休六郎。屯田兵になる五郎を中心に兄弟が最後にとった記念写真である。

源流へ

深山幽谷の景色がつづく美唄川の源流への我路への道、河に建物の残骸が残っていた

幻の町、我路

上段の写真三枚は、いまから四十年くらい前、昭和四十五年の我路の町。すでにゴーストタウンだ。写真下段左は現在の我路に残った、無住のまま放置された家のひとつ。草原のなかにこういう家がポツポツと残っているが、もう町とはいえなくなっている。

我路は石炭産業の全盛時代に美唄川の源流の渓谷に作られた一大繁華街で、そのころ、町の人口は三千人～四千人あった。大正の終わりころには酌婦を置いた飲食店や曖昧宿があり、芝居小屋まであったという。木造家屋は百年経つとこういうふうに風化するのである

我路の黄金時代

石炭が産業のなかの最重要アイテムであった時代、我路の町は経済的だけでなく、政治的にも重要な拠点だった。美唄の炭坑を訪れる政治家や財界人たちは、必ず我路の町にも姿を現した。

写真上段は大正十四年の撮影。アルバムには「先代岡田春夫代議士のご真影を奉じて岡田宅前にて」とあった。下段写真は「田中良男男爵を迎えて。大正十年十月ころ」というキャプションが添えられていた。父の文太郎が我路に住み始めたのは大正十年からである

写真上段は大正十年ころの我路の店先。写真の旗が立っている先の店がコヤナギ帽子店、まん中に立っているのが文太郎。また、下段写真は国本社の支部創立の時のもの。国本社は大正末に平沼騏一郎らが国粋主義を掲げて結成した右翼団体（いまから思えば）である

我路神社の記憶

小柳昌之は昭和十四年に我路で生まれ、三歳の時に夕張に引っ越した。我路での記憶は唯一、神社の階段のところで遊んだことだという。上段二枚の写真はいずれも昭和四十五年の撮影で、まん中の写真はかつて、小泉家の家があった場所。この時点でもう、家は取り壊され、雑草の生えた空き地になっている。現在はもう見分けが付かない。写真から見て、家は神社の裏手にあったもののようだ。

写真下段、まん中で抱っこされているのが昌之、ご本人の写真としてはこれが一番古い

上段写真、キャプションには「我路神社で四十二歳の厄払い」とある。文太郎の四十二は昭和十七年。左端に女の子が写っているが、これが姉の千鶴子。下段の階段写真は右が昭和四十五年、左が現在の小柳昌之と背後の階段。我路神社の石碑が脇に立っている

夕張の少年時代

小柳家は貧しかったが、父も母もよく働き、子供たちを大切に育てた。食べ物は十分にはなかったが、家族は円満で幸福だった。子供時代に親の愛情に恵まれ、勤勉に育てば、子どもはそれなりの夢と意志を持った人間になる。少年よ、大志を抱け！　である。

上段写真、小学校六年のときに担任の水落先生と。下段の集合記念写真は小学校入学のときのもの。まわりの子どもより、身体がひとまわり大きく、目立つ子どもだったらしい

上段は友だちととった写真。左写真は左端が昌之。右の写真は背の高い方。中段、下段のは家族写真。家族そろってとった写真が何枚もあった。家族は大切なまとまりだった

家

左の写真は父親が夕張製作所に勤めていたころの社宅の写真。炭坑住宅の坑夫の家族用の長屋は一棟に五、六所帯というのが普通だったが、家族が暮らしていたのは一棟に二所帯が入っている長屋だった。左の写真は父が定年退職するころに建てた谷間の家。格安の木材が手に入った。雪景色でまわりの様子が分からないが、家のそばに小川が流れていた。

高校の卒業写真。最後列のむかって左から四番目の頭を七三に分けているのが小柳少年

川は流れる
夕張の美しい川の流れ。夕張川はむかし、石炭の塵埃が交じって、流れる水が真っ黒だったという。川は繁栄も衰亡も、栄光も悲惨もすべて流して、過去のものにしていく

夕張川は石狩川の支流、石狩は水量も豊かで、暴河となることもあったが大地を潤した

東京で希望の大学を目指して浪人生活をはじめた。十八歳だが大人に交じって酒の味を覚え。仕送りのお金では足りず、アルバイトばかりに精を出し、大学受験は失敗しつづけた

写真上段は浪人時代を過ごした池袋の堀之内（東武線北池袋）のあたり。東武線とＪＲの踏切が並ぶ昔と変わらぬゴチャゴチャした雑踏。
左写真　浪人しながら銀座のバーでバーテンをやっていた。下段は浪人時代に受験のためにとった身分証明書の写真。こんな顔をしていた

KOボーイ

大学では友だちに恵まれ何人も人生を通してつきあう人に出会った。貧乏で、お金がなく、いつも友だちに借金ばかりしていたが、約束を守って、返すといった日に必ず返した

お金がないくせに映画や時事に詳しく、新聞や雑誌も熱心に読んだ。雑学のかたまりのような学生だったらしい。その上、写真で見るようにおしゃれな若者で、女の子にももてた

兄と妹の風雪

兄の昌之と妹の典子は年齢が七歳違い。兄が上京したとき、彼女はまだ小学生だった。写真、上段は典子が修学旅行で上京したとき、東京の神田の町を案内して歩いたもの。彼女も専業主婦だったが、兄の起業に合わせて、仕事を手伝い始め、今日に至っている。小柳昌之の人生は女との出会いに恵まれていたが、妹にもめぐまれたのである。

若くして駅弁販売部長

ただいま会議中。
若手随一の切れ者
社員だった↓

大学卒業後、宇都宮に本社があった、アイスクリームの中堅メーカーであるフタバ食品に入社。入社二年目にして、弁当事業部東京営業所長を命じられて弁当の売り込みに大活躍する。ここで、商売のコツや人の使い方、儲けを出すために必要なことなど、起業して会社を経営するノウハウの基礎になる知識を吸収した。アメリカに留学したいとか、いろんなわがままを言ったが、会社はよくしてくれたと本人は感謝している。
下段写真中央は社員旅行で、両手に花状態。このころも女の子に相当人気があったらしい

太平洋大学

『冒険ダン吉』みたいに世界の海を旅したい、海賊になりたい、その夢の実現への第一歩が大森実が昭和四十三年に企画した太平洋大学だった。彼はこの航海の第一回に参加。しかも翌年二度目の航海では大森本人から事務局長を頼まれて、旅を仕切る責任者として五百人の若者たちを引率し東南アジア諸国へと旅した。この経験があって、彼の人生は急速に変化していった

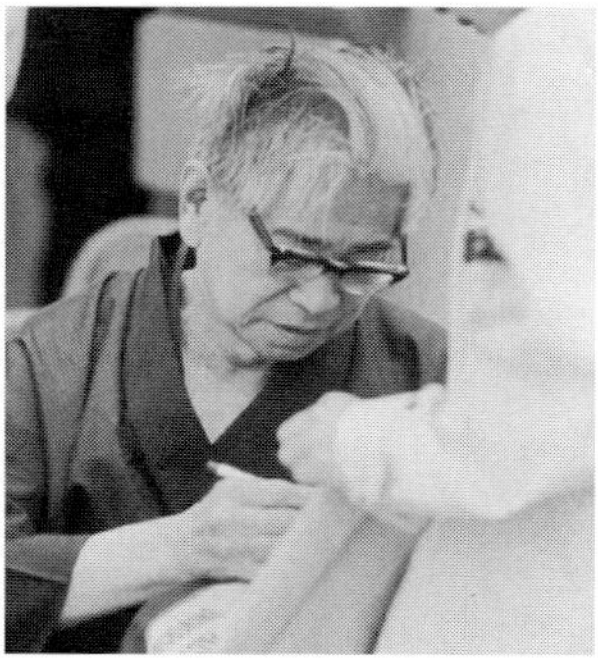

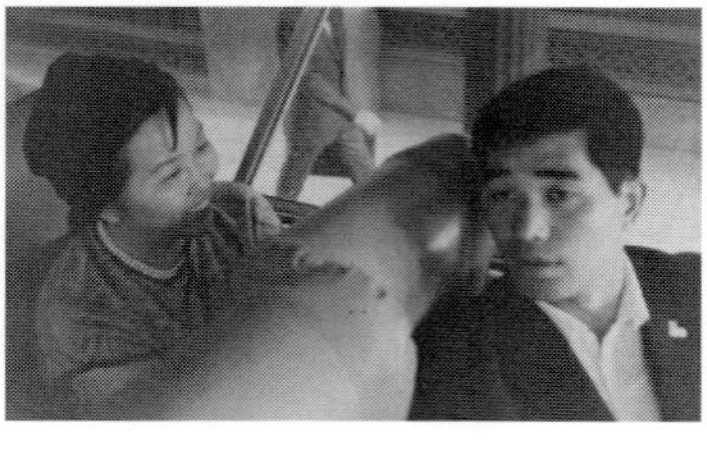

船旅でいろんな人に出会った。大学の名誉学長は上の写真の評論家の大宅壮一、特に可愛がってくれたのは、写真左、当時は女性評論家の第一人者だった秋山ちえ子さん。彼女はこの後、いろいろな形で彼の人生を応援してくれる人になった

下段左の写真が大森実、右は浜口庫之助。ハマクラは女との別れ方を教えてくれた

水商売の日々

かつてよく知った池袋の西口にパブ・レストラン『壺の家』を開店、夜の男としての生活を始めた。彼はここでもいろんな人間に出会い、自分の夢の具体的な形を探しつづける日々を過ごした

『壺の家』はよく繁盛した。中段左の写真は秋山ちえ子さんと。お店を開店するときの保証人になってくれた。右写真は芳村真理さんと。気に入った男を見る目をして彼を見ている

美女たちに囲まれて。下段の写真は双子のタレント、リリーズと。彼女たちも北海道夕張の出身で、母親は彼と高校時代の同級生だった。写真の小柳も白髪の目立つ年齢である

ハーバーの創業からでも、すでに三十四年が経過しようとしている。年はとったが、描く夢のテンションや夢を語るエネルギーのほとばしりは昔と変わらない

第一章　深川市一已　屯田兵開拓村

平成二十七年五月二十三日のことである。

札幌駅を八時二十五分に出発した函館本線の特急スーパーカムイ五号は、苗穂、白石、厚別、森林公園、大麻《おおあさ》、野幌と小刻みに存在する各駅停車の小駅を小石のように黙殺してひた走った。旭川に向かって、岩見沢、美唄《びばい》と停車する。

美唄については、章の冒頭だが、ちょっと説明しておかなければならない。すでにないが、かつて美唄から東側の夕張山脈につづくその手前の山地帯まで、彼の地にある炭坑で採掘した石炭を輸送するための美唄鉄道線が通っていた。その途中にあった我路《がろ》という谷間の町がこの物語の主人公である小柳昌之の生まれた場所である。

彼がその町で生まれたのは昭和十四年、三歳までそこで育った。当時の我路は狭い渓谷だというのに人口三千、四千の人々が暮らす、酌婦を置く飲食店や劇場まである繁華な町だったという。ここでは細かい話まではしないが、石炭産業が絶好調だった時代の話である。

昭和四十七（一九七二）年に三菱美唄炭坑が閉山になり、同時に美唄から我路への鉄道が廃止になる。平成十四（二〇〇二）年にはバス便もなくなり、ほとんどの住民が町を捨てて出ていって、その町はこの地上から姿を消した。我路については、後段で再述しよう。

話を函館本線にもどす。

一九八一（昭和五十六）年、この作品の主人公である小柳昌之が経営していた池袋の飲食店を人に渡して、夜の世界から足を洗おうとしていたころに「函館本線」という歌が流行《はや》った。

こういう歌だ。

♪凍りついた線路は今日も北に向かって伸びてゆく
窓の向こうは石狩平野　行く手をさえぎる雪ばかり
さよならあなた　北へ北へ北へ　帰ります
あなたの愛の裏切りを　せめればみじめになるばかり
ひとりひとり身をひく　函館本線♪

♪ひざに乗せた荷物がひとつ　心細さがしみてくる
過ぎてしまえばきれいなだけの　思い出ばかりがよく見える
さよならあなた　北へ北へ北へ　帰ります
心の糸が切れたまま　男と女は暮らせない
ひとりひとり身をひく　函館本線♪（1）

確かに歌の通り、心のつながりがなくなったら、夫婦でも恋人でもそこで愛は終わりである。もう三十四年前の流行歌だ。この歌が流行ったころ、小柳昌之は自分と同じ夕張出身の美しい女と出会い、その人を愛したのだという。彼女も彼を愛していたが、事情が重なり、結婚できない状況で逢えなくなって、別れざるをえなかった苦い思い出があった。

その〝事情〟の詳しいことをいまここで書くのは止めておこう。

それにしても、石川《いしかわ》さゆりの歌った『津軽海峡冬景色』といい、都《みやこ》はるみの『北の宿から』といい、真冬の北をテーマにした歌はどうしてこんなに哀愁に溢れているのだろうか。歌にうたわれている銀世界は冬の旅の切なさを思わせた。真冬にひとりでこの列車に乗れば、おそらくどんな人でも、昔の上手くいかなかった恋愛の記憶とか、噂にきこえてくる別れた人の消息とかに心を乱されて、旅の寂寥に悩まされるに違いなかった。

石狩平野は規模からいっても程度からいっても日本一の豪雪地帯である。

冬の函館本線の車窓は全面的に雪景色だっただろうが、わたしが旅している五月下旬の石狩平野はところどころ、線路ぞいに残る原野に緑が滴るように萌え出す、遙かに見晴るかす西の増毛の山地に僅かに白く残雪の残る春たけなわの世界だった。

石狩平野は石狩川が流れる中流・河口域の広大な平原の名称である。

列車が美唄を過ぎると、砂川、滝川と停車する。やがて深川である。

川のついた地名の駅が三つ連続しているのは、石狩川がこの鉄道とつかず離れずの距離で並行して走っているからだろうか。車窓は左右とも渺々たる大平原が拡がっていた。

函館本線は日本有数の大穀倉地帯である石狩平野を縦走・横断する、北海道の基幹鉄道だ。

深川の次が旭川、ここも川の付いた地名である。本線はそこからふたつに分かれ、稚内《わっかない》と網走《あばしり》、いずれも三時間ほどの全力疾走で、北海の最果ての町へとたどり着くのである。

この平野の最北端が深川で、その先の旭川は四方を低山地に囲まれた盆地、平野とはまた別の世界になる。わたしの乗った列車は、いまその平野の北縁、深川市を目指して疾走していた。

深川にいってみようと思ったのは、深川市一已《いっちゃん》というところがどういう場所なのか、この目で見ておきたかったからだった。

小柳昌之から「北海道は私で三代目です。祖父が佐賀から雨竜《うりゅう》郡の一已村というところに屯田兵で入植したんです」と聞かされていたのだった。妹さんの小柳典子さん（以下、敬称略）が、その祖父にあたる人の戸籍謄本を見せてくれた。当然死亡していて、除籍になっていたのだが、そこには本籍地の記載があり［雨竜郡一已村一已弐百参拾九番地］となっていた。

一已をこの目で見ておかなければ、大事なことがわからないままになるような気がしたのだ。

深川の駅に着いたのは九時三十一分。

深川市はもともとは雨竜郡深川町を中心に隣村の一已村、納内《おさむない》村、音江村の四町村が合併してできた市だった。この地に道路が通じたのが明治二十四年、明治二十五年から屯田兵の入植が始まって、それによってできた村だったのだが、深川だけが町になっていったのは明治三十一年に旭川に行く鉄道が開通して、深川に駅ができ、勢い、そこに人が集まった。やがて、駅を中心にした市街地ができて、そこに小学校や病院や銀行も作られていったからだろう。

司馬遼太郎《しばりょうたろう》の『街道をゆく／～北海道の諸道《しょどう》～』のなかにこんな文章がある。

田園のただなかで、深川市という標識にでくわした。市とはいえ、あたりは山なみはるかな田園地帯で、やがてゆきついた市街部も、道路わきにわずかに商店のたぐいがかたまっているにすぎない。その市街部を通るとき、ふと記憶がよみがえって「北海道へ行ったら、深川市も見ておいてほしい」といった知人の言葉をおもいだした。知人は東京の深川の人で、農業土木学者である。北海道の深川市のひとびとの一部は、東京の深川を母村としているという。（略）

商店の軒下に自転車が一台乗りすてられている。そのそばに荷物の空箱がつみあげられているが、そういう面ざしが深川に似ている。

また軒下に土を入れた古い石炭箱が置かれていて、花をすぎた朝顔の蔓がそのままになっている。小竹ほどに成長したひまわりが一本植えてある家もある。この広大な田園地帯のなかで、軒下に朝顔やひまわりを植えなくてもよさそうなものだが、どうしてもそれを植えないと生活文化として落ちつかないというのが、深川ぶりというのではあるまいか。（2）

『街道をゆく』の連載が週刊誌で始まったのはもう四十数年前のことだ。北海道についての件《くだり》も一九七〇年代に書かれたもので、東京の深川も北海道の深川も七〇年代の深川である。

いまは、どちらの深川も様子が変わって、両方ともプレハブ住宅が跋扈《ばっこ》乱立して、そこはお互いに昔よりさらに似た町になっている。

司馬遼太郎が現在の東京の深川と石狩平野の深川を見比べたらなんというだろうか。

それで、深川の昔の話である。

『屯田兵村の百年』という本のなかに【屯田兵名簿】という付録がついていて、ここに四千名以上の屯田兵として入植した人たちの名前が羅列書きされている。

この資料に一已は北一已村と南一已村とに分かれて載っていて、それを丹念に調べていって、

南一已村　小柳五郎　佐賀県出身　明治二十八年五月入植（3）

という記載を見つけた。

その記録によれば南一已村に入植したのは全部で二百人というか二百家族で、出身県別に見ると和歌山県33、富山県32、愛媛県30、香川県30、佐賀29、石川、愛知、奈良、三重などからそれぞれ10に満たない数の参加があって構成されていた。北一已村の方は、一年遅れの入植で出身県は南一已への入植者と同じような関西、四国、中国地方の各県からが多かった。

明治二十八年というのは西暦一八九五年、前年から日清戦争がおこなわれていた。

この年の四月に日清講和条約が結ばれて、日本は清朝中国に台湾と遼東半島の割譲と、朝鮮の独立を承認させている。ときの総理大臣は伊藤博文《いとうひろぶみ》だった。

これは一番先に書いておかなければいけなかったことかもしれないが、わたしは齢六十七歳に

なり果てたにもかかわらず、恥ずかしいことに北海道を旅行するのは三度目で、北海道についての地理感覚がほとんどなかった。そして、どこがどこからどのくらい離れた場所なのかという知識も皆無だった。

過去二度の北海道旅行は、いちおう、それぞれ石原裕次郎《いしはらゆうじろう》と倉本聰《くらもとそう》のふたりに関係していて、わたしにとってはそれなりの意味をもっていたものだったのだが、その話はこの物語には関係がない。

この日の前日の夕方、札幌について、札幌駅の構内にある観光案内所を訪ねて「雨竜郡の一已村というのはどういけばいいんですか。遠いんですか」と聞いたのである。

係の女性は「雨竜郡一已村というのはもうないんです。深川市一已町というんです。札幌から特急に乗れば一時間くらいでいけます」と教えてくれた。そして、深川市の地図をコピーしてくれた。その地図によれば、一已は深川の駅から直線でのびる道路を北に一キロほども歩いたごく近のところだった。

それで、この旅を思いたった。

深川の改札を抜けて駅の北口に出て、駅前の通りをまっすぐに歩いていった。

北口は住宅街ばかりである。

新築の、プレハブ建築の建物が多いが、けっこうおしゃれな家が並んでいた。

しかし、すれ違うのは老人ばかりだった。

地図で見た駅の前の広い直線の通りはじつはT字路になっていて、すぐに水田地帯に突きあたった。この突き当たりの稲田から先が一已町である。

町といっても左右に広大な水田が拡がっているだけで、家があるあたりまではかなりの距離がありそうだった。ところどころに緑の草が生えた畑とビニールハウスが点在していた。

ビニールハウスに近づいて、なかをのぞいてみると稲の苗が育てられていた。

農作業をしていたお爺さんに「ここは一已ですか」と尋ねると、そうだという。

つづいて、その人に「一已の弐百参拾九番地ってどこですかねえ」と聞いてみたが、「おらア、地主じゃねえから分からねえ」という答だった。

明治時代の地番表記がそのまま使われているとも思えなかった。

お爺さんはビニールハウスで稲の苗を育てていることについて「いまが田植えの盛りだが、風を防いでやって、昼間のうちにビニールで陽を取りこんで苗床を温めてやっておかねえと、夜冷え込んで苗がここまで大きくならねえんだ」と説明してくれた。

畑に生えている緑草は麦で、七月の終わりから八月、九月にかけて収穫の時期を迎えるのだ、という。石狩平野の麦秋《ばくしゅう》は真夏から晩夏にかけてのことなのである。

北海道にきて、最初の数日、雨ばかり降っていたこともあり、蝶々が飛んでいるのをほとんど見かけなかったのだが、季節的には春真っ盛りのはずで、五月の終わりになれば、なにかそういう蝶々のたぐいを見かけてもおかしくなかった。

一已のあたりを歩き回ったが、人に会わないというか、家がない。水田ばかりが拡がっていた。しばらく歩いていくと、チューリップやタンポポが自生している草地があり、そこに白い蝶が舞っていた。

北海道の白い蝶はエゾヒメシロチョウとかエゾシロチョウとかヒメウスバシロチョウとか本州までとは違う固有種が多い。飛んでいた白い蝶もヒメシロチョウのように見えたが、持ち歩いていた捕虫網で採集してみるとモンシロチョウだった。

そのモンシロチョウも春型ということもあるのかも知れないが、つくりがこぶりで、翅脈《しみゃく》も細く、わたしはその蝶を見ていて、三十年ほど前にイタリアのローマの古代遺跡のそばの菜の花畑で採集したモンシロチョウのことを思いだした。

ローマのモンシロチョウもこぶりで地味だが可憐だった。

考えてみると、ローマの北緯は41度、札幌が43度、北海道の41度はちょうど函館のあたりである。東京が北緯35度、ロンドン51度、ベルリンは52度、札幌の姉妹都市ミュンヘンは北緯48度である。

イタリアと北海道はほぼ同じ北緯にあるのだ。

生物はウソをつかないということだろうか。また、ゲーテが『ミニヨンの歌』で、

君よ知るや　南の国、樹々は実り　花は咲ける

風はのどけく　鳥は歌い　時をわかず　胡蝶《こちょう》舞い舞う（4）

と歌い、多くのドイツのロマン派詩人たちが憧れた南国イタリアは、じつは日本でいうと北海道のあたりだったのである。

舞い舞う胡蝶とはモンシロチョウのことだろうか。

余計なことだが、あのときにローマで採った蝶は、わたしの標本箱のなかで、沖縄で採った巨大なツマベニチョウやマレーシアのジャングルで採集した美麗なデリアス（カザリシロチョウ）といっしょに静かな死を眠っている。

それにしても、つくづく日本は豊かな自然の変化に恵まれた国である。

さて、問題の小柳五郎だが、どういう人物だったのだろうか。

まず、屯田兵である。

維新後、明治政府にとって北海道開拓は緊急の重要課題だった。

屯田兵制度を最初に提唱したのは西郷隆盛《さいごうたかもり》で、西郷が下野したあと、北海道の開拓次官になった黒田清隆《くろだきよたか》が正式に太政官に建議して、決まったものだった。

そのころの政府はとてもお金持ちというわけにいかず、北海道やオホーツク海の周辺をロシアの軍艦がウロウロしていた。政府はただでもきな臭い樺太《からふと》から北海道にかけての兵備の必要性とそのための費用に困って、北海道の開拓と一石二鳥で屯田兵制度を思いついたのである。

つまり、戊辰戦争で敗北して、禄を失った東北諸藩の士族たちを中心にして、貧乏している元・侍という人たちを募集して北海道の原野に送り込み、ふだんは田畑の開墾、農作業に従事させ、その間、軍事訓練も怠らず、一朝ことあるときは兵士として戦う能力を持っている武装集団を作ろうというのである。

この制度は明治八（一八七五）年から開始され、最初の入植者は札幌市近郊の琴似《ことに》村に定住した人たちだった。

当初、屯田兵は開拓使の屯田事務局の下に置かれたが、明治十五（一八八二）年からは陸軍省の管轄に置かれ、兵士としてそのまま常置された。屯田兵の募集は何度か行われ、次第に石狩平野や道東部まで拡がっていった。

この制度は新しい入植者の募集が明治三十二（一八九九）年までつづけられ、このときの入植者が予備役に編入された明治三十七（一九〇四）年に制度として廃止になった。

屯田兵はおよそ二十四年間のあいだに七千三百三十七戸、三万九千九百余人が入植している。

いま、ＴＢＳのアナウンサーで、人気者の安住紳一郎《あずみしんいちろう》は帯広市の出身だが、ご先祖様は屯田兵だという。

この、屯田兵として海を渡った人たちが石狩平野を開墾して、北海道のいまの農産業の礎を作ったのである。

小柳典子に見せてもらった、除籍になった戸籍謄本には小柳五郎の生年月日は明治八年三月八日と書かれていた。そして、【屯田兵名簿】には彼の一已への入植は明治二十八年五月と記録されていた。

ということは小柳五郎は二十歳で屯田兵としてこの地に入植したことになる。

じつは小柳家のこの時代の様子を知ることのできる資料がいくつかある。

ひとつは富永の叔父さん（富永敬三。小柳昌之にとっての叔父さん）に昌之の父親である小柳文太郎が協力して作った、かなり詳密な一族の家系図というのがあり、これを見ると、小柳五郎は富永十平の息子で、男七人女ひとりの八人兄弟の五男坊だった。つまり、富永家から小柳家に養子にいったのである。

この家系図を掲載することまではしないが、一族の歴史が一目でわかるものだった。

また、小柳昌之の叔父さんにあたる人なのだが、小柳誠之という人がいろいろに調べてまとめ上げた［小柳家渡道100周年記念 我が家のルーツを探る資料］という表題の、何冊もの（十冊くらいある）週刊誌サイズの冊子があり、このうちの【天の巻】のなかに、相当に詳しく、屯田兵と小柳五郎についての記述がなされていた。まず、こんな記載があった。

五郎は明治8（1875）年3月8日、父富永十平、母関の五男として現在の佐賀市六座町23番地（推定）で生まれた。その後北海道に移住するまでの消息については全く不明で、今ではそれを知る縁《よすが》となるものは何もない。

18、9歳（明治26―27＝1893―1894年）の頃、北海道で行われている屯田兵について、承知したのではないだろうか。この頃、官報［明治27年5月29日付陸軍省告示四号］に「明治28年屯田兵として北海道に移住を希望するものを名古屋、大阪の師団管内で500戸募集する」旨告示された。しかし定員に達しないため同年10月22日付告示で、補欠として第二次募集が佐賀他の大隊区で実施されることになった。これらの告示は市町村役場にも掲示されたので、父はこれによって応募する決意を固めたと推定される。（5）

屯田兵には応募資格のようなものがあったらしく、身分上の募集の制限もあったようだ。

一族の家系図は平成二年に五郎の甥にあたる富永敬三（富永家の四男の友四郎の息子。これは富永家に養子に入ってそうなったもので、じつは敬三は五郎の三男だった）が八十四歳の時に作りあげたもので、微を穿《うが》って書かれているが、五郎についての書き込みがあった。

明治八年五月八日生　明治二十八年佐賀県鍋島村八戸溝新村小柳嘉七ノ養子トナリ北海道石狩国雨竜郡深川村一已ニ屯田兵トシテ移住　日清日露両戦ニ出征。勲章ヲ賜《タマワ》ル。

五郎の奥さん、つまり、昌之の祖母にあたる女性だが、旧姓加藤キクは、福井県大野町白根村というところの出身で、昭和十九年の九月に六十三歳で亡くなっている。計算すると、明治十四（一八八一）年の生まれで、五郎とは六歳違い、五郎が二十歳で一已に入植したとき、キクは十四歳だから、五郎は二十歳で独身のままで屯田兵になり、何年かして加藤キクと知りあって結婚したのである。

夫婦の長男の文太郎（つまり昌之の父親）の誕生年は明治三十三（一九〇〇）年で、それでつじつまを計算すると、キクは文太郎を十九歳で産んだことになる。たぶん、結婚と前後して出産したのだろう。

ここではこれ以上のことは書かないが、夫婦には三男五女があり、五郎の三男の敏三が本家筋の富永家に養子にもらわれていって、年老いてからこの家系図を作ったという話なのである。それで、長男の文太郎と富永敏三はじつはホントの兄弟なのだ。

蛇足かもしれないが、この富永家というのは大変な家柄で、家系図の一番最初のご先祖様にあげられている［富永丹左衛門《とみながたんざえもん》］の項には脇書きの説明に、

寛永十四年天草キリシタン征伐ニ従ヒ戦死ス。肥前国杵島郡武雄村下西山浄前小路ニ住ス。

とあり、「丹左衛門戦死ノ功ニヨリ昇進シ別家ヲ建テテ之ヲ本家トシタ」とある。

寛永十四年というのは西暦になおすと、一六三七年で、いまから三八〇年くらい前の話である。

天草キリシタン征伐というのは、この地方のキリシタン宗徒が天草四郎《あまくさしろう》を首領にいただいて蜂起した天草・島原の乱のことである。徳川将軍治世下で起きた最大の反乱劇だった。

年表を見ると、十四年の十月に蜂起し、十二月に原城に籠城し始めたとある。この反乱が鎮圧されるのは、翌年の二月のことで、当初、反乱軍の勢いは相当なものがあって、最初に幕府が派遣した板倉重昌《いたくらしげまさ》は原城を無理攻めして戦死してしまう。反乱は最終的に松平信綱《まつだいらのぶつな》によって平定されている。

富永丹左衛門の討ち死には寛永十四年とあるから、反乱が起こってキリシタン宗徒の勢いの激しいうちに行われた戦闘で落命したのだろう。

中国の民衆反乱でもそうだが、普通の生活をしている庶民の不平分子が合流して勢力がひろがってゲリラ戦が展開されなければ、だいたい失敗に終わる。

日本には、中国史のなかの黄巾の乱や太平天国の乱のような国全体を巻き込んだ民衆蜂起が起きにくい温和な風土があるようだ。せいぜいが百姓一揆でどれも局地的なものである。

室町時代末期の民衆蜂起、坂本の馬借《ばしゃく》一揆や加賀の一向一揆なども連帯が生じて横に拡がるということはなかったようだ。

中国では漢とか明とか唐もそうだが、反逆の首謀者が覇者となり、最後は皇帝になる。いくところまでいくのである。詳しいことは分からないが、無責任なことを書くと、切支丹バテレンの人たちも原城などにこもったりせず、ベトコンや中国の紅軍《こうぐん》（毛沢東《もうたくとう》指揮下の共産党軍）のように農村地帯に潜伏して、徹底的にゲリラ戦を戦えばなんとかなったのではないか。

いずれにしても、家系図からは丹左衛門という人が戦死したことで、富永の家が始まったことが分かる。

その丹左衛門から数えて十代目が五郎の父親の富永十平で、十平のところには

幼名虎一、後改《ノチニアラタメ》、形左衛門、後有事故改、十平、大正七年九十歳没。分骨シ高知五台山ノ墓ニ、佐賀照光寺ニ葬リアリ。大能書家デ和歌ヲ詠ンデイタ。晩年ハ悠々自適ノ生活

と書かれている。大正七年に九十歳で死んだということは、生まれたのが西暦で一八二八年、文政十一年のことで、これで計算すると、明治維新を四十歳で迎えたことになる。

家伝では、十平は文章を良くして、職分からいうと右筆《ゆうひつ》というのだろうか、殿様に習字を教えるのが仕事だったというから、多分だが相当のインテリである。

鍋島の殿様というのは、序の冒頭に出てきた、のちに北海道開拓使長官になる鍋島直正（隠居後は鍋島閑叟《なべしまかんそう》を名乗った）は十平より七歳も年上だから、殿様のお習字の先生というのは、直正の跡取りで、佐賀藩の最後の藩主、のちに侯爵になる鍋島直大《なべしまなおひろ》（弘化三年＝一八四六年生まれ）の先生、ということだろうか。

直大は戊辰戦争のとき、佐賀藩兵を率い、官軍の先頭に立って戦った人物である。

『鍋島直正公伝』のなかには「佐賀藩兵四十名は最新鋭の七連発スピンドル銃を自在に操って他藩の兵士一千名の兵力に匹敵する勇猛果敢さだった」と書いた一文がある。（6）屯田兵で一已に入植した小柳五郎以前のご先祖様の話は、直接的には小柳昌之に関係ないことなのだが、佐野《さの》眞一《しんいち》ではないが、佐野の「その人物の出自はその人間の思想と行動に必ずなんらかの影響を与えている」という意見にはわたしも賛成である。

わたしは人間というのは、才能と環境、それに経験、この三つの要素の混合物というか、複雑に化学変化することもある化合物だと思っている。

ご先祖様や家の伝統がこの三つの要素にどう関係しているかは人それぞれだろうとも思うし、程度の問題で判断の難しいところなのだろうが、加減乗除、いずれにしても複雑に関係している要因であることだけは確かだろう。

それでも、わたしは作品に登場する人物の親族や血脈について書くときに「ハシシタ・奴の本性」などというあざといタイトルは付けないし、もちろん心のなかにある程度の基準はあるが、小林秀雄《こばやしひでお》と同じで、それをむき出しにして相手を全面的に否定するために文章を書くなどということはしない。

それは論争は別として、悪意を持って書く文章が人間の真実を描き出せるとも思わないからだが、それでも人間の過去の因縁の錯綜《さくそう》は非常に面白く、人間的真実解明のヒントに富んでいる。

明治維新の肥前、佐賀藩は、貧乏で首が回らなかった藩の財政を立てなおした、後に「肥前の妖怪」と呼ばれた鍋島直正が藩主として敏腕をふるったのが、天保元（一八三〇）年から文久元（一八六一）年までのことで、薩摩、長州とはまた違うスタンスで藩の変革を推し進めた。

鍋島直正は基本的には進取の精神に富んだ開国論者で、安政の大獄を断行した井伊直弼《いいなおすけ》の盟友的な存在だった。井伊が水戸藩士に暗殺された桜田門外の変は、彼にとって相当にショッキングな出来事だったようだ。それでも、彼のおかげで黒字経営になった佐賀藩は、基本の精神は『葉隠』でありながら西洋の文物は大いに吸収する、柔軟な感性に富んだ土地柄になり、藩内では多くの維新の志士が育った。

佐賀の七賢人という言葉があるのだが、その七人というのが、鍋島直正を先頭に、佐野常民《さのつねたみ》、大隈重信、副島種臣《そえじまたねおみ》、江藤新平、大木喬任《おおきたかとう》、それに前出の島義勇という人たちである。

じつはここからが話の本題で、序の冒頭部分のつづきなのだが、そもそも佐賀藩と北海道のつながりはかなり深いのである。

北海道の開拓が新しい国造りの根幹になるだろうということは明治維新を行った志士たちの共通の認識だったようだ。

このことは新時代の到来を見ずに無念の死を遂げた土佐の坂本龍馬《さかもとりょうま》にもいえて、この人もまた「蝦夷地の開拓と新国を開くことこそ日本の将来の要諦《ようてい》」と考えていたのだという。わたしはいったことがないのだが、函館に【北海道坂本龍馬記念館】というのがあって、そこにその趣旨の手紙が飾られている。

蝦夷開拓こそ、坂本龍馬が夢見てついに叶わなかった夢だったというのである。

それで、坂本の思いを受け継いだような形になるのだが、戊辰戦争のおおかたのケリのついた明治二年に鍋島直正が北海道開拓使長官となり、これの現地での実行係である開拓判官に任命されたのが、それまで熱心に蝦夷地の研究、探検をつづけ、北海道の開発に一家言持っていた島義勇だった。島は冒頭の序の部分のくりかえしになるが、一八二二（文政五）年の生まれ、小柳昌之のご先祖様の富永十平の六歳年上である。

小柳家の人間が初めて北海道の地を踏んだのが何時なのかということについて、最初、わたしは小柳昌之から「ウチは北海道の開拓判官だった島義勇と親戚です」と聞いていて、それだったら、おそらく、明治二年にその島が大勢の佐賀の人間を連れて北海道にやってきたときの部下のひとりが彼のご先祖様なのではないかと思った。

家系図に沿った話をすると、五郎の実父の富永十平が、島義勇といっしょに北海道にやってきたのではないかと思ったわけだ。

島義勇の正式役職名は北海道開拓使主席判官、明治政府から最初に北海道の経営と開発の実際を任され、記録には、島は明治二年に七十名の部下とその家族、二百名あまりを引きつれて北海道に上陸し、現在の札幌を北海道の行政の本拠地に定めて、国造りを始めたとある。（7）

富永十平は四十歳、島義勇は四十六歳で、ちょうど部下と上司というか、そういうことがあっても少しもおかしくない年齢差なのである。

そして、わたしがそう考えたもうひとつの理由が、『挽歌』という昭和三十年代にベストセラーになった恋愛小説を書いた北海道在住の作家の原田康子《はらだやすこ》の著作なのだが『北国抄』という本のなかで「北海道五代」という見出しの、次のような文章を読んだからだった。

私の実家の場合を考えても、初代が骨を埋めるつもりで北海道に移住したのかどうかはわからない。初代が九州唐津から荒くれ男を引きつれてはるばる釧路へ渡って来たのは明治二年、大地に桑を下ろした開拓者ではなく、アイヌ相手の交易を行い、炭坑の試掘をしたりしたのだから、まず儲けが目的であったことにまちがいはない。大山師というところかも知れない。だが、和人の少ない蝦夷地のはずれに一飛びに渡って来た初代は男のなかの男、いい度胸の持ち主だったとも思われる。とにかく、初代は唐津へ帰らなかった。たぶん、面白いほど儲けが大きかったせいにちがいない。(8)

原田康子のご先祖様の出身地は九州唐津だというのだが、唐津は佐賀・鍋島藩のお隣である。なかなかこういうことは歴史の表面にはっきりとした形で記録されていないのだが、明治の御一新のあとの北海道はもしかして、ゴールドラッシュのアラスカではないが、一攫千金《いっかくせんきん》を夢見る男たちがワッと集まった「希望と野望の大地」だったのではないか。小柳家のご先祖様もその熱に浮かされて、島義勇といっしょに北海道に渡って来たのではないか、と考えたのである。

北海道に新天地を求めた人たちは、どんなことがあって北海道に移住することを選んだのか。北海道出身の作家、船山馨《ふなやまかおる》が北海道の近代百年を書いた歴史小説『石狩平野』のなかで、船山は、主人公の鶴代の両親が郷里の新潟・村上を捨てて北海道への移住を選んだ理由とその将来に対する不安をこんなふうに説明している。場面は明治十四（一八八一）年の設定である。

郷里を出てくる時もそうであった。

小百姓の次男に生まれたおかげで、四十をすぎても自分の田畑いち枚持つのはおろか、兄の小作に追い使われて、女房ともども兄の家の納屋で起き伏しながら、一生を終る運命だったのは確かである。そんな彼が新天地北海道の夢のような噂を聴いて、矢も楯もたまらなくなったのも無理ではなかった。噂では、北海道へ渡りさえすれば、ただでいくらでも望みの土地が払い下げられ、一夜にして大地主になれるということであった。農具も馬も生活資金も、すべて開拓使で面倒をみてくれるという、うまいことずくめの話でもあった。

みね（主人公の鶴代の母親＝註）はかえってそれが不安であった。（略）現実はみねの怖れていた通りであった。すでに開拓移民への保護政策は過去のものになっていたし、かつての保護政策にしてからが、噂のようないいことづくめではなかった。だいいち北海道という土地そのものが、内地の農村で想像していたようなものではなかった。（9）

この小説を読んだかぎりでの印象だが、船山馨は一九一四（大正三）年の生まれで、たぶん、初期の入植者の孫にあたる世代ではないかと思うのだが、『石狩平野』は自分の家や親戚、知人に伝わる老人たちや親たちから聞かされていたさまざまの家伝、北海道で生き延びていくための受難や苦労の思い出話を集めて書きあげたのではないかと思う。

明治維新が終わったあと、北海道は未開だが、希望の大地として当時の人々の目に映じた。どの家にも、家にはみな、記録されずに終わる無数の［石狩平野］があったのだ。

けっきょく、小柳＝富永＝島の家の話は前ページで説明したように、富永敬三が作った家系図と小柳誠之が調べて書いた『小柳家版ルーツ』が存在していて、大まかなところで解決した。やはり、小柳の家の人間が初めて北海道の地を踏んだのは、小柳五郎の明治二十八年で、北海道は昌之で三代目だったのである。

島義勇の話の後日談を付記しておくと、札幌の街作りにとりかかった彼は平野を一望する小高い丘に登って［河水　遠く流れて　山　隅に峙つ］と、前出の、本書の冒頭に掲げた七言絶句を詠じる。河の流れのひろがりに未来を託して、札幌の町にいつか世界一の都市になって欲しいと詩に詠むのである。

しかし、壮大な夢を描いて始まった北海道開拓の夢はすぐに挫折してしまう。

細かなことまでは書かないが、島の都市計画が膨大な予算が必要で、政府の財政の手に負える話ではなかったことと、彼の立案した計画が先行して石狩平野に入っていた商人たちの利権を侵害するものだったことで讒言《ざんげん》にあったらしい。正確な事はわからない。

上司で開拓長官だった鍋島直正は翌年（明治三年）、大納言に転任して長官の職を離れ、後任の長官は公卿の東久世通禧《ひがしくぜみちとみ》だったが、島はこの人とも衝突して、解任されてしまう。新しいことを始めようとするとき、既得の利権にしがみつこうとする人がいるのは明治維新の時代も、現代も変わらない。

島義勇は解任はされたが、一応、体裁は報償人事で、すぐに明治天皇の侍従に昇任し、その後、秋田県の初代の知事になって赴任する。これが明治五年のこと。これも一月に赴任して六月に退官しているから、本人の満足のいくような仕事環境ではなかったのだろう。そして、明治七年に郷里の佐賀で不平士族が集まって作った憂国党の党首に担がれ、江藤新平らとともに佐賀の乱を起こすが、戦いに敗れ、捕らえられて、斬首されて一生を終わるのである。

ロシア革命のあと、スターリンに追いかけ回されて亡命先のメキシコでついに暗殺されたトロツキーでもそうだが、西南戦争で死んだ西郷隆盛、萩の乱に敗れ斬首された前原一誠《まえばらいっせい》、佐賀の乱では江藤新平も島と同じように斬首されたのだが、これらはみんな、新時代が到来したらそのあと必要なのは政治家で、革命家は不要という話の見本のような悲劇である。

このあと、島義勇は明治二十二年の憲法発布時、大赦を受け、大正五年には生前の勲功に対して位階を贈られて名誉を回復した。札幌市役所と円山公園、北海道神宮に顕彰銅像、顕彰碑が建立されていて、前出の「河水遠く～」の詩が碑になって添えられている。

明治の四十五年間は北海道にとっては、艱難辛苦《かんなんしんく》と臥薪嘗胆《がしんしょうたん》の歳月だったが、大正五年になると、もう北海道は無尽蔵《むじんぞう》とも思える石炭や木材、硫黄などの天然資源を産出し、にしん漁などの漁業、米作など、さまざまの第一次産業を発達させた、国内有数の重要な生産拠点になっている。それで、あらためて彼は先見の明があったとその功績が再評価されたわけだ。

話を屯田兵となった小柳五郎にもどすが、小柳誠之が書いた［我が家のルーツを探る資料］のなかにこんな記述がある。

父は武家の五男であるから、俗にいう部屋住まいの境遇にあり、当時の家族主義、体制下における傍系男子の歴史的背景下にあって、財産分与にあずかるなど望める立場ではなく、また屯田兵制度創設の理由の一つに『困窮士族の救済』があげられているような世情であったことなど、彼是生活は不安定な状況にあったものと考えられる。従って、屯田兵募集には積極的に応募しようとしたのではないだろうか。しかし、応募資格の一つに『志願者を助け農業に従事するという志操確実なる家族4名以上を有するもの』と定められているので、これを整備するのに苦労があったと想像するが、親戚にあたるという小柳嘉七が、援助を承諾してくださったことは感激であったろう。

さて、入植のメドがたち、具体的に準備が進行しはじめた。第一に父五郎の養子縁組がなされた。即ち、佐賀県佐賀郡大字八戸溝イ66番地、戸主小柳嘉七の養子として入籍。つづいて、明治27（1894）年11月10日、嘉七隠居五郎相続して戸主となる。以上によって、入植時の家族構成は、次のように想定される。

戸主　小柳五郎　明治8（1875）年3月8日生まれ　20歳
義父　嘉七　弘化2（1845）年10月10日生まれ　50歳
義母　トキ　嘉永2（1849）年7月7日生まれ　46歳
義妹　リヨ　明治22（1889）年12月24日生まれ　6歳
養子　休六郎　明治14（1881）年2月17日生まれ　14歳　五郎の実弟・休六郎

以上によって召募規定による家族5名が確保され、ここで志願書提出の段取りとなるが、この他に履歴書、戸籍明細書、家族身体証明書、等を添えて市町村役場に提出する。（略）体格検査、身上調査が行われ合否が決められる。この合格は60％～70％ぐらいであった。(10)

一族のなかの北海道の開拓に人生を賭けようと考えた人たちが集まって家族を作って、二十歳の若者を家長にして海を渡ったのだ。

それにしても、北海道の屯田兵は長期勤務の志願兵で、きわめて特殊な兵隊なのだが、二十歳というと徴兵検査の年なのだが、徴兵には応じないが志願で北海道の屯田兵になるという選択はなんとなくだが、若者なりの見識のようなものを感じさせる。

屯田兵になれば、当然のことだが、徴兵された兵隊とは扱いがかわり、平時はは開拓と開墾に専念することができ、それをやり遂げれば少なくない財産が手に入る。

富永五郎が二十歳ちょうどで小柳家の養子になり小柳五郎になって、屯田兵に志願して北海道にやってきたのはたぶん、北海道というところが叔父さんの（五郎の義父である嘉七にとっては実の兄の）島義勇が、その地の開拓に生涯の情熱を燃やした場所であったことが関係あると思う。五郎の義父の嘉七は兄の島義勇が北海道判官になった一八六九（明治二）年には二十四歳で、一人前の青年である。もしかしたら、北海道の無限の可能性をじかに島義勇から聞いていて、自分もいずれ北海道へと考えていたのかも知れない。

それでここから、話は屯田兵として入植した小柳五郎の開拓生活である。

屯田兵が入植するにあたって、政府からどのくらいの土地を与えられたか、というと、「我が家のルーツを探る資料」のなかにこういう記述がある。

屯田兵の給与面積は明治23年に『土地給与規則』が制定され、その面積は1戸あたり1万5千坪（5ヘクタール）に定められた。しかし、一般村落と同じ方法をとると、兵屋が分散して、集合・連絡に不便なことから、初期の兵村は宅地（150坪）を集合した密集制であった。

しかし、密集制では農業経営上不便であったことから、後年宅地周辺に一定の耕作地を設ける散居制に改められ、一已兵村の場合も、第1給与地として、宅地を含めた1・5ヘクタール（4千500坪）が支給され、別に第2給与地として3・5ヘクタールが支給された。

兵屋は一已の場合、琴似《ことに》兵村に建てられたものが母型となり、間口5間（9メートル）奥行3・5間（6・3メートル）の17・5坪（57・8平方メートル）の木造である。(11)

それで、一町歩というのが約三千坪だから、一万五千坪は約五町歩ということになる。

素人計算で大ざっぱな話だが、一町歩の田んぼからは十石強の米がとれるという。

これを計算すると、五町歩の土地が産出する米は五十石、一石が一五〇キロだから約七千五百キロ、七トン五百キロの米が収穫できるという話になる。この米が消費者的なところからいうと、昭和三十七年が国民一人あたり食べた米の量が一番多かった年で、このときの数値が118キロだったという。

だから、七千五百キロというのは、日本人六十四人の一年分の米を生産したことになる。

米の値段は、これも素人計算だが、米俵一俵（60キロ）が平成のいまの世の中だと、平成二十五年には相場が三千円以上下がって一俵あたり約一万円である。明治三十（一八九七）年には一俵四円だった。換算すると60キロが四円だと、七千五百キロは約五百円ということになる。

いまの物価は明治三十年頃の物価の三千八百倍という話だから、単純に計算すると百九十万円となる。

いまの年収が百九十万円では独身者でも生活は苦しいが、そのころのお巡りさんや小学校の先生の初任給が八円とか九円だったという。年収からいえば、おそらく百円いかないだろう。それを考えれば、明治三十年代の五百円のお金はかなりの金額だったのではないか。

しかし、これは開墾がうまくいき、水田に適した土地を作りだせれば、という話である。

この計算の問題はお巡りさんや小学校の先生は、年齢給みたいな側面があって、毎年いくらかずつ給料が上がっていくが、農家の場合は耕す土地が増えなければ、収穫も増えないし、収入も増えないということである。やっぱり農家は大変だ。

それで、屯田の話だが、割り当てられた原野の開墾は相当に難渋したようだ。米作が石狩平野で収穫可能になったのは明治二十年代で、小柳五郎が一已に入植したころのことだが、荒野を開拓して農作業で収穫が上がって、自立できるようになるには、三、四年の歳月が必要だった。その部分の苦労というのは、相当に大変だったようだ。

屯田兵の開拓生活を説明した、こんな文章がある。

鉋《かんな》も充分にかけられていない、否角柱さえ稀にしか使われていない間に合わせの請負普請の兵屋の戸を開けて中に入ると、何か呆然として心身の疲れが急に出て来るのを覚えた。気を取り直して積み上げられた畳を入れ、建具を立てると、どうにか家らしくはなった。疲れた身体を畳の上に投げ出すと枯れ草の折れる音が刺々しくした。畳の床は藁《わら》ではなしに野草で作られてゐたのだ。押し入れにあった配給の布団は四布のものも三布のものも布団縞一式、綿はコチコチに硬かった。抑えに抑えた感情が急に込み上げた。一人がススリ泣きを始めると皆が一度に込み上げた。男達も押し黙って炉火をたくのさえ忘れて、何時迄も、夕闇を見つめていた。

第一夜が明けた。鍋・鉄瓶・桶・茶碗・椀等は兵屋と共に配給所から配給されたが、手ぶらで入地した彼等には直ちに炊事の煙を挙げることが出来なかった。中隊本部で五日間炊出が支給されることになり、家々から桶や鍋を下げて飯や汁を貰《もら》ひに行った。（略）

開墾が始まった。家族の労働は日出から日没まで、日中自儘に休養をとることは許されなかった。朝四時半というのに起床喇叭《らっぱ》が高らかに鳴った。そして間もなく点呼喇叭、診断喇叭と共に班長が各戸の点検に回った。素早く起きて仕事に就《つ》かぬと厳しい現実が控えてゐた。兵村の生活は兵舎と同じく家族も亦厳格な規律に服さねばならなかった。（略）何よりも先に樹を倒さねばならぬ。細い木ならば斧《おの》でも倒せた。鋸《のこぎり》でも切れた。しかしながら尺余の大木になると支給の鋸では切れなかった。倒そうとする方向に斧でウケを入れて置いて、反対側のすこし上部に鋸を入れると思ふ方向に倒れるといふ様な知恵も、杣を入れてそれを先生として習った後習得した技術であった。下草の刈取も教えられる迄は一本一本鎌で切ってゐた。何よりも人々を悩ましたものは鋸の目立てで、それを習ふために弁当持で遠くの開墾地まで出かけた者すらあった。（略）激しい労働。手に豆が出来て、つぶれて、膿《う》んで、指が全部喰ひついてしまった。それでも一日一人二坪というあはれな行程だった。(12)

さらに一九〇一年（明治三十四年）ごろの深川村（現在の深川市）の兵屋では、七、八月に、室内で、50～60匹のハマダラカ（マラリア原虫を媒介する蚊）を容易に捕獲できたのだという。つまり、彼らの住居は夜間、多数のハマダラカが侵入するようなすき間だらけの建物だった。

屯田兵は、家族とともに入植したが兵隊の訓練が主で、土地の開拓はほとんど家族の仕事であった。一已や納内地区は、それまで大きな木が繁り、ササや草が背丈よりも高く伸び、昼間でも薄暗く、隣の家も見えない状態だった。開墾は、朝早く起きて木を切り倒し、日が暮れると、倒した木や枯れ草を燃やした。日中は、燃やしたところを耕して畑にしていくというものであった。一鍬一鍬手で起こす作業であったが、木や草の根が固く大変な作業であった。耕した畑には、ソバ、大根、バレイショ、豆、アワ、トウキビ等を植えていた。

1898年（明治31年）ころには、稲も作るようになり、また、リンゴの木を植えたり、カイコを育てるようにもなった。このころの食べ物は、イモ、アワなどが主で、味噌や醤油はみんな自分で作っていた。家は、天井が張ってなくて冬などはとても寒く、吹雪いた夜には寝ている布団の上に雪が積もったほどであった。また、熊が毎日のように家の傍までやって来た。蛇や狐もいた。屯田兵が開拓を始めてからは、この辺りの土地は、どんどん畑に変わり見違えるようになった。(13)

これが現実の屯田兵だった。

ハマダラカが群棲した深川市というのは要するに一已である。

小柳五郎がこの屯田兵生活でなにを考えて、どんなふうに暮らしていたか、具体的なことはあまり分からないのだが、それについては小柳典子の証言がある。

彼女は祖父の思い出話を「ロシアの金貨やまん中のところに宝石が入った勲章」といっしょに語ったのだが、それはこういうものだ。

わたしが父(文太郎)から聞いているのでは、屯田兵で一已村に入った小柳家には書画骨董とか刀剣とか、ロシアの金貨とか出征してもらった勲章とか、かなりの金目のものがいろいろとあったという話なんです。初めのうちは祖父も真面目に働いて、かなり広い田畑も手に入れて。それが、そのうち女遊びを始めて、オメカケさんを囲って、真面目に働かなくなってしまって、それでも遊びが納まらず、財産を全部なくしてしまったっていうんです。

要するに、家の没落の話である。

息子の文太郎が［オヤジはロシアの金貨や宝石を鏤《ちりば》めた勲章をいっぱい持ってた］という。

日露戦争に参加しているのである。

これは屯田兵がただ田畑の開拓だけでなく、兵士として戦争に参加した記録があった。

屯田兵たちが兵士として戦争にいったのは、西南戦争が最初で、元を正せば佐幕派の、戊辰戦争のおかげで失業した東北諸藩の侍たち、新体制からはじかれた士族が軍隊の体裁をとって、敵はというと、いまや立場を変えて逆賊となった西郷隆盛を首領にいただく薩摩の侍たちだから、たぶん戦意はおおいに昂揚《こうよう》したのではないか。

記録によれば、屯田兵は、西南戦争、日清戦争、日露戦争の三つの戦争に参加しているのだが、小柳らが一已村に入植したのが明治二十八年五月で、日清戦争は同じ年の四月には終わっている。

そして、その十年後、明治三十七年に始まる日露戦争には一已の屯田兵も参加している。

小柳五郎がロシアの金貨や宝石がついた勲章を持っていたのも、不自然な話ではなかった。

雨竜屯田兵は、その大部分のものが札幌の月寒《つきさむ》歩兵25連隊に入隊し、一部の者は旭川の歩兵第26連隊に入った。（略）屯田兵の大部分を含む野戦第25連隊は10月21日に札幌を出発、大阪を経て11月6日遼東半島の青泥窪《せいでいわ》に上陸して、そのころ旅順攻撃で苦戦をしていた乃木将軍旗下の第3軍団に編入された。3月1日（略）、乃木将軍率いる第3軍団は進撃を開始し、北上して奉天城を包囲する形をとり、奉天城背後で南満州鉄道を分断するにあと一歩の地点まで進出した。3月8日この形勢を見た敵将クロパトキンは自軍に退却を命じた。

日本軍は10日奉天を占領したが、追撃する余力はなかった。父五郎は旅順要塞の203高地総攻撃に参加、退却する敵を追って奉天城に達し、その城へ突入した折、ロシア軍将校と遭遇、その将校を生け捕りにした。それが、後に金鵄勲章《きんしくんしょう》授賞の原動力になったという。

当時日本軍の死傷者は7万人といわれ、また敵ロシア軍は9万人に達した。(14)

二百三高地を攻撃した第7師団全体の損害は、死者三千百四十二名、負傷八千二百二十二人に及んだといわれている。一已村の屯田兵は四百人くらいがこの攻撃に加わっているのだが、二十一名の戦死者を出したという。

日露戦争のころの一師団は一万八千人とか二万人くらい。師団構成の人数は平時は少なく、戦時は多くなるものらしい。五郎参戦奮闘の具体的な証拠は、宝石をはめこんだ勲章ぐらいしか残っていなかったが、この戦争で小柳五郎は乃木希典《のぎまれすけ》の指揮下の兵士となって、旅順攻防戦、奉天会戦などに参加して、果敢に矢弾をくぐった。だから、勲章をもらった。

しかし、彼にとってこの戦争の体験は衝撃的だった。

実際の戦争体験は心的後遺症が付きものなのかも知れない。

こういうことに明治も昭和もないのかもしれない。船山馨が書いた『石狩平野』のなかにも、日露戦争に出征して、旅順の包囲戦を戦い、砲弾の破片が顔面を抉って化け物のような容貌になって帰国した廃兵が若い娘を強姦して、そのあと、首を吊って死ぬ話が出てくる。(15)

小柳五郎も、戦争で地獄を見て、生きのびて帰ってきた。そして、それまで屯田兵として真面目に勤めていたのが、ある日突然、遊興と放蕩が始まったのである。

これは戦争によるトラウマや人間の生への虚無感が原因かも知れない。

中年になってから始まる女遊びは際限がなく、歯止めがきかないとよくいうが、たぶん、戦争の経験が彼の人間性を変えたのである。

小柳家が一已を離れたのは、明治四十五年のことだという。資料にはこう書かれている。

『文太郎兄の手紙』によると「明治45（1912）年（一已の）土地一斎を売って小樽の奥沢へ引っ越した……」とありそこで水車を使って精米業をはじめた。兄の記述によると、「家屋はかなり立派なもので、前に池のある庭があり、倉庫もあって若い者二人を使っていた」とあるから相当の資金も必要だっただろう。この資金は佐賀の本家である実兄友四郎から土地を担保に借り入れしたのではないか。（略）

明治45年をもって一已屯田兵時代17年間の幕を閉じた。父は37歳の壮年期である。

顧みると父にとって、この時代は波乱の多い時代ではあったが、緊張と充実の時代とも言える。（略）父は屯田兵入隊早々から給与班の助手を務め、中隊でも数少ない下士官に昇格した。また農事の面でも稲作の先駆的役割を果たした。日露戦争を分隊長として従軍し、抜群の功績をあげて金鵄勲章を授与されるなど、性格通り真面目に努力したことが推測され、現役時代が終わると、村会議員や部会議員に選挙されるなど、人望も厚かったと想像される。しかし、日露戦争から帰還してからは、人が変わったようで、深酒をし家を空けるようになった。(16)

屯田兵としての役割は、日露戦争で終わっている。日本にもどったあと、戦争以上に刺激的なことというと、女遊びぐらいしか思いつかなかったのかも知れない。

五郎には八人の子どもがいたと書いたが、長男の文太郎は五郎が二十五歳のときの子どもで、そのあとの二十年間で文太郎を含めて、八人の子どもを作っている。その八人というのは、文太郎、辰二、敬三、スズ、松枝、富子、トキワ、清子という順番の三男五女である。

家系図には文太郎以外の人の誕生年月日が記されていないから、清子という名前の末っ子が何年生まれなのか、細かいところの判断がつかないのだが、二十年のあいだに八人の子どもを育てる一巳での百姓暮らしがイヤになってしまった、ということもあるのかも知れない。

子ども八人というのは［産めよ増やせよ］がスローガンのこの時代からすれば、普通のことだったのだろうが、本妻とのあいだで、八人の子供をもうけながら、外で女遊びをしてオメカケさんを囲っていたということが本当なら、相当の遊び人である。

文太郎の誠之にあてた手紙を読むと、父・五郎のその後はこんなふうに書かれている。

（小樽の新しい家は）かなり立派な家で、前に石を積み上げた滝と池があり、鯉などもいました（冬に死なせました）。倉庫もあって若い者二人を使っていました。私も黄粉豆を煎ったりして手伝い、学校は山を越え量徳小学校に転校しました。然し、是も長続きせず、緑町に移って父は小樽木材会社に入り、私は北海商業高に入学、ここで富子（八人兄弟のうちの六番目の子、三女）が生まれたと思います。この木材会社は一已の屯田兵で佐賀から来た林久太郎様もおり、その世話で入社したと思いますが、これも二、三年で退社、今度は小樽無尽会社に入りました。私は商業校卒業を目前にストライキを起こし、田巻金物店に入ったのでした。

其の後、父は雑穀検査員になって深川か留萌に移ったものと思われますが、そのころのことは詳しく知りません。(17)

家系図で見ると、五郎の妻のキクの没年は昭和十九（一九四四）年、六十三歳で亡くなった。最後は文太郎に引き取られて、夕張で暮らしていたというから、五郎とは別居していたようだ。夫婦別れしたというような記載はないから、夫にどんな目にあわされても黙って耐えて、五郎の妻として人生を終えたということなのだろう。

小柳五郎が亡くなったのは、戸籍謄本には「昭和弐拾五年六月壱拾四日札幌市白石一条二丁目壱百五拾番地デ死亡」と記載されている。享年は七十六歳だった。

小樽を出て、札幌市白石一条で没するまでの細かなことは情報がなくなにもわからない。

札幌から列車に乗って、小樽と深川（一已）を訪ねたことで、いくら地図を見ていてもわからなかった、それぞれの場所の距離感というのがなんとなく理解できるような気がするところまで来れた。

北海道の石狩平野でいつごろから米作が始まったかを調べると、明治二十五年ごろからのことらしい。『我が家のルーツを探る本』のなかに、小柳五郎が明治三十年に「率先して貴穀たる米作を励しその結果良好」と書かれた賞状をもらったとあり、そのコピーが掲載されているから、このころにはもう、石狩平野では米作りが奨励されていたのだろう。

そして、この時期に、札幌から旭川への道路の開通、鉄道の敷設、かたわらで美唄などでの石炭の採掘と、いっせいにさまざまの産業が勢いをつけて始まっているのである。

これは詳述はしないが、明治十年代、全国の刑務所に入っていた囚人たちを、日常的に労働力不足に悩まされていた北海道に連れてきて、鉄道や道路や水路の建設にあたらせた、つまり、インフラストラクチャー（社会資本）の整備が屯田兵の石狩平野への入植の一時代前におこなわれていたことが、大きな原因だったのだろう。

鉄道が通ってみれば、一已の最寄り駅になる深川からは旭川も札幌も遠距離ということでもないのである。また、大正時代には札幌に行く途中の美唄の町は石炭の生みだす好景気で沸いているのだ。小柳五郎がそれらの町に出入りしているあいだに、畑仕事なんかバカバカしくてやる気がしないやと思い始めることもおおいにあり得る話である。

いずれにせよ、ここまでは佐賀と北海道が舞台の話なのだが、小柳家も年月の経過のなかで流転して農村から都市に流民として流れていったと書いていいのではないかと思う。

さて、話をそれぞれの場所の距離の話にもどすが、わたしも札幌を中心にいろいろと動きまわっているうちに、次第に地名にくっついている位置関係や距離感覚が身についてきた。

わかってきたのは、ひとつひとつの場所の距離と関係を知らずにいたから、話が立体的なリアリティを持てずにいた、ということだった。

小樽から、石狩川を遡行するように平野、そして周縁の山地に点在するさまざまの場所…、札幌、美唄、そして夕張、深川、一已、旭川、これらの地域の土地柄というか場所の特性を頭のなかで整理していくと、小柳五郎、文太郎、さらには昌之も含めてだが、北海道の風土と歴史のなかで、小柳家の人々がこの百数十年をどう生きようとしてきたのかが、朧気《おぼろげ》に輪郭を描けるような気がした。

それで、ここからの主役は、小柳五郎の長男で、昌之たちの父親でもある、北海商業校を中退したという文太郎である。

本人の手紙にあるとおり、卒業寸前にストライキを起こして退学し、田巻金物店という小売店に就職するのである。これも典子が父親からきいた話だというが、そのあと、彼は小樽を離れ、大阪の帽子を作る会社に就職したのだという。

じつは75頁に記したように、小柳家の物語は大正時代に入るところから舞台が小樽の町に移るのである。五郎は一巳の田畑を売り払って、小樽で精米所を始めるのだ。

そのころの小樽の町がどういうところだったかというと、これはわたしたちの予想を完全に裏切っている。

当時の小樽は北海道最大というか、日本海圏という言葉を使ってもいいのかも知れないが、ロシアのナホトカや樺太などからも至近の港町で、北のウォール街とあだ名されるほどに繁華な、札幌よりも人口の多い町だった。

わたしも今度の旅行で小樽へもいってみたのだが、駅から運河に向かう幅広い道路の両側にいろいろな、昔は銀行だった石造りの建物が並んでいて、かつてのこの町の繁栄を偲ばせた。

町が一番盛んだったのは戦前の明治末から大正、昭和の初めにかけてで、大正九（一九二〇）年に行われた第一回目の国勢調査では小樽の人口十万八千人、札幌の人口は十万二千人と、小樽の方が札幌よりも大きな町だった。

これはしかし、五年後の大正一四（一九二五）年の第二回目の国勢調査では小樽の人口十二万五千名弱、札幌の人口十四万五千名強と札幌に追い抜かれている。

わずか五年のあいだに、人口が四万三千人も増えている札幌の人口増加もものすごいものがあるが、後塵《こうじん》を拝した小樽も約二万人増だから大変な勢いだ、
明治から大正にかけての小樽の活況と熱気は明治四十（一九〇七）年に当時の小樽新聞に就職した石川啄木《いしかわたくぼく》がこういう歌に詠んでいる。

かなしきは　小樽の町よ　歌ふことなき人人の　聲《こえ》の荒さよ（18）

荒々しい海の男たちがいそがしく立ち働く有りさまが偲《しの》ばれる短歌である。

小樽は北海道というか、日本の貿易と生産物輸送の重要拠点の一つで、重要な産業都市だった。文太郎が通ったという北海商業校は、いまも存在していて、北照高校というのが現在の校名である。小樽には公立で小樽中学というのがあったのだが、この学校の創立が一九〇二（明治三十五）年で、北海商業校の設立はその前年で、小樽中学より古い。現在の北照高校は野球部が甲子園に何回も出場し、オリンピックなどに出場している何人もの有名なスキー選手たちを輩出している。入学偏差値38だというから、どちらかというと、進学校というよりスポーツ校である。

これはしかし、だからといって当時の商業都市として大いに盛んだった頃の北海商業校がどういう学校だったかはわからない。

小樽には北海道だったら札幌農学校（現在の北海道大学）か小樽商高かといわれた小樽高等商

業学校があったのである。これが現在の小樽商科大学で、現在も日本の国立大学では唯一の社会科学系単科大学である。商学部しかないのだが昼間部の偏差値を調べてみたら73と、かなりの高さである。

文太郎が順調に北海商業校を卒業していたら、小樽商高に進学していた可能性もあるだろう。明治末から大正にかけての小樽は気風の荒い港町だったかも知れないが、小樽商高からは、プロレタリア文学の金字塔である「蟹工船《かにこうせん》」を書いた小林多喜二《こばやしたきじ》や、昭和に入ってから北海道在住のままで詩集「雪明かりの路」を上梓する伊藤整《いとうせい》がいる。小林多喜二は一九〇三年の生まれ、伊藤整は一九〇五年だが早生まれで、小林の一学年下、小柳文太郎は一九〇〇年の生まれである。

小柳文太郎が北海商校を卒業寸前にストライキをやって、退学するにいたった経緯は校長の横暴に抗議したものだったというのだが、詳しいことは判らない。たぶん、小樽商高は文太郎のあこがれの学校だったのではないか。

伊藤整に『若い詩人の肖像』という、小樽を舞台にした自伝小説があるのだが、これは冒頭で小樽商高がどんな学校だったかという描写から始まっている。

（生徒は＝註）全国各地から、この北国の専門学校を自分にふさわしいものとして選んで入学して来た青年たちだった。受験者は入学者の四倍ほどあり、大正末年の官立の専門学校としては二流の学校であつた。この学校は開設後まだ十年ぐらいにしかなつていなかつたが、生徒の気風が素直で、都会ずれしていないためか、就職率は良い方であった。だからここを卒業した青年たちは、安全な勤め人の生活をなかば保証されたようなものであつた。(19)

これは蛇足の話になるが、伊藤整は小樽商高を卒業したあと、市内の中学に英語教師として就職し、上京のための資金を貯めて、千三百円の軍資金を持って、上京する。

大正末の千三百円は、学校の先生の初任給が五十円の時代だから、それを二十万円と考えると、六百五十万円ということになる。卒業から上京まで二年の期間があったというから、毎月の給料をほとんど使わずに暮らしていた、ということになる。英語を教えられる先生の数が少なく、夜間の学校でも先生をやっていたというからこの貯金が可能だったのだろう。

これが昭和二（一九二七）年のことである。上京後、伊藤は東京商科大学に入学し、そこで中退して、出版社の金星堂に就職するのである。

伊藤がなぜ東京商科大学を進学先に選んだか、『若い詩人の～』のなかで彼はこういうふうに説明している。

詩人として世に容れられるかどうか分からないが、詩を書くことはつづけるつもりであった。(略)ただ教師とか銀行員とかいう職業に縛りつけられるのを避けておけば、私は詩人か何かになって、自由な仕事で生きて行ける可能性を手に入れられるかも知れない、と考えた。そして私は高等商業高校を出た者の当然のコースである東京の商科大学に入る決心をした。同級生のうち自信のあるものが、十名ほどそこを受験し、三四名がこの年そこへ入学していた。その大学には、高等学校と同じ課程の三年制の予科があったが、高等商業学校を出たものは、三倍ほどの率の入学試験を通ると、その学校の三年制の本科に入り、卒業すると商学士になるのであった。高等商業学校の教授たちの半分くらいはその商科大学の出身者であった。(20)

この東京商科大学が戦後、一橋大学と名前が変わる。

伊藤整が一浪して受験で合格し入学することになる、四十年くらいあとに、小柳昌之が上京して入学しようとして三浪する一橋大学である。

当然、小柳文太郎にも小樽商業高校から東京商科大学への道は、日本の財界や経営の世界のエリートたちが選ぶ道だということは分かっていて、その大学に本人はいけるとは思ってはいなかったかもしれないが、少なくとも北海商校に在学しているあいだは、[小樽商高→東京商科大学]が日本の実業の世界のエリート・コースの一つであることぐらいは知っていたのではないか。

息子の昌之が一橋大学を受けるといったときの父親の心境は複雑というか、自分が若かったときの叶わなかった夢と関連している気がして、たぶん、かなりうれしかったのではないか。

たぶん、小柳文太郎(昌之たちの父親)にとっては、北海商業校での退学事件はあとから思えば、判断を早まった無念の出来事だったのだろうと思うのだ。

商業校を中退したあと、文太郎はいっとき地元の金物店に勤め、それからすぐに大阪の帽子を作る会社に転職する。人生の運が開けるチャンスと考えて、喜んでその大阪の仕事に飛びついたのではないか。

この時代、一九二一（大正十）年ごろの大阪については、こんな紹介文がある。

大正期の日本資本主義は、すでに世界資本主義システムの中でかなり能動的な役割を演じていた。第一次世界大戦（１９１４～18年）の勃発によって欧米先進国の工業品のアジアへの供給力が弱まった時に、日本は重工業の多くの分野で輸入代替を促進したうえで、従来から強かった綿製品、雑貨などの軽工業は急速にアジア市場への輸出を伸ばしていった。（略）

そうした日本の他のアジア諸国との緊密な接触やアジアの文化的中枢としての登場を具体的に担ったひとつの核がまさに「東洋のマンチェスター」と呼ばれた大阪であった。大正14（１９２５年）の時点で大阪市は２１１万人の人口をもつ世界有数の大都市――『大阪市統計書』の集計では世界第6位、東京市は２００万人で第7位――であり、市中央部の伝統的な商業、金融の中心地に加えて、その周辺部、特に淀川から大阪港にかけての一帯に、綿業、機械工業などの工場地帯を有するアジア最大の工業都市となっていた。（21）

大阪は当時、東洋最大の人口（二百十一万人）を擁する、東京以上の巨大都市だった。

つまり、小樽と大阪は金融拠点と生産拠点という話でアジアのウォール街とマンチェスターみたいなことだったのである。

　わたしは、この時代にちょっと目先の利く小樽の書生が小樽から大阪に出て、大阪の会社に就職するということは、かなり好運なことだったのではないかと思う。

　関西圏で最初に国際港になっていったのは神戸だったが、大阪も大正時代には神戸に負けないくらいの規模の港（大阪港）を完成させて、国際都市としての機能も持ちはじめていた。

　これはわたしたちが忘れてしまった、戦前の昭和の時代の、さらにもうひとつ昔の日本の国の形だった。伊藤の『若い詩人の〜』にもちょっとだけだが、小樽と大阪をつなぐ文章がある。

　主人公が小樽商高を卒業し、市立中学の英語教師として働いていた時期のことだが、「彼は大阪の大きな株屋である鈴木商店の代理店をしている小樽の株式取引所の家に家庭教師として泊まっていた」という文章だ。

　伊藤は「大阪の大きな株屋である鈴木商店」と書いているが、これは昨今、明治日本の産業革命遺産でいちやく脚光を浴びている、幻の巨大商社、鈴木商店のことではないかと思う。(22)

　本来の鈴木商店は株屋などではなく、たぶん株の売買にも手を出していたのだろうが、大阪が日本の経済活動の中心だった大正時代の大阪に本拠地を持つ、三菱、三井と日本の商取引を三分したといわれる巨大な商社だったのである。

　鈴木商店は明治の三十年代に台湾産の樟脳《しょうのう》の独占的販売権を獲得するところから急成長を始め、

様々のジャンルの企業を買収して、ドンドン勢力を拡張していった。

それこそ、小柳文太郎が小樽商高の生徒だった大正八年〜九年がこの会社の絶頂期で、このころのこの会社の売り上げは十六億円、これは当時の日本のGNPの約一割を占有していた。

鈴木商店の新卒社員の初任給は七十円だったという。小学校の新任教師の給料が五十円だったころのことである。

鈴木商店は昭和の初めに起こった恐慌の最中に倒産して、解体されるが、その流れを汲んだ会社がたくさん生き残った。

神戸製鋼、帝人、サッポロビール、協和発酵キリン、日本セメント（現在名は太平洋セメント）、石川島播磨《いしかわじまはりま》（現在名は株式会社IHI）、昭和産業、三井化学、双日《そうじつ》（旧社名 日商岩井）、山陽電気軌道、日本海運、これらの企業は大正時代にはなんらかの形で鈴木商店の資本の支配を受けていた企業だった。

大阪と小樽は太いパイプで繋がっていたのである。

わたしは小柳文太郎が鈴木商店の息のかかった企業に就職したと思っているわけではないのだが、たぶん、商業校の生徒が在学中に一生懸命に勉強していれば、ある程度は経理や簿記が解るようになっていたはずだし、その知識と技術さえあれば、どこにいっても即戦力として採用され、ある程度は役に立ったはずである。

それで、文太郎は海を渡って大阪へいくのである。帽子を製作して販売もしている店だったというから、要するにいまでいえば、アパレルである。本人がそのときの丁稚奉公を懐かしがっていたというから、本気で商人になろうと考えていたのだろう。

これがどういうことがあって、北海道に戻ろうと思ったのか、そのへんは事情がよくわからない。当時の大阪は小樽に輪をかけて活気というか、血気の盛んな町だったのだ。

大阪時代の文太郎は当然、若輩とはいえ経理の専門家だから外回りの奉公人ということではなかったのではないかと思うが、この大阪の商家で日銭商売の現実をみて、儲けを汲み上げる現場をみていたことは、あとから考えてみると、小柳文太郎にとっても息子たちにとっても決定的に重要なことだった。その事情は後述する。

そして、これも小柳典子の証言だが、「父は北海道に戻ってきて、我路で母と出会って結婚したんです」というのである。

文太郎の妻になるのは深澤キクヨ、夕張郡夕張町鹿ノ谷新町五号地深澤由兵衛次女、だった。

午前九時三十一分の特急列車で深川について、一巳とおぼしきあたりを二時間くらい歩き回っただろうか。とにかく水田が広大すぎて、とりとめがなさ過ぎた。しかし、だいたいわかった気がした。

道ですれ違うのはお爺さんやお婆さんばかりで、たぶん深川市はそのことがかなりの問題になっているのではないかと思った。市の人口変動を調べると、昭和四十五（一九七〇）年に三万八三七三人だったのが、平成二十七年三月には二万二〇九四人になっている。単純に計算して、四十二パーセント減という凄まじさ。リストラにリストラを重ねて、社員が四百五十人から二百二十人になってしまった出版社みたいだ。

その話は措いて、この地域も相当の勢いで高齢化が進んでいるのだと思う。

確かに、若い人間がこの町でどうやって生きていけるのだろうか、と思った。

駅にもどる途中、［揺籃会《ようらんかい》ひいらぎ荘］と［老人保健施設エーデルワイス］という建物、たぶん養護老人ホームだと思うが二軒並んで建っていた。問題は［老人保健施設エーデルワイス］で表の看板に貼り付けてある［保険］の保という字の人偏が取れてしまっていて［老人呆健施設］になっていた。笑えないなと思いながら、おもわず笑ってしまった。

この日、午後三時半の飛行機で東京にもどることになっていて、その時間に間に合うように札幌を経由して新千歳空港にたどり着くためには十二時十五分のスーパーカムイに乗らなければならなかった。

南口の駅前にもどって、時計をみると、十一時半を過ぎたところだった。

深川の駅前は繁華街とはとてもいえない、何軒かおきに商店が並んでいた。駅前を広めにして区画整理したのに商店がまばらでパッとしないから、整然とはしているが荒廃して見えた。

さしたる犯罪も起こらないのだろうか、交番も無人だった。

お巡りさんのいない交番のそばに【ベーカリー&コーヒー　タンタ・アンナ】という看板を出

したパン屋さんがあり、そこに入ってコーヒーを飲み、店で一番高いという三百十円の「木イチゴとブルーベリーのタルト」を食べた。

レジの若い女のコに「タンタ・アンナってどういう意味なの」と聞いたら「アイヌ語でコッチへおいでという意味なんです」と教えてくれた。

店の奥で若い男が一生懸命にパンを焼いていた。たぶん、夫婦でパン屋をやっているのだろう。ランチタイムということもあったかも知れないが、お店はかなりはやっていて、三十分くらいのあいだに十人くらいのお客さんが千円くらいずつパンを買っていった。レジの子が大きな声で金額を叫ぶから、売り上げが分かるのだ。

午前中の三十分で一万円の売り上げがあったら、きっと店は黒字だろう。

わたしが食べた木イチゴとブルーベリーのタルトはかなり美味しかった。

木イチゴが甘酸っぱく、苦いコーヒーを飲みながら、列車の時間までつかの間だったが、わたしは一巳での最後の二十分ほどを幸福な時間にして過ごすことができた。

【註】

（1）余計な話だが、この歌をうたったのは、山川豊。本名は木村春次といって、三重県出身の人で、歌手の鳥羽一郎の弟さんだが、歌謡界デビューは彼の方が早かった。

（2）『ワイド版 北海道をゆく／～北海道の諸道～』二〇〇五年刊　朝日新聞社　司馬遼太郎著　P・277
（3）『屯田兵村の百年・中巻』一九七九年刊　北海道新聞社　伊藤廣著　P・270
（4）『君よ知るや南の国・ミニヨンの歌』一九三九年刊　新興音楽出版　堀内敬三訳
（5）『我が家のルーツを探る資料・第3集　天の巻』私家本　小柳誠之著　P・9
（6）『鍋島直正公伝　第六編』一九七三年刊　西日本文化協会　久米邦武他著　P・276
（7）『島義勇』二〇一一年刊　佐賀城本丸歴史館　榎本洋介著　P・59　岩倉具視あて書簡
（8）『北国抄』一九七三年刊　読売新聞社　原田康子著　P・130
（9）『石狩平野』一九六七年刊　河出書房　船山馨著　P・11
（10）『我が家のルーツを探る資料・第3集　天の巻』P・61
（11）『我が家のルーツを探る資料・第3集　天の巻』P・17
（12）『我が家のルーツを探る資料・第3集　天の巻』高倉新一郎「屯田兵村史」P・94
（13）北海道深川市ホームページ　［開拓のころ／屯田兵］参照
（14）『我が家のルーツを探る資料・第3集　天の巻』P・49
（15）『石狩平野』　P・390
（16）『我が家のルーツを探る資料・第3集　天の巻』私家本　小柳誠之著　P・61
（17）『我が家のルーツを探る資料・第4集　天の巻』私家本　小柳誠之編　P・29

(18)『一握の砂・悲しき玩具』一九五二年刊　新潮文庫　石川啄木歌集　金田一京助編　P・96
(19)『新選現代日本文学全集15伊藤整集』一九五九年刊　筑摩書房　伊藤整著　P・174
(20)『新選現代日本文学全集15伊藤整集』　P・234
(21)『大正 大阪 スラム』一九八六年刊　新評論　杉原薫ほか著　P・9
(22)『新選現代日本文学全集15伊藤整集』　P・261

第二章　美唄　失われた街　我路

小柳昌之に導かれて彼の生まれ故郷の我路を訪ねたのは、平成二十七年五月二十二日のことだった。

わたしがひとりで、函館本線に乗って一已を訪ねる前々日のことである。

朝から降っていた雨が上がり、ハイウェイを走っているあいだに陽が出てきて、その陽の光をあびて、北海道の五月の終わりは、原野の白樺がいっせいに若芽を息吹かせる季節だからか、山々の新緑が美しかった。

ＨＡＢＡの工場は苫小牧にあり、社員の研修所も併設されているのだが（苫小牧にいるあいだはここに泊めてもらった）そこから小柳昌之といっしょに用意してくれた車に乗せてもらって、高速道路経由で美唄まで一時間くらいかかった。目指していたのは美唄川の源流で、舗装した道路（道道１３５号線。いずれ富良野に抜ける予定だという）が美唄ダムのちょっと上のところまで行くことができた。

いずれにしても自動車でなければいけない場所だった。

かつては美唄川の渓流に沿って並行して鉄道が走っていて、その終点だった美唄ダムのところまで、舗装道路を遡上していったのだが、延々と原始林と緑の草地と雑木林がつづくばかりで、どこがかつて我路だったところなのか、分からなかった。

ダムの管理事務所の人に「ガロというのはどの辺にあったんですか。いまでも人が住んでいるんですか」、そう尋ねると、六十を過ぎた（つまりわたしと同年輩とおぼしき）人が、「ワシもここのモンじゃないんで、よくわからんが、いまでもここに住んどるモンがおるはずだ」と教えてくれた。途中、公園があるはずでそのへんが我路の中心だったところだという。

確かに、道を上がってくる途中に［岡田春夫《おかだはるお》・生家↓］と矢印のついた小さな案内板が立っていて、そのそばに小さな公園が、公園といっても設置した遊具が周囲の緑にのみこまれてしまいそうで目立たない場所だったが、あるのを見つけた。それにしても岡田春夫というのは誰なのだろうか。この人について説明するのもあと回しにしよう。

北海道の五月の終わりは新緑の萌《もえ》がピークを迎えるころである。若葉の鮮やかな黄緑が目に痛いくらいだ。この谷間のありさまは、子どものころ、アマゾン河のジャングルを探検した『緑の魔境』という記録映画を見て、ドキドキしたことがあったが、まさしくそういう印象である。

小柳昌之の物語は［ガロ］から始まる。

普通の人はガロというと、一九七〇年代の半ばに『学生街の喫茶店』を大ヒットさせたフォークグループのガロか、六〇年代の半ばにアングラなノリで創刊されていつの間にかサブカルチャーの総本山のようにいわれるようになっていった青林堂が出版していた漫画雑誌の『ガロ』を思い出すだろう。

フォークグループのガロの名前の由来は、田辺エージェンシーの担当のマネジャーの村井某がいずれ生まれてくるはずの自分の子どもが男の子だったらこの名前、と考えて用意していたものだったのだという。蛇足だが、ガロは大野真澄《おおのますみ》というミュージシャンを中心にして作られた三人組で、大野は大変な音楽的才能の持ち主である。

わたしは昔、田辺エージェンシーの内輪の集まりに呼ばれて、その席でギターを片手にした大野が歌う『ツイスト&シャウト』を聞いたことがあり、そのとき、ジョン・レノンが生き返ったかと思ったほど声に張りがあって聞いていて鳥肌が立つほどのショックを受けた。三人のうち、堀内護《ほりうちまもる》と日高富明《ひだかとみあき》は死んでしまったが、この人は元気で、いまもときどきテレビで見かける。大野の年齢を調べると（平成二十七年七月現在）わたしより二歳年下の六十五歳だった。何時までも元気に活動していてほしいものだ。

そして、ガロについてさらに書くと、若い人ならテレビゲームのガロ（この場合は餓狼）を思い出すかも知れない。わたしのように第二次世界大戦後、一九四〇年代の後半に南アフリカのヨハネスブルクに存在したレコード会社のガロ（ＧＡＬＬＯ）やちょうど平成が始まったころにヘア・ヌードのカメラマンとして名前を売った会田ガロ（我路）のことを思い出す人はあまりいないだろう。

ところが、小柳昌之にとってのガロは［我路］、北海道の美唄にかつて存在した、自分の生まれ故郷の、いまはゴーストタウンというか、ただの荒地に戻ってしまった町の我路なのである。

「昭和十四年の一月九日に、美唄の我路で生まれたんです」と彼はいう。

インターネットで［我路］を検索すると、こんな不気味な見出しが立っている頁があった。

美唄市の忘れられた廃墟の町　心霊スポットとしても有名

これを読んでみると何年か前に現地を訪ねた人の見聞録で、そこには「人もちゃんと住んでいて廃墟というほどでもなかった」と文章が書き添えられていた。また、別の情報では現在の我路は無人の場所で、数年前まで確かに年寄りが住んでいて、何キロか離れた美唄の町までのバスの便はとっくになくなり、町に出かけるときは何人か集まってタクシーを呼んで、みんなで割り勘にして出かけていっていたのだというが、その人たちも亡くなられたのか引っ越していったのか、いまは誰も住んでいない町（誰も住んでいなかったら町とはいえないかも知れない）になってしまったと、インターネットのなかにはそんなふうに書いている頁もあった。新旧の情報が入り交じって、矛盾して存在していて、実際にはどうなのか、正確な実態が分からず、いってみるよりしょうがなかった。

北海道の地図でいうとこのあたりは夕張山地の前衛の山々の一部なのだろう。

本州の長野県などの中部山岳地帯などとはちょっとちがう森の深さからくるのだろうが、独特の静寂がある。

かつて後志《しりべし》支庁の塩谷村（いまは小樽市の近郊）で育ち、小樽中学から小樽商高に学んで、青春時代を小樽で暮らした伊藤整が上京の寸前、二十五歳のときに百田宗治《ももたそうじ》らが主宰する椎《しい》の木社から上梓した詩集『雪明りの路』は作品の随所に年若い詩人の柔らかな感性の横溢した詩集だが、多くは秋の終わりや冬の暮らしを詠った作品が多い。

伊藤整はたぶん夏が嫌いみたいで、秋と冬が大好きだったようだ。

この詩集のなかでも「もう私はこんな濃い夏に飽きてしまった」と書き、秋については「空に青く澄み肌に寒く、山を紅に染めて小樽の町へ来た」と感動をこめて書いている。作品のなかでの季節への待遇がぜんぜん違う。

詩集のなかの詩の物語の舞台も海と町が多く、山を詠った歌はあまりない。

そのなかに『山へ』という標題の作品があるのだが、それはこういう詩である。

とほく緑は厚い布のやうに　山肌を這《は》つている
夏の間　緑は恐ろしい洪水となつて　山ぢうにゆれている。
私はあの海のやうな緑にはいって行き　栗鼠《りす》のやうに
大木の幹を通りぬけ　膚身《はだみ》を　あをい風に吹かれて
さうして　原始人のあさ黒い膚と　健全な感受性とにならう。

いつも見知らぬ目のように　青くけぶっているたのしい空さへ
慣れすぎて忘れがちな昨日今日の物憂さから、

身ぶるひするほどの　あざやかな生命をめざましに
あゝ　毛ものの外に知らない　谷川のくらい水をわたり
私よりもせいの大きな　ぜんまいらの中を行かう。
さうして朝夕のいのちがかなしければ
蟻の子のやうに白い米を洗って　ひとすじ紫の煙をたてやう。（1）

この地方の、緑の谷間に訪れた夏のさかりの自然の美しい有りさまを詠った作品である。『雪明りの路』はモダニズムとロマンチズムを足して二で割ったような、その当時の小樽という町の、この時代（昭和初期）なりのおしゃれな若者の生活を素材にした詩作品が多いのだが、この『山へ』だけは、山に暮らす民の営みというか、土俗のにおいが濃厚にたちこめている。しかも珍しく他の作品と比べて比較的にだが、山と夏を同時肯定的に詩にした作品である。

わたしたちが美唄川を遡上していって、たどり着いた我路は、『山へ』のなかで伊藤が書いたような、まことに新緑の、というか、真緑の燃え上がるように美しい場所だった。

わたしは自分の書く原稿のなかで、「美しい」とか「可愛い」とかいう言葉を乱発しすぎるのかも知れない。しかし、性分なのか、いい女に会ったり美しい情景をみたりすると、「きれいだ」とか「もうちょっとで好きになりそうだ」とか、書かないと気がすまないのだ。

これも映画『わが母の記』のなかの一コマで、主人公の昭和の大文豪、井上靖《いのうえやすし》が弟子の書いたものに「おまえの文章は力みすぎだ。異常なことほどもっと淡淡と表現しなくちゃダメだ」と注文を付けるシーンがあるのだが、わたしはそれと同じようなことを人にいわれそうな文章を書いているのかもしれない。

しかし、わたしにはこの谷間について、事前の「あそこは廃墟」という情報があり、そのことがあって、とても淡淡としてはいられなかったのである。

その情報では、我路は〝ゴーストタウン〟とレポートされていた土地だったのである。

我路はゴーストタウンなどではなく、わずかに残骸のような民家が残る緑の谷間だった。

だから余計に驚いたのだった。

これは前章の開拓史のつづきになるが、北海道くらい波乱にみちた近現代の百五十年を過ごした場所はない。とりわけ明治維新から昭和にかけて、その百年間はそうである。

『美唄市百年史』は、我路も含めた美唄の百年の歴史を分厚い本のなかに封じ込めたものだが、そこに書き綴られた史実の一部は汗みどろで血なまぐさく、非情冷酷なものだった。

昔（昭和五十八年・一九八三年）、東映が五社英雄《ごしゃひでお》を監督に据えて、樺戸囚治監《かばとしゅうちかん》の典獄《てんごく》（刑務所長のようなものだ）だった月形潔《つきがたきよし》を主人公にした『北の蛍《ほたる》』という映画を作った。主演したのは仲代達也《なかだいたつや》で共演の女優は岩下志麻《いわしたしま》だったが、元新選組、神道無念流の達人、永倉新八《ながくらしんぱち》が月形潔を暗殺しようとしたりして、人は殺されるわ、女優はドンドン脱ぐわで、大変な映画だったが、まさか実話を脚色したものだとは思わなかった。それも同じような話が市役所が編纂した『市史』にいっぱい載っているのだからビックリである。

この本のなかで、道路開発のために内地から連れてこられた囚人があまりの過酷さに脱出したものを、まわりの人間たちへの見せしめのために、発見次第、斬殺もやむなしというような話で、途中で斬り殺されたとか、連れ戻されて斬首されたというような記録もいっぱい確認できる。(2)

また、男がそんな状態なら女も同様で、これは別の本になるが『北海道の百年』には、こんな記述がある。

> 明治二年（一八六九）に根室に着任した判官松本十郎は、遊郭設置申請をただちに許可し、妓楼の一つにみずから「花咲楼」と命名し、部下のひとりに批判されると「女郎も開拓の一端ではないか」と語ったという。
>
> 明治五年に建てられた札幌薄野遊郭にも手厚い援助があった。
>
> 開拓次官（のち長官）黒田清隆は、病院・医学校の建設を太政官に申請した文書に、「此度北海道開拓人夫一万人程モ差遣《サシツカワ》シ有、付テハ遠境ノ儀自然人夫トモ厭倦《エンケン》ノ道ヲ生ジ候モ難計《ハカリガタク》候ニ付、妓楼ヲ立置公然売女免許　仕候《ツカマツリソウロウ》　心得ニ御座候《ゴザソウロウ》」と、開拓人夫の足止め策に遊郭公認の追認を求める文を加えた。（略）統計によると、北海道の貸座敷数は明治三十四年（一九〇二）の四六九戸、娼妓数は大正九年（一九二〇）の二七一七人、芸妓数は昭和三年（一九二八）の三七二六人

がもっとも多い。（3）

つまり、そういう女たちが日常的な存在だったことが分かる。

右記の文章は、なんとなく従軍慰安婦問題を連想させる文言だが、歴史の当事者にしてみれば、男性的エネルギーの暴発を未然に防ぐ、最も有効な防御システムと考えて、必要悪みたいなつもりだったのだろう。善悪はまた別の問題だが、いまの人間からすれば、そのときにこういうことを批判する人間がひとりでもいたことは救いである。

『美唄市百年史』にも、かつては我路の町の表通りに飲み屋とかカフェなどの店が並んで、場合によっては、たぶん身体も売る女たちも大勢いたのだという記録があるのだが、美唄川にそって走る舗装された道路に佇んで見回すかぎりでは、この谷間のどこかにかつては売笑婦たちがたむろする悦楽街を形成する人口何千人ものソドムかゴモラのような町があったのだということがどうしても信じられなかった。

もちろん、わたしにとっての我路への訪問は初めての経験だったが、小柳昌之にとっては四十五年ぶりの探訪だったのだという。三歳の時にこの町というか場所を離れた彼が、自分の生まれ故郷にいってみようと思いたって、友だちとふたりで車でドライブしてこの地を訪ねたのは一九七〇（昭和四十五）年のことだった。そのときのことを思い出して、彼は言う。

そのときはいまと全然違って、廃墟になった建物がいっぱい残っていて、いまよりもずっとゴーストタウンに見えました。建物があったところが取り払われて草地になって、町の体裁をなさなくなってしまっていますが、たしかにここが我路だったんです。

廃墟になった建物は、もしかしたら、あまりの見苦しさに、公園を作ったり、渓流のそばの岡田春夫の家を保存、手入れしている人たち（市役所の清掃課の人たち？）がきれいに片付けたのかもしれない。

草萌ゆるという言葉があるが、この谷間のあざやかで旺盛な生命力を持つ緑の草木が、すべての人間的営為を万古不易《ばんこふえき》の、人間たちがやって来て住みつくより以前の、原始の世界の有りように押し戻そうとしているかのようだった。そういう自然の強い力を感じさせる場所だった。

史料によれば、ここは往時、いまから九十年あまり前の大正の末には、市街として開発された地域だけで三百六十余戸人口二千人超の、芝居小屋やカフエまである、この地方で最もにぎやかな町だったのだ。そもそもの町の興《おこ》りは明治三十年代から始まった石炭産業の勃興がきっかけなのだが、その隆盛によって、我路は美唄のあちこちにあった炭坑で働く労働者たち、その家族たちの生活のために人工的に作られた町だったのだ。

町はどの町も人工的に作られた場所ではないかと思うかも知れないが、ここは地主がその土地を市街地として宅地造成して、当時の新聞（『北海タイムス』）で新規に商売する店舗を募集して、ムリクリ三昧に作りあげた町だった。

大正三年の、美唄に鉄道が走ることが決まったころの『北海タイムス』には

今日までに新築移転せるもの七十五棟《むね》百有余戸の多きに達し、呉服店雑貨店湯屋理髪店小間物商に至るまで軒《のき》を連ねて開業し、近くは劇場及び寺院料理店等も設置せられて日一日と戸口激増を見るの盛況にて、請願巡査派出所に就いて調査するに市街より炭山、炭山より市街と其往来するところの労働者行商其他一日平均三千人乃至《ないし》四千人に及ぶという、亦《また》以て同市街の殷賑《いんしん》を窮知《きゅうち》するに足らん。（4）


という記事が掲載されている。

この美唄に鉄道が走ることになったという記述も重要だが、鉄道のことをいまここで話し始めると話がこんがらかって余計に分かりにくくなってしまうから、それは他日のことにしよう。

いまでも、あの場所を思いだすたびに、わたしは、人間の歴史は最後の最後のところでは自然の［無］の秩序に戻っていくものなのではないかというようなことを考える。

戦争の記憶も出世競争も大震災も原発被害も何千、何万の歳月の積み重ねのなかで、あらゆる人間的な営みを有機物が腐敗して自然の秩序のなかに戻っていくように、無限の無に回帰させていくのである。

わたしたちが見た我路は確かに緑の草繁る空き地のひろがりにところどころ廃屋の点在する場所だったが、想像していたような、廃墟が集まって西部劇のゴーストタウンになったような亡霊的な町ではなかった。ここも歴史的経緯からすれば一種の軍艦島みたいな場所なのだが、しかし、人間的な構築物が時の経過のなかで、風化、崩壊して灰燼《かいじん》に帰し、自然に帰っていくのは人間の生活そのものの滅亡を連想させて、わたしにとっては世界遺産のニュースよりもさらに衝撃的だった。

とにかく、わたしは、こういう左右を山にはさまれた谷間に行くと、胸騒ぎがするのである。どうして胸騒ぎがするかというと、わたし自身も小柳昌之と同じように、谷間で生まれて谷間で育ったからだ。わたしの育った谷間は長野県の天竜川の渓谷で、天竜峡というこの地方では有名な観光地があって、我路のように自然の力の前に呑みこまれようとはしているわけではなかったが、変わり果ててしまっていることに違いはなかった。

自分のことをすこし書かねばならないが、わたしは自分のプロフィールを東京都世田谷区出身と書いているが、正確にはそういうことではない。面倒くさいからそういうふうに名乗っているだけで、正確には、わたしは昭和二十二年、長野県の飯田市生まれで、それも正確にいうと、長野県下伊那郡川路村の生まれで、九歳の時、小柳昌之と同じ昭和三十一年に上京、九歳の時から、わたしの場合は親に連れられて上京し（借金を作っての夜逃げだった）、そこから世田谷で生活しはじめた。下伊那郡川路村が飯田市に併合されて、村でなくなってしまったのは、わたしたちが上京後のことで、昭和三十六年である。

［九歳の時に親の都合で故郷を出た］ということは、無理矢理に生まれた場所から引きはがされたという話なのだが、そのせいか、わたしの場合、他の人よりも故郷に対する喪失感が強いのではないかと思う。

わたしが生まれて、九歳まで育った天竜峡のある川路村というのは、天竜川のほとりで、伊那谷という広大な谷間の一角にあった。高みに登ると南アルプスが一望でき、ふり返ると中央アルプスが峨々《がが》たる山容を見せる場所だった。わたしは川路村から下條村に通じる村道の途中にある崖のそばの製材所の二階（両親はここを間借りして暮らしていた）で生まれたのだという。

天竜川では夜、川の流れのなかに仕掛けを流しておくと朝、ウナギが捕れ、深い森には季節になるとカタクリが紫色の小さな花を咲かせて、クヌギの木のそばではクロミドリシジミが舞った。

家の近くに小さな渓流があり、そこにはイワナなのかヤマメだったのかよくわからない大きな魚がいて、春には林縁でギフチョウやミヤマカラスアゲハが捕れた。幼稚園などはいった記憶がなく、野山を駆けめぐって遊んでばかりいたが、字を覚えたのも小学校に入学してからのことで、子どものわたしにとっては故郷は理想郷だった。

ヘンリー・デイビッド・ソローの『森の生活』ではないが、わたしには基本的に、もう二度と帰れないけれども、帰りたい場所があるのだ。それが緑の谷間の深い森の中なのである。

そういう過去があって、わたしが若いころに夢中になったのも、まず山登り（沢登り）とか渓流釣りとか、蝶の採集とか真冬の狩猟など、要するに谷間にいかなければできないようなことばかりだった。

野球、サッカー、テニス、ゴルフ、これらのスポーツをわたしもちょっとくらいならやったことがあるが、見るのはともかく、下手ということもあるが、基本的に面白いと思ったことはなかった。草野球でも編集者時代、編集部対抗の野球大会で補欠としてベンチに座らされ、ピンチヒッターとしてむりやりバッターボックスに立たされ、三振を取られる役をやらされた。

草野球もタイムリーヒットでも打てば人気者になれて、自分でも面白いと思えるのだろうが、見送りの三振では話にならない。

野球もサッカーもゴルフもテニスも地面がひらべったい平地で集団でやるスポーツだが、これもプロの試合の観戦は面白いし、わたしはそういう本も何冊か書いているが、草野球や草サッカー、草ゴルフなども含めて、偏屈に思われるかもしれないが、球技は見るのもやるのも本質的には嫌いである。

人間を類型でとらえて分類的に考えるのは、ちょっと危険なところもあるが、人間の気質ということで考えていくと、ある程度、そういうことがいえるらしい。例えば、芥川龍之介は写真で見ると、神経質そうに見えるが、実際にもそうだった、太宰治は写真で見ると気弱そうだが、実際にもそうだった、というような話である。

昔、わたしが大学に入ったときに、教養課程の心理学概論の授業で、本明寛《もとあきひろし》先生から一番最初に教わったのが、クレッチマーの類型学だった。これは体格がやせ型の人は神経質で、肥満型の人は鷹揚《おうよう》、筋肉質の人は自己顕示欲が強いというような、気質というか性格の傾向と体格を結びつけて考える学問である。もちろんこれは確率的にしかいえない、証明の不可能な、帰納的な学説（仮説）なのだが、確かに確率的にではあるが、傾向としてそういうことがいえるようだ。

そして、これが占いや血液型、性格判断などの通俗的社会科学の根拠になっている学説である。心理学は当時の文学部の学生にはけっこう人気のある学問だったが、わたしがそれをあまり面白いと思わなかったのは、子どものときから歴史というか、古いもの、時間が経過して古びてしまったものが大好きだったからだろう。蔵のなかでみつけた錆《さ》び付いた刀、戦前の映画雑誌、玉電中里の駅前の古本屋《時代屋》の入口の平台に並んでいた一冊十円の古本などなど、とにかく、子ども時代から昔を連想させるものに力を感じてきた。要するに歴史人間なのである。

それで、クレッチマーの類型学である。自分勝手な話だが、その出自にこだわって人間を類型化して考えると、人間は三種類に分けることができると思う。

①平野・平地の町や里の生まれ
②海辺・港町の生まれ
③山の中、谷間、川筋の里や町の生まれ

この三種類で、わたしや小柳昌之は③の谷間の町の生まれである。この三つのパターンをスポーツでいうと、①の人たちはゴルフとか野球、基本、平地で行う球技を好み、②の人々はサーフィン、ヨット、海釣りなどを好む。そして、③は登山、山歩き、渓流釣り、ロッククライミングなど山の斜面で動き回ることが好きな人間である。

そして、その気質だが平地で生まれた人は稲作のことがあるので、共同体構成員的で、協調性に優れ、運命を従順に受け止め、温和に生きようとする。ご先祖様は農民、侍などが多い。海辺や港町で生まれた人間は、進取の精神に富み、人なつっこく、異文化に対して寛容である。ご先祖様は漁師、船乗り、貿易商人などなどである。いい加減なことを書くなと怒られそうだが、類型学というのはそういう学問なのだから、ガマンして読んで欲しい。

そして、谷間で生まれた人間は、独善的で、あまり協調性はなく、単独で行動するテロリストのようなところがあり、自分が正しいと信じている革命家タイプである。ご先祖様は山の猟師、木こり、開拓民などなど。谷間生まれの人間は説明の付かない、［谷］という不条理に縛られて、谷間で生まれた人間が与えられる宿命を背負って生きるのだ。向学心が強く、いずれその谷を出て生きることを夢見ながら、谷間の町で成長するのである。

その意味で、わたし（長野県天竜川出身）と小柳（北海道美唄川出身）は同類で、同じタイプの人間ではないかと思っている。

グレゴリー・ペックがエイハブ船長を演じた映画『白鯨《はくげい》』の冒頭のシーンに、主人公の水夫が谷川を歩きながら「この小さなせせらぎも川となりやがて大きな流れの大河となって海に通じているのだ」と語る場面があるが、谷間には川が下流に向かって流れていくという大自然が作った宿命的な設定があり、その子が山奥の谷間の町の生まれであるのならば、いずれ、その谷間の町であれ村であれ、そこを出て、流れに沿って生きて外の世界で生きていく、そして、海をめざす、そういう人生を送るのだ。

この生き方は、近代の日本人、現代人の典型のひとつである。これはもう、人間の生きるということがそういう構造になっていて、川筋の生まれ、ということはそういう生き方をするヤツ、あるいはせざるを得なかったヤツということだ。

そういえば、映画俳優の高倉健も九州遠賀《おんが》川の川筋の生まれだった。

また、北海道上磯郡知内《しりうち》町の知内川で育った北島三郎《きたじまさぶろう》は『川』という歌を作ってもらい、

♪川の流れと人の世は　澱《よど》みもあれば渓流《たに》もある
義理の重さを忘れたら　立つ瀬なくして沈むだろう
黙って男は川になる♪

と歌っている。（5）

これはわたしがいま論じている［川の思想］を北島なりの歌にうたったものだ。

それで、自分のことばかり書いていてもしょうがないようなものだが、わたしは戦後の日本社会で最も大きな構造的な変化を被《こうむ》ったのは、もちろん、高度経済成長は日本社会に国内の全体状況を根底からひっくり返すような衝撃的な変化を与えたのだが、なかでも特に大きな変動を経験したのは北海道のこの地区と高倉健が生まれた九州の筑豊だったと思っている。

それは産業史的にいうと石炭が石油に産業の原動力としての主役の座を追われていく物語でもあったのだが、この地区は短期間に猛烈な規模で発展し、殷賑をきわめ、やがてその繁栄を依存していた石炭の産出、まさしくその産業を急激に衰亡させて、多くの流民を生みだしていった、そういう意味である。

このことの詳述は後段であらためておこなうつもりだが、我路はいわば、その国家的な規模の変動を典型的に被って廃墟になり果て、そして滅びた町だったのである。

つまり、二十世紀の北海道、函館、小樽から札幌、美唄や夕張、石狩平野、稚内、網走に至るまでの場所、谷間、川筋で生まれた人間というのは、谷間の生まれというクレッチマー＝類型学的な宿命を背負いながら、同時に、産業構造激変的な運命をも受け入れて生きたという人が多いのだ。

北海道は、歌手だけでも三橋美智也《みはしみちや》から始まって、前出の北島三郎、細川《ほそかわ》たかし、松山千春《まつやまちはる》、牧村三枝子《まきむらみえこ》、中島《なかじま》みゆき、玉置浩二《たまきこうじ》（安全地帯）、吉田美和《よしだみわ》（ドリカム）、ＧＬＡＹ、松岡昌宏《まつおかまさひろ》（ＴＯＫＩＯ）、など錚々《そうそう》たるメンバーというか、多くの個性の強い、独特の芸能人を輩出させている。生まれは兵庫県の神戸だが、九歳まで小樽で育ったという石原裕次郎《いしはらゆうじろう》も北海道出身者のリストに加えてもいいかも知れない。

我路の話にもどるが、前出した美唄市が編纂した『美唄市百年史』のなかに、最も繁華だった戦前昭和の我路について、こんな記述があった。

孫引きになる部分があるのだが、厭《いと》わず引用しよう。

（大正）六、七年にかけて市街地の景気はますます上昇し、小さなバラック建ての店も本建築となり、力のある商人は店舗を広げてさまざまな専門店ができていったという。三菱（炭坑資本＝註）では物品配給所を設けて、米穀・味噌・醤油・砂糖・たばこのほか日用雑貨品類を割安で販売し掛売りも行っていたから、市街地では、都市での流行品や高級品などの品ぞろえのほか、接客・配達などの面でさまざまな工夫も必要であった。（略）桜井農場（我路の町の地主＝註）の管理人から美唄炭山郵便局（のちの我路郵便局）の局長になった父をもち、少年期の大正時代を我路市街地で過ごした水口喬太郎は、のちに「ある炭礦《たんこう》の街」で次のように書いている。

——私達が五六歳の頃炭礦はその絶頂にあった。（略）目の前の通も全部カフェであり料理家であった。いや之のT部落全体が大きな消費街だった。百数家の小さな搾取者達《さくしゅ》だった。彼等は充分に搾取されて居る坑夫をねらふ山犬の様なものだった。（略）私達がいつもパッチをしたのは是の土間だった。昼間胸をはだけて通る女達を見付けては『白首』『白首』と叫んでは彼女達を苦しめたものだった。（桜星会雑誌第三三号）――（6）

残念ながら水口喬太郎さんという人がどういう方なのかわからないのだが、［街］はたしかに、炭坑で働いて稼いだお金を街ぐるみでなんとかして消費させようとするのだから、搾取といえばその通りだが、そういってしまっては身も蓋もなくなってしまう。我路の商店街では炭坑住宅の物品販売所にはない、贅沢で奢侈《しゃし》なものを売っていたのだろうが、だとしてもすべての消費が搾取だというのはちょっといい過ぎではないかと思う。

水口喬太郎さんの父親はのちに我路の郵便局長を務めた人というのだが、だとすると、この話は小柳昌之の父親の仕事話と繋がっているのかも知れない。

昌之の父親の小柳文太郎は一九〇〇（明治三十三）年の生まれで、昌之は一九三九（昭和十四）年の早生まれだから、父親が三十九歳のときの子どもである。前章で書いたように、父親も波乱の青春時代を過ごしたらしく小樽で北海商校を卒業間際に中退し、小樽から大阪へ、大阪の帽子製造販売の会社に丁稚《でっち》奉公して商人の修業をしたあと、北海道にもどって、我路で帽子屋さんをはじめるのである。

父親の文太郎が晩年につくったという古い写真を集めたアルバムがあり、そのなかに何枚か、我路の往時を偲ぶことのできる写真が含まれている。そのうちの一枚の写真に［大正10年頃　我路にて帽子店開業」というキャプションが付いている。

帽子はたぶん、その時代にも紳士淑女のオシャレのマストアイテムだったのだろう。

小説の『石狩平野』の女主人公の夫が明治の終わりを物語の時間設定にして札幌で帽子屋を開店するのだが、作者の船山馨は彼にこう言わせている。


「おまえが賛成してくれるかどうか心配なんだが、じつは俺やってみたいことがあるんだ」

「どんなことですか」「シャッポ屋だよ」「シャッポ屋？　頭にかぶる帽子のことですか」

荘太は勢い込んで頷くと膝をのり出した。

目が好きな生物の話をする時のように輝いていた。

「(略) このごろは猫も杓子も、頭にシャッポ足に靴だって。これからは洋服を着る人もふえる一方だろうし、シャッポは男にとって欠かせないものになるに違いないんだ。女だって洋装のときには、かぶるんだからな。一般の人だけじゃない。軍人は兵隊シャッポをかぶっているし、農学校の生徒だって、学校で決めたシャッポがある。学校がふえるにつれて、どの学校でも生徒にこれからシャッポをかぶせるようになるだろう。「先行きの愉しみな商売だと思うんだ」(7)

我路で帽子屋が繁盛するかしないかは美唄の炭田に何人の紳士と淑女が住んでいたかという問題だったのだろう。

『石狩平野』の明治末の札幌では帽子屋の商売はなんとかなったみたい（最終的には経営に失敗して店が人手に渡ってしまう）なのだが、さすがに我路では話が違い、苦労したが商売がつづかず、やむなく店をたたんだ。そして、郵便局に勤めはじめるのである。

問題は文太郎と深澤キクヨが結婚したのはいつか、ということなのだが、じつは小柳昌之から預かったアルバムのなかに［学級通信　やまびこ　第341号］という小学校の先生がつくった、作文を載せた謄写版《とうしゃばん》新聞のコピーが挟まっていた。

この作文の標題は「冬休み自由研究　おばあちゃんの八十三年」というもので、作文を書いたのは庄司木の実、庄司は小柳典子の離婚前の苗字で、つまり木の実は典子の娘で、おばあちゃんというのはキクヨのことである。この作文が書かれたのは、昭和六十二年1月と日付があるから、いまから三十年近く前、一九八七年のことである。この年、キクヨは八十三歳だった。そして、キクヨは一九〇四年の生まれということになる。

作文中にキクヨの少女時代、「おばあちゃんのおとうさんは大酒飲みで、働いてもほとんど酒代に使われていたので生活は大変でした。そのため、お祭りの時は、他の子は十銭から十五銭もらっていても、おばあちゃんは二銭しかもらえなかったそうです」というような文章が書きとめられていて、ここに「おばあちゃんは二十三歳のとき、郵便局で働いていたおじいちゃんと結婚しました」と書かれている。キクヨが二十三歳ということは、一九二七（昭和二）年に結婚したという話である。

母親のキクヨについて、小柳典子の証言である。

ウチの母は岩手県の沢内村の出身なんです。父親の深澤由兵衛という人は養子に入った人なんですけれど、もともとは高橋という苗字なんですよ。父親（の由兵衛）はすごい大酒呑みで、家はすごく貧乏で、母というのは小学校もろくに行かしてもらえなくて、奉公に出されて、すごく苦労して育った人なんです。けっこうきれいな人で、なんとか美人（小樽美人？）て言われた人なんですよ。それで、どうも、母親がそういっていたんですが、初めて出会ったのがどこかまではわからないんですが、ウチの父が母を見そめて、それで（口説かれて）いっしょになったんだと言ってました。

文太郎とキクヨのあいだにはまず、昌之より十歳年上の勝士郎が生まれるのだが、昌之は昭和十四年生まれで、それより十歳年上ということは、勝士郎は昭和四年生まれということになる。昭和二年に結婚したのであれば、そのとき、文太郎は二十七歳ということになる。

残されている戸籍抄本を見ると、小柳文太郎と妻のキクヨの項には「昭和八年六月弐拾六日婚姻届出。美唄町長某受付同月二十七日入籍」とある。これが、文太郎が親に認められて、正式の夫婦として我路に住民登録した日である。

小柳昌之は文太郎夫婦の次男で昭和十四年生まれだが、長男である勝士郎は昌之より十歳年上で、昭和四年の生まれ。夫婦が婚姻届を出したのは昭和八年だから、このことからいくと、勝士郎は生まれたとき、キクヨが未婚のままで産んだ子供だったことになる。

要するに、私生児である。もちろん、認知されていなかったわけではないから、正式の夫婦ではなかった男女のあいだに生まれた子ども、という意味に過ぎないのだが、どうしてこういうことになっていたのだろうか。

そのことについて、昌之はこういう。

その話はちょっと聞いているんですよ。オヤジとオフクロ（文太郎とキクヨ）は惚れあっていっしょになったんですが、身分が違いすぎる、という話で祖父（小柳五郎）が正式に結婚するのを許さなかった、ということらしい。

いまの時代には、そんな感覚はもうどこにも残っていませんが、小柳家というのは元を正せば、佐賀藩の侍だった富永十平とか島義勇に通じる家柄で、オフクロは深澤という苗字で、両親の由兵衛と妻のスエというのは、岩手県の沢内村の高橋という家の出身。そこは村全部が高橋という苗字の村なんです。で、母の家は代々、山のなかでマタギをやって暮らして来ている。

マタギというのは、いまはもうそういう職業も存在しないが、要するに、猟師をやったり、木こりをやったり、木地師《きじし》もそうかも知れないが、山の人である。それで、もともとは鍋島藩の侍分だった小柳の家の人間と身分が違いすぎる、ということで、父親がふたりの結婚に猛反対していた、ということらしい。

つまり、ふたりは惚れあって、親の反対を押し切って愛を貫いて結婚した、そういうカップルだったのである。さらに小柳典子の証言によれば、

父は我路の郵便局の副局長として長く務めたんです。いずれ郵便局長をまかされるという話だったらしいのですが、局長という人が女にだらしのない人で、オメカケさんを囲ったりして、その女遊びの尻拭《ぬぐ》いを何度もさせられるのがイヤになって、将来の郵便局長の約束を反故《ほご》にして、夕張に新しい勤務先を見付けて、我路の街を出ていくという話になったんです。

ということだ。この郵便局のコンクリート造りの建物はいまもちゃんと残っていて、入口は閉鎖されていたが、玄関脇の郵便ポストは赤々しく、まだ生きていて、配達物回収時間は毎朝十時と、この谷間でまだ、人が生活していることを暗示していた。それにしても、この郵便局長といい、キクヨの父親の深澤由兵衛といい、前章の主人公であった小柳五郎といい、酒や女で身を持ち崩す男が多すぎるのである。

この郵便局長だが、郵便局長なんていうのは人事異動であちこちに転任するというようなたぐいの仕事ではないから、小柳の父親が女遊びの尻拭いをさせられた郵便局長というのは、たぶん、

前出の水口喬太郎の父親なのではないかと思う。引用した文章のなかに出てくる［白首《しらくび》］というのはたぶん売春婦のことで、これは我路がそういう女遊びの可能な街であるということをはからずも、女にだらしがないという郵便局長の息子が証言しているという話なのである。

小柳の家の歴史についての記述はすでに前章で行ったが、昌之が生まれた一九三九（昭和十四）年を、作家の橋本治は次のように書いて紹介している。

一九三九年は第二次世界大戦勃発の年である。

この年の九月一日、ドイツ軍はポーランドに攻め込み、その二日後にはイギリスとフランスがドイツに対して宣戦布告をする。かくして第二次世界大戦は始まるのである——というのが世界史的な事実ではあるけれども、ここにはやっぱり不可解がある。

この年の三月十五日の夜、ヒトラーはチェコ共和国の首都プラハにいた。チェコがドイツの支配下に入ったからである。その二十時間ほど前、ヒトラーはドイツの首都ベルリンにいて、彼の前にはチェコ共和国の大統領がいた。「チェコを侵略しないでくれ」と請願にきていたのである。しかし、ヒトラーの答は「だめ」（ナイン）だった。大統領が降伏文書に署名しなければ、ドイツ軍は午前六時を期してチェコを攻撃すると脅した。チェコはドイツの支配下に入った。（略）そういう軍事侵略はありながら、その三月十五日に第二次世界大戦は勃発しなかった。第二次世界大

戦は、九月一日のドイツ軍によるポーランド侵略に対する、イギリスとフランスの宣戦布告があるまで始まらなかった（8）

そのころ、中国大陸ではいわゆる支那事変、日中戦争がはじまり、泥縄《どろなわ》式に事変が拡大して、あちこちで日本軍は国民党軍と消耗戦を繰りひろげていて、それまで仲良くしていたアメリカ、イギリスと急激に仲違いをするようになった時期でもあった。

前年の昭和十三年（一九三八年）には国家総動員法が公布された。

時代は急速にきな臭くなっていって、代議士の安部磯雄《あべいそお》が愚連隊の万年東一《まんねんとういち》に襲撃されたりした。万年東一の背後には右翼団体の指示や警視総監の示唆《しさ》があったといわれている。この話は宮崎学の書いた『万年東一』に詳しい。

政党が徐々に時局に迎合して、政治の世界で軍部の力がドンドン強くなっていった時期で、昭和十五年には大政翼賛《よくさん》会が成立するのである。

けっきょく昭和十六年の十二月の真珠湾攻撃から太平洋戦争が始まるのだが、小柳家が我路の街から夕張に引っ越したのは昌之が三歳のころというから、昭和十七年の、すでに戦争が始まって、人々が統制経済と国家総動員体勢のもとで生活し始めた時期である。物品が少しずつ配給になっていったころだった。

このころの石炭産業というのは日本社会の全産業の存立の基盤ともいうべき存在で、日本は昭和の初めの不況からなんとか抜け出して、次第に国際的に孤立していくなかで国内の石炭の産出量をドンドン増やしていった時期だった。そして、敗戦によって頓挫《とんざ》するのである。

北海道産出の石炭量を記録した資料では昭和十五年に1510万6千トンであったのが、昭和二十年の敗戦時には697万2千トンにまで落ち込んでいた。それが、昭和二十五年1156万9千トン、三十年1271万1千トン、三十五年には1904万3千トン、その五年後、昭和四十年には2213万3千トンという、ものすごい伸び方で産出量を増加させている。この数字はここがピークで、昭和の末、六十三年には593万3千トンのところ、つまり終戦時以下のところまで落ち込んでいる。

二十世紀の全般にわたって石炭産業は日本という国家の命脈であり、我路＝美唄だけのことではなく、夕張やその他の北海道の炭田地帯、さらには九州の筑豊炭田にしても同様だが、石炭の増産は炭坑関係者・労働者たちの国家的な責務だったのである。

『数字で見る日本の百年』というデータブックがあるのだが、このなかに残されている石炭の産出・消費の数値を見ると、国内の石炭産業が輸入石炭に押されて、次第に意味がなくなっていく様子も手に取るように分かる。（9）

この数字の変化そのものが、我路ばかりのことではなく、炭坑町であった夕張や美唄の衰亡の象徴だった。

戦後、石炭の需要はJカーブで加速的に増大していくが、それでも日本社会の経済成長を賄《まかな》うエネルギーの主役は石油に取ってかわられ、石炭は予備的な存在になり、炭坑は産業的な意味での寿命を終える。

戦前・戦後にわたる昭和の炭坑町で育つということは、その産業的な栄枯盛衰を目の当たりに目撃した経験を持っているという意味でもあり、そのことは小柳昌之の人間形成にも影響しているはずで、そこにはたぶん特別な意味もあったはずである。この論議もあとにまわそう。

わたしたちはかつて我路の町だった谷間をさんざんに歩き回った。

ポツポツと林のなかに家が点在していたが、いってみると全部の家が無人だった。家の窓ガラスが破れているところがあり、そこから覗き込むと、2002年(平成14年)11月25日(月曜日)という日付の付いた北海道新聞が見えた。新聞の見出しに「バス、料金所に激突　札幌インター女性客渋滞　9人重軽傷」とあった。たぶん、建物には十三年間、誰も訪れていないのだろう。新聞は十三年間の日にさらされてボロボロである。

谷間の、かつて我路であった町のはずれの一角に墓地があり、墓はどれも真新しかった。そのこともあって、ここにはまだ、ある程度の数の人が住んでいるのではないかと思ったのだ。

取材記者の本能みたいなものなのかも知れないが、歩き回っているうちに、わたしは生活の気配のする家を一軒、見つけた。家は築八十年くらいのヨレヨレの古さで、老朽化の極限までつきつめたような建物(住人の岩田紀子さんに悪いので、陋屋《ろうおく》と書くのはやめておく)だったが、玄関先に猫の飾り物がいっぱいぶら下がっていて、自転車が置いてあった。

自転車のタイヤはパンクしていなくてチャンと空気が入っていて、走れる状態になっていた。そして、庭に回ると軒先に洗濯物をつるしてあったので、人が生活しているとすぐ分かった。表札も［岩田静夫］とチャンと出ていた。

ここで取材根性を見せて、週刊誌の記者時代に良くやった、アポなしの突撃取材を敢行。玄関先で「ごめんください」と大声で叫ぶと、「はいはい」といいながら、この家の奥さんが出てきた。現れたのは鄙《ひな》には希《まれ》な品の良さを感じさせる老女だった。この人はきっと、五十七年前はきれいな人だったのではないかと思わせ、わたしは「どうしてあなたのようにきれいな女がこんなところで…」などと聞くわけにもいかず、ドギマギしてしまった。

以下、我路に住んで五十七年という、たぶん七十代後半とおぼしき岩田紀子さんへのインタビューである。

会話は標準語で、発音の抑揚《イントネーション》に多少の違和感はあったが、方言の訛《なま》りはほとんどなかった。


わたしはホントになんにも分からないんです。主人はおしゃべり好きだから、主人がいれば良かったんですが、ちょうど午前中の乗り合いタクシーで美唄の町まで買い物に出かけてるんです。

わたしはなにもかも主人にまかせっぱなしでなんにも分からないんだけど、まだ十人くらいはここで暮らしている人がいるはずですよ。

主人は我路に八十年住んでいるんです。いま、八十歳だから我路生まれなの。うちは猫を二十匹飼っていて、猫の食費の方が、わたしたちの食事代より多いくらいなの。町の人がこのへんに猫を捨てに来るんですよ。このあいだも道端に段ボールが置いてあって、なかに猫が入っていたの。子猫だと思ったら大きな、大人の猫だった。それもウチで飼うことにしました。

とにかく、町のみんなにいいたいことは、ここに猫を捨てに来るな、ということですね。わたしは主人のいうとおりにして、ここでこうして暮らしているんだけど、このあともたぶんずっとここで生活していくと思うわ、ホントに。

いきなりの立ち話だったから、それ以上突っ込んだ話もできず、彼女たちの生活のそれ以上の委細は分からなかった。勝手な想像だが、きっとこの場所で夫婦でひっそりと暮らす、なにかそれなりの理由があるのだろうなと思った。

もうじき八十になるという紀子さんは生活になんの不満もなさそうで「幸せなんですか」なんていう質問はとても失礼のような気がして、そんなことは訊かなかったが、彼女はわたしの尋ねることに楽しそうに答えてくれて、なんだか幸せそうだった。

それこそ『森の生活《ウォールデン》』ではないが、こういう人生もあるのだ。

人生、至る所、あそこにもここにも、我路にも東京にも青山《せいざん》あり、である。

一方、途中からわたしと別行動をとって、谷間の斜面をうろつき回っていた小柳昌之は思い詰めたような顔をして「どこがどうなっているのか全然分からない」と呟き、それでも必死で記憶を掘り起こしているのか、カンを働かせているのか、周囲を見回し、やがて「たぶんこっち」といいながら、谷の斜面の草むらに作られた急な坂道を登っていった。

わたしは岩田さんチの取材を要領よく終えたあと、道にもどって小柳昌之のあとを追った。

道路の左右は、一面の勢いよく生い茂る草ぐさで、よく見ると蕗、三つ葉、イタドリ、ゼンマイ、ワラビと食べられる山菜のオンパレードである。山菜の王様格のタラの芽も天ぷらにしたらちょうどいいぐらいの大きさのところまで育っている。

同行した女性たち、小柳典子さん、奥さんのメグ（子どものころからのあだ名で、小柳昌之からはそう呼ばれていた。本名はかず江）さんのふたりはこの山菜の宝庫の現前にたちまちこのデイ・トリップの目的を故郷探訪ではなく、春の山菜採りに趣旨替えしてしまっている。

わたしは見当を付けて、彼のあとを追った。谷の斜面の一角だけが鬱蒼《うっそう》と繁る森になっている場所があるのだが、そこまで行くと急な石段が見つかった。石段の脇に我路神社と彫り込んだ石柱が立っていた。ここが彼が探していた我路神社だった。階段を登っていくと、巨大な鳥居と石畳があり、彼は古びた社殿のそばに佇んでいて、おだやかな表情で立っていた。そして「なんだか導かれてここにやってきたような気がしますよ。ボクの人生を我路神社の神様がずっと見守っていてくれたのかも知れないね」とスピリチュアルなことを言った。

わたしは人にインタビューするとき、よく「人生で最初の記憶はなにか」という質問をするのだが、小柳昌之はこのことについて、

神社の境内で背の高い鳥居を見上げていた記憶があるんです。たぶん、我路だと思います。我路の記憶はこのこと以外ない。古い石段があって、そのへんでかけずり回って遊んでいた。これがわたしの一番古い記憶。我路にいたのは三歳くらいまでだったというから、三歳のころの記憶だと思います。

というふうに語っていたのだ。このほかに我路のことはなにも覚えていないといっていた。

ここがその場所だった。たしかに我路の町（だったところ）はずれの一角に廃墟になった神社がいまでもあった。それから、そこで小柳は感情を込めて「自分の生まれ故郷を訪ねるのはたぶん、これが最後。神霊スポットがあるとすればこの神社しかないでしょう」といった。

たぷん、我路はあと何年（何十年？）かしたら、次第に里山のにおいを消していって、完全な原始の森にもどるのに違いなかった。

彼は神社の記憶以外ないといったが、本人は覚えていなくても、こういうエピソードがあった。親から聞かされた話だが、まだ我路に住んでいたころのことだ。

赤ん坊のころの彼は気管支が弱くよく風邪を引いた。そして、三歳のとき、風邪をこじらせて

肺炎になって死線をさまよったことがあったのだという。医者に見せたが、高熱で手の施しようがなく、医者からはこのままでは旦夕《たんせき》の命、覚悟しておいてくださいと宣告された。

このとき、父親は医者の言葉に半ば絶望しながら、フラフラと、夜おそいために店じまいをして真っ暗になった街の通りに出ると、偶然、薬屋の戸が開いて店のオヤジさんが出てきた。憔悴《しょうすい》した父親の様子を見て、薬屋の主人に「どうかしたの」と声をかけられる。

そこでこうこうこうと、死にそうな息子の症状を語った。

すると、薬屋の主人は父親の話に「そりゃ大変だ」と同情したあと「今日入ったばかりの外国の薬があるんだけど試してみるかい」といったという。父親は無条件でその薬を手に入れた。かなり高価だったとのことだ。「最新の薬だ」という話だった。あとからの話だが、この薬は抗生物質だったのだという。

そして、藁《わら》にもすがる思いでその、分けてもらった薬を飲ませると、今晩が山といわれた、ひどかった症状があっという間に治まり、子どもは命拾いをしたのだ。

この話は彼が人生のなかで、ところどころの節目で遭遇する「幸運」の、最初の一石である。

この話を聞いたとき、わたしはその抗生物質というのはペニシリンだろうと思った。

いずれにしても、わたしはこの、小柳昌之の最初の「ラッキー」の正体をある程度、突きとめておかなければならない。

もし、このとき、父親が途方に暮れて夜おそくに真っ暗な商店街をフラフラと歩かなかったら、また、そのときに薬屋さんがたまたま表に出てこなかったら、そして、その我路の薬屋さんに外国からの有力な抗生物質が輸入されていなかったら、――これらのことを考えると、この幸運は作為的なものではなく、彼にとってはまさしく神の恩寵だったのではないか、という話なのである。

ペニシリンの由来についてはインターネットの［CHIEBUKURO（知恵袋）］というネットのなかに次のような記述がある。

（ペニシリンは）１９２８年、英国のA・フレミングによりその存在が確認された。その後、空白期間を経て１９３９年末より英国のH・W・フローリーとE・B・チェーンにより、研究が再開され、１９４０年には粗製ながらペニシリンの分離に成功した。その後、より生成量の多い菌の探索、改良を行ったが、英国国内では戦争の激化から、研究が難しくなり、１９４１年米国での研究、開発が始まった。１９４２年初め、英国では表面培養法で小規模ながらペニシリンの工業生産を始めた。しかし、ペニシリンを大量生産するにはタンクを使用する深部培養法でしか望めなく、米国での研究は続いた。１９４３年後半から、深部培養法によるペニシリンの大量生産が米、英両国で始まった。

この話の流れでいくと、三歳の小柳が肺炎で死にそうになった昭和十七年にはまだ、ペニシリンは実用化されていなくて、市販薬になって薬局で販売されるような状況ではなかったことがわかる。

じつはペニシリンは大量生産が始まったあとも、主として、軍隊で兵士たちのために使用されて、民間人がこれを治療に用いることが許されるようになったのは第二次世界大戦が終わったあとのことだった。ちなみにだが、民間でペニシリンを投薬された第一号の患者はシカゴの高名なギャング、アル・カポネで、長く梅毒の末期症状に苦しんでいたというのだが、カポネの場合はペニシリンの効果もあまりなく、まもなく死亡するに至ったという。

小柳昌之が命を救われた薬は、抗生物質だがペニシリンではなかった。

ペニシリンの存在は日本にも知られていて、日本でのペニシリン開発は昭和十八年の十二月に日本の潜水艦がドイツから持ち帰った医学雑誌のなかの関係する記事を陸軍医学校の軍医が読んだことが発端で始まったという話である。この間の事情はノンフィクション作家の角田房子が昭和四十八年に書いた『碧素《へきそ》・日本ペニシリン物語』に詳しい。それによれば、ペニシリンはヨーロッパですでに先行して開発・商品化されていたある薬品の代替薬品として研究開発された、というのである。

その［先行していた薬品］とはなにか。同書の文中に次のような一節がある。(10)

一九三五年（昭和十年）、ドイツのドマックによって発見されたズルフォン剤が華々しく医学界に登場した。

一九三九年（昭和十四年）九月一日、ナチス・ドイツ軍はポーランドに侵入し、三日にイギリス、フランスがドイツに宣戦布告して、第二次世界大戦が勃発した。（略）当時、ズルフォン剤は（ヨーロッパでは＝註）すでに広く普及していた。それは非常なききめを示す半面、全く効力を現さない病気も多かった。発見当時伝えられたような万能薬ではなかったのだ。

この時代に、ペニシリンのように万能ではないが、場合によっては抜群の効果を現すズルフォン剤という薬品が存在していたのだ。ズルフォンというのはドイツ語で、英語ではサルファ剤と呼ばれていた。

第二次大戦末期の連合軍のフランス上陸を描いた『プライベート・ライアン』という映画があるのだが、そのなかで銃撃されて死にそうになっている兵隊の傷口に白い粉末の薬をふりかけ、擦り込むシーンがあるが、あれがサルファ剤である。この薬は抜群の殺菌効果を持っている。サルファ剤も抗生物質なのである。

中央公論新社から二〇一三年に『サルファ剤、忘れられた奇跡～世界を変えたナチスの薬と医師ゲルハルト・ドマークの物語～』という単行本が出版された。著者はトーマス・ヘイガーというポーランド生まれのメディカルサイエンス・ライターである。

彼はこういうふうに書いている。（11）

「抗生物質」という用語は文献で二通りに定義されている。第一の定義は、厳密な用法である。抗生物質と呼ばれる医薬品は、ペニシリンがカビで生産されているように、微生物によって生産されなくてはならない。だから専門家の中には、サルファ剤のように自然界でなく純粋に実験室で合成された化合物を抗生物質と呼ぶことを拒む人もいる。もっと合理的な定義、すなわち第二の定義では――私を含め多くの医学専門家の考え方だが――「抗生物質」という言葉を、どこに由来するかよりも、何をする物質かということに結び付ける。この定義では抗生物質は、人体に大きな害を与えることなく体内の細菌だけを選択的に殺す物質すべてを含む。この定義によれば、サルファ剤は世界初の抗生物質になる。

サルファ剤だったら、昭和十七年の北海道の片隅の街、我路の薬局ででも手に入る可能性があった。我路は僻北の小渓谷にあったにわか仕立ての繁華街だが、北海道でもっとも裕福な炭坑主たちが生活している場所で、店先に贅沢品を揃えて売っているような街だった。これもネットにあった頁だが、誰か好事家がブログのなかで我路の町並みを写真付きで再現していて、そこで見ると、一番にぎやかな通りに面して［柿本薬局］という薬やさんがある。父親が偶然の幸運の連鎖のなかでサルファ剤を手に入れたのはたぶんこの薬局だったのだろう。

サルファ剤は薬効にムラがあったと書かれているが、とくに肺炎にはよく効いたようだ。

小柳昌之は父親がほとんど偶然に手に入れたサルファ剤で命を救われたが、もうひとり、この薬で助かった人間がいる。

昭和十九年の一月二十七日の朝日新聞に次のような記事が載っている。(12)

ブエノスアイレス発の外電である。アルゼンチンは第二次世界大戦のとき、中立国だった。

【敵米英最近の医学界　チャーチル命拾ひ　ズルホン剤を補ふペニシリン】

英首相チャーチルの急病は、何といつても決戦瀬戸際のことなので敵側では近代医学を総動員してその治療に当たらねばならなかった。これで敵側の最近の医学的収穫の大要が明かされたことは面白い。何しろ七十の老体の上に、例の会合の多い旅で疲労もしてゐたところへ負い込んだ致命的な肺炎菌が僅《わず》か二日で退散したとはその治療法、相当なものといへよう。それは全く近代医学の寵児といわれる化学療法の功徳である。

それは最近イギリスの研究所で精製されたペニシリンと呼ぶ新薬で、例のズルホン剤とは違う。(略)ズルホン剤は細菌から惹起《じゃっき》される急性伝染病に著効を見せ、特にズルファビリヂン投薬は英軍の肺炎死亡率を四〇パーセントから四パーセントに低減し、胸脊髄膜炎《きょうせきずいまくえん》は七〇パーセントから十八パーセントに急降下したといわれている。

チャーチルが過労から肺炎になって死線をさまよったのは一九四三年の十一月のカイロ会談の

あとのことだった。会談が終わったあと、チェニスのカルタゴの近くにあった別荘まで戻って発病し、大騒ぎになったのだという。ろくな治療設備のないなかで病床に伏し高熱がつづいて、チャーチルの心臓は止まりそうになるのである。

カイロ会談というのは、日本にとっては大戦終了後のことをテーマにしたかなり重要な会談で、アメリカ大統領のルーズベルト、中国主席の蒋介石《しょうかいせき》、それにチャーチルの三者が集まって、今後、連合軍は日本の無条件降伏をめざすということに合意したのだった。ここで決まったことが、のちのポツダム宣言の骨子になっていったのである。この時点ではドイツ軍もまだ降伏していない。連合軍のノルマンディー上陸はこの新聞記事の四ヵ月後のことである。

カイロでの三者会談があったあと、じつはルーズベルトはこの一年半後の一九四五年の四月、ナチス・ドイツが降伏する寸前に脳卒中を起こして死んで、あとをトルーマンが引き継いでいる。カイロ会談の当事者のうち、チャーチルも死んでルーズベルトも死んで、生き残ったのが中国の蒋介石だけだったら、戦争が終わった後の世界地図はどうなっていたか、分からない。

というのは戦局が煮詰まってきて、どう考えても日本の勝ちはないということが分かると、日本と不可侵条約を結んでいたはずのソ連がいつでも攻め込む準備をしていたのである。戦争の帰趨はいちおうチャーチルとトルーマンが仕切っていて、アメリカがヒロシマに原爆を落として、連合軍がポツダム宣言を出し、どう考えても戦争はおしまいだという、ぎりぎりのところでスターリンは明らかに日本の占領を目的にしてソ連軍を満蒙の国境を侵させて攻め込んでくる。ソ連は侵攻の狙いを、満州はもともと中国領で終戦後は中国に返さなければならないから（これもなかなか返還せず、相当にソ連とそのほかの国の間でもめたらしい）、日露戦争で日本に取られてしまった樺太、千島列島を奪還することに決めていた。そしてその向こうに、帝政時代からずっと狙っていた北海道占領という本当の狙いがあった。

戦後、北海道をどこが占領支配するか、相当にもめたのだが、スターリンが連合軍のいうことを渋々聞いて北海道を諦めたのは、戦力的にはアメリカの原子爆弾が怖かったのと、法的にはカイロ会談に基づいて作られたポツダム宣言をチャーチルと蔣介石がきちんとまもって、アメリカの（たぶんルーズベルトの遺志を受け継いだ）トルーマンの仕切りを尊重したからだったのだと思う。

ここでチャーチルが死んでいたら、世界史はどうなっていたかわからない。［北方領土を返せ］ではなくて［北海道を返せ］という話になっていたかも知れないのである。

次章でもう少し細かく説明するが、ソ連はとにかく北海道が欲しくてしょうがなかったのだ。

これはナチス・ドイツが発明した薬がチャーチルといっしょに小柳昌之の命と北海道の命運を救ったという話なのである。

新聞記事はこのあと、ズルホン剤（サルファ剤）にも効かない病状があり、それを最新のペニシリンが補って、チャーチルの命を助けたという話として書かれている。この記事は当時の日本の陸軍省医務局の幹部たちに強いショックを与え、日本独自のペニシリン開発の道を切り開いたというのだが、じつは記事は誤報だった。

角田の書いた『碧素・～』のなかにこんな説明がある。(13)

「チャーチルの肺炎がペニシリンで治った」という記事は誤報であった。今井特派員(ブエノスアイレス駐在＝註)個人の誤報ではなく、英、米の新聞を含む世界的な誤報である。

オーストラリアの科学ライターであるレナード・ビッケルは、その著書『ペニシリンに賭けた生涯～病理学者フローリー～』(中山善之訳、佑学社)の中に、チャーチル個人づきの医師ブルバートタフトが、「チャーチルが肺炎にかかっていると聞いた私は、モラン卿にペニシリンを使うべきだとすすめたが、彼は適用した経験が全くなく、がんとして聞き入れようとしなかった。あの折りにペニシリンがチャーチルの命を救ったというのは、全く事実ではありません。彼はズルファアミドで救われたのです」と語ったことを記している。また昭和五十一年に来日したエルンスト・チェインも、五月十八日に東京目黒の抗生物質学術協議会で行った講演の中で、「チャーチルの肺炎がペニシリンで治ったというのは誤報です」と語っている。

エルンスト・チェインというのは、直近の名前表記はエルンスト・チェーンとなっている。

ペニシリンに関する研究で一九四五年にノーベル賞をもらったドイツ生まれのユダヤ人で、ナチス政権下のドイツからイギリスに移住した生化学者である。

状況証拠でまわりを固める形になったが、ここまで書けば、彼の命を救ってくれた［謎の薬］が瀕死のチャーチルも助けたサルファ剤だったことが分かってもらえるだろう。小柳は自分とチャーチルの命を救ってくれたのが同じ薬だったという話を知らずにいたようだ。しかし、彼はこのエピソードを薬の名前や本当の由来がわからぬままに少年時代から何度も聞かされたのではないかと思う。そのことがのちに彼を薬石の世界へ足を向けさせた主原因だとは思わないし、そうも書かないが、こういう薬たちは人間の生活に欠かせないものなのだということが彼の考え方のなかで肯定的な条項として存在し始めたことだけは確かだろう。

わたしたちはしばらく神社（神社であった場所？）で時間を過ごしたあと、車を止めている道路脇にもどった。［岡田春夫・生家↓］の標識が出ている場所である。それにしても、その場所がかつて我路の町があったことのメルクマールのようになっている［岡田春夫・生家↓］の立て看板だが、いったい、岡田春夫とは何者なのだろうか。

我路の町が廃墟であることさえもやめて、緑滴《したた》る自然のなかにもどろうとするときに、そこだけぽつんと整地されて、玄関先に苔の生えたお地蔵さんが飾ってある［岡田春夫・生家］だけが、昔のままの形を維持しているのはちょっとこだわりが異常な感じがした。せめてこの場所だけでも保存しなければというのが我路にかかわった人たちの心意気なのだろうか。

廃屋が何軒かとこの看板だけが残って、あとは建物も人間も自然の命の波に呑みこまれ、姿を消してしまったというのでは、まさしく一将功なって万骨枯れるの謂《い》いを書き添えたら失礼に当たるかも知れないが、正直な感想はそれに近いものがあった。

それにしても、岡田春夫という名前をなんとなく聞いたことがあるような気がしたが、正確に思い出すことができなかった。

硝子戸になっている庭に面した縁側からなかを覗き込みながら小柳昌之が「父は社会党の国会議員だった岡田春夫さんとはすごい仲良しだったんです。岡田春夫さんというのはふたりいて、親子なんですが、オヤジが仲良くしていたのは息子の岡田春夫さんなんです。ここはその人の生家なんですよ」といった。

小柳文太郎とふたりの岡田春夫の位置関係だが、父親の岡田春夫はたしかに戦前、この地域の代議士として活動していた。小柳文太郎が我路に住んでいたころ、美唄町議、北海道議を務めていたが、プロフィールを調べると、昭和三年に普通選挙が実施されるとその選挙に立候補して、昭和五年の衆議院選挙に初当選している。

我路にとっては初めての地元出身の政治家の誕生だったが、父親の春夫は昭和十一年に志なかばで亡くなってしまう。息子の春夫がまだ小樽高等商業の学生だったときである。

年齢でいうと父親・岡田春夫は文太郎の十三歳年上で、息子の春夫は十四歳年下である。(14)

昌之は「選挙になるといつも熱心に応援に出かけていた」というのだが、彼が親しくつきあっていたのは、父親の岡田春夫ではなくて、息子の方である。

息子は父親の持っていた選挙基盤を、太平洋戦争が終わって、戦争中、この地域を仕切っていた政治家たちが公職追放された間隙を縫って、衆院選に立候補し、そこから国勢の政治家として存在し始めている。そのときはもう文太郎は我路から夕張に移っているのだが、たぶん、ふたりは相当親密な友人関係にあったのではないかと思われる。

というのは、ふたりの関係を探していくと、岡田春夫が生家だという我路で少年時代を過ごしたのであれば（多分そうだと思う。そのころは我路はにぎやかな町だったわけだから）、文太郎はもう大正時代から我路に住んで住んでいたのだとしたら、たぶん、息子の春夫とは春夫が子供のときからの知り合いだったということになる。しかも息子の岡田春夫が小樽の学校に通うというのであれば、若いころ、小樽で生活して学校に通った経験もある文太郎とは共通の話題もあり、たぶん、ただの知り合いではなかったのではないか。昌之は「夕張時代にはよくウチに泊まりに来ていた」というから、要するにかなりの仲良しなのである。

それで、息子・岡田春夫のプロフィールを読むと分かるのだが、要するに、基本、筋金入りの毛沢東主義者なのである。社会党の最左翼、ということだが、昔、わたしたちが若かったころの学生運動の組織で全共闘の一派に社青同（社会主義青年同盟。社会党の青年部だったと思う）というのがあったように、社会党の一番の過激派というのは、共産党などよりもさらに過激なのである。そのことを明示しているのが、一九四八年の労働者農民党の結成だった。昭和二十年代というのは、大人の政治家が平気で革命という言葉を使った時代だった。共産党などはいっとき、本当に革命を起こすための農村工作隊みたいな組織を作ったくらいである。

わたしもその昔に勉強したきりで記憶が朧気なのだが、毛沢東主義というのは、レーニンやスターリンが革命のための突破口になる民衆蜂起を都市労働者に求めたのに対して、毛沢東はその主力を農村の農民たちのゲリラ的な闘争に求める考え方だったと思う。

毛沢東の愛読書が『水滸伝《すいこでん》』だったことは有名な話だが、毛沢東も梁山泊《りょうざんぱく》の英傑たち同様、基本、そういう農村ゲリラの団結で中国革命を成し遂げたのである。社会党左派の難しさは中国で毛沢東がやっていたことを、日本社会の戦略として落とし込むためにはどうすればいいのか、それが分からないということだった。

岡田春夫とのそういう親しい関係性から推理するのだが、小柳文太郎自身も、炭鉱労働者が多く存在する北海道の労働運動のむずかしさがある程度、わかっている人だったのではないかと思う。

文太郎が小樽で勉強していた時期（大正七年、八年ごろ）というのは、ちょうど第一次世界大戦が終わるか終わらないかでロシアで革命が起きてロマノフ王朝が倒され、日本でもマルクス主義が猛烈な勢いで知識人や学生たちのあいだに浸透し始めた時期だった。

宮地嘉六《みやじかろく》、藤森成吉《ふじもりせいきち》、前田河広一郎《まえだこうひろいちろう》、青野季吉《あおのすえきち》などいまやほとんどどこにも名前を止めていない作家たちが脚光を浴びて、プロレタリア文学が大流行した。葉山嘉樹《はやまよしき》というプロレタリア作家の作家がいるのだが、小柳文太郎より六歳年上のこの人がこのころ、なにをしていたかというと、つぎのような文章がある。

十八歳のとき、カルカッタ航路の貨物船の水夫見習いになったが、世界大戦がはじまって、マドロスに景気が出たので、戦時手当を目当てに欧州航路を希望したが、乗ったのは室浜の石炭船だったという。その後、さまざまの職を転々し、大正八年（一九一九年）ころには、労働組合の組織に専念し、三菱川崎造船所の争議、横浜ドックの争議を応援した。大正十二年、二十九歳のとき、治安維持法の容疑者として、名古屋刑務所に入れられ、「海に生くる人々」「淫売婦」はそこで検閲を受けながら書きあげた。(15)

プロレタリア作家のなかでの最大の大物である小林多喜二は小樽商高卒業後も小樽にとどまり北海道拓殖銀行に勤めながら、昭和四年に問題作の「蟹工船」を書きあげ、その後も権力の弾圧に抵抗し、昭和八年に警察署内で拷問によって虐殺された。

この話の流れはいまの資本家＝国家＝作家＝労働者（大衆）の関係性のなかからはなかなか見えにくいが、そのころは歴史の表面にむき出しの搾取と弾圧の構図が露呈していたのである。

岡田春夫は最後には、野党の代議士の最高位である衆議院副議長を四年も勤め、最後には国家から勲一等旭日大綬賞をもらうのである。何十年にもわたって日本の平和につくした、ということなのだろうが、日本の革命運動が状況に取りこまれて、我路が緑の魔界に取りこまれたように、岡田のマルクス主義も戦後の営為のなかで解体・無化していったということではないか。

岡田春夫は東京にも家があって、政治家としてはそっちで活躍していることの方が多かったようだ。小柳昌之は「岡田さんは社会党の代議士やりながらよく家を二軒、持てたなと思うんですよ。資産家だったんですかねえ」といって首をかしげている。

わたしは小柳文太郎がじつは隠れのマルクス主義の信奉者だったなどとは書かないが、資本と労働力の矛盾についてはちゃんと分かっている人間だったのだと思う。

北海道はもともとが、開拓者たちの一鍬から歴史が始まったことから、進取の精神に富んだ精神風土の場所であり、労働運動なども盛んで、それが小林多喜二などのプロレタリア文学が成立する環境を醸成したのだろう。政治的にもずっと社会党などの革新勢力の強いところだった。

この時代、――明治から大正、昭和にかけての北海道はつねに、内地（本州以南）に住む人々にとっては希望の大地だった。その役目はのちに、満州国が担うのだが、北海道の開拓史は、日本の現代史のなかでは〝成功した開発の記憶〟であり、パイオニア・スピリットにあふれていた。

アメリカ合衆国でいえば、西部開拓史のようなものだった。

北海道の各所にはいまも、さまざまの形で開拓者たちの苦闘の痕跡が残っているのだが、日本の近代化、産業化とともに発展した、――これは特に石炭産業の興亡盛衰のことをいっているのだが、それ故に、石炭から石油へのエネルギー転換によって、北海道は悲劇的な影響を受容し、変容していかざるを得なかった。

このことは次章以下である程度、詳述するつもりだが、その歴史の激浪のなかで、北海道の人々は日常を必死懸命に生きようとし、その地で育った少年たちは大志を抱き、若者たちは胸にいちもつを抱いて、いずれ大人になったら、札幌とか小樽とか東京都か、大きな都会に出ていくための準備をするのである。

小柳の家の人々が我路の街から父親が就職先を見付けた夕張の町に移住したのは、昭和十七年のことだった。それは七十三年前、小柳昌之はまだまだ三歳である。

夕張は美唄＝我路の背後の山々をふたつほど隔《へだ》てた、やはり石狩川の支流である夕張川の谷間にある町だった。

【註】

（1）『雪明りの路』一九二四年刊　椎の木社　伊藤整著　P・210

（2）『美唄市百年史 通史編』一九九一年刊　美唄市役所発行　美唄市百年史編纂委員会編　P・178
（3）『北海道の百年』一九九九年刊　山川出版社　永井秀夫ほか編　P・261
（4）『美唄市百年史 通史編』　P・435
（5）「川」の発表は一九九六（平成八）年。作詞・野村耕三　作曲・池山錠
二番以下の歌詞は以下のようになっている。

♪風にこぼれた花びらを浮かべて川に情がある
生きる辛さに耐えながら人は優しさ恋しがる
忍んで　男は川になる♪

♪過去とうらみは流れても　流しちゃならぬ恩がある
他人の情けをかりながら　明日へ漕ぎだす船もある
揺られて　男は川になる♪

（6）『美唄市百年史 通史編』　P・437
（7）『石狩平野』　P・287
（8）『二十世紀』二〇〇一年刊　毎日新聞社　橋本治著　P・202
（9）『数字でみる日本の百年』一九九一年刊　国勢社　矢野恒太郎記念会編　P・152、154

(10)『碧素・日本ペニシリン物語』一九七八年刊　新潮社　角田房子著　P・29

(11)『サルファ剤、忘れられた奇跡～世界を変えたナチスの薬と医師ゲルハルト・ドーマクの物語～』二〇一三年刊　中央公論新社　トーマス・ヘイガー著　P・9

(12)『朝日新聞』一九四四年一月二十七日発行分

(13)『碧素・日本ペニシリン物語』　P・37

(14)岡田春夫のプロフィールについては親子とも、インターネットのプロフィールを参考に編集書きした。

(15)『大正文学史』一九六三年刊　筑摩書房　臼井吉見著　P・214

第三章　夕張・一　少年時代

美唄の我路から夕張まで、一時間ほどのドライブだったろうか。

夕張に着いたトタンにお腹が減ったということで、やっている飲食店はここだけというところで、夕張名物だというカレーそばを食べた。余計なことだが、これはかなり美味しかった。

店の入口で、若いころは美少女だった、三浦百恵《みうらももえ》さん（山口百恵《やまぐちももえ》）と同い年でたぶん今年で五十七歳になったはずの女優の池上季実子《いけがみきみこ》を見かけた。こんなところでなにをしているんだろうか、と思った。それでも昨今の夕張は夕張映画祭というイベントもあって、映画の町として喧伝されている。

あとでわかったのだが、彼女の出現は、やはりそのことと関係があった。

夕張市が自治体破産を宣言したのは二〇〇七（平成十九）年のことである。借金が三五〇億円を超え、もう返済は不可能、という話だった。夕張のここに至るまでの衰亡の歴史は無惨なものがあった。もちろん、石炭産業の衰退と連動したのである。

一九七〇（昭和四十五）年、人口が七万人（正確には六万九八七一人）であったものが、四十五年後、二〇一五（平成二十七）年三月には一万人を割りこんで、九千三百人余になってしまっている。しかも、人口はいまも毎月減りつづけているのだという。住民の平均年齢は統計的な数値は取っていないが、高齢者（六十五歳以上）が確実に四十パーセント以上を占めているという。

（1）

昭和三十年、小柳昌之がまだこの町で暮らしていたころの人口は十一万五千人あまり、美唄もそうだが、人口の減り方があまりにもドラスチックである。

かつては谷の両側のところどころにかたまって炭坑で働く人たちの住宅があったというのだが、それらはすべて草地や荒地にもどってしまっていて、広い舗装道路に人影もなく、町が繁華だったころのありようを忍ぶ縁《よすが》もない。

市の財政破綻はあらゆる手を尽くしたあとのギブアップだったらしい。いまは東京都からの派遣職員だった若者が市長になって、姿勢を立てなおすべく、夕張メロンの初競りに二個で百六十万円の値段を付けてもらったりして、話題を盛り上げて頑張っている最中である。健闘を祈るとしか書きようがない。それにしてもだが、六十年前にピークの人口十二万人がいまや九千人だから、うかつなことも書けないが、いまの夕張の状態が人口漸減の状況に直面している日本社会の、六十年後の姿でなければいいのだがと思わずにいられない。

それにしても、駅前のあたりはたぶんかつては最も繁華な町があったはずだが、パチンコ屋さんもなくて、描写しようがないほど地味だった。

それから、そこから移動してわたしたちは昔、みんなが住んでいた家があった場所を訪ねた。典子さんが「ここに家があった」といって指さしたあたりはただの草地だった。

夕張は昔からある夕張メロンと、いまや夕張映画祭という映画イベントで有名な場所でもあり、道路を隔《へだ》てた向こうの［黄色いハンカチ想い出広場］という公園には黄色いハンカチの家というのが撮影時のままで保存されていて、いまからそこに女優がやってきて挨拶するから、寄っていかないかと呼び込みが盛んに声をかけてきた。

「見に行きますか?」と聞かれたが、わたしはそういう気分にはなれなかった。

もともとは炭鉱労働者たちの住宅が建ち並んでいたという草地を歩き回りながら、わたしが盛んに思いだしていた映画は、ここでロケが行われたという、高倉健《たかくらけん》主演の『黄色いハンケチ』ではなく、一九四一年に作られたジョン・フォード監督作品の『わが谷は緑なりき』だった。日本公開は一九五〇(昭和二十五)年のことである。わたしはこの映画のDVDを持っていて、今回の美唄・夕張取材行の前にあらためて見直した。夕張もおそらく、緑の谷間だったに違いないと思ったからだ。

映画は谷間の炭坑町で半世紀を生きた男が少年時代を回想する物語である。

イベントで挨拶するという女優というのは思った通り池上季実子で、彼女はこのとき、BS朝日の「高倉健を旅する〜忘れかけた名画の舞台を訪ねて〜」という旅番組に出演していて、北海道のあちこちで『黄色いハンケチ』のロケ地めぐりをやっていたのである。その流れで、この日、この地に現れたということらしい。

若いころの池上季実子はたしかに可愛かったし、彼女も日本アカデミー賞の主演女優賞と助演女優賞の両方をそれぞれ別の作品で取っているのだから、実力派女優には違いなかったが、そのときのわたしにとっては「わが谷は〜」に主演したモーリン・オハラの方が重要だったのだ。

モーリン・オハラはこのころのジョン・フォードのお気に入りの美人女優である。

映画は救いのない、暗い映画だったが、見終わったあと、わが身を振り返って深い自省に囚《とら》われるような哲学性を、画面の至る所にちりばめた映画だった。

まず、この映画の話をしておきたい。

物語の主人公は十九世紀末のイギリスのウェールズ地方の、深緑滴《したた》る谷間に囲まれたとある炭坑町で家族とともに生活する少年。原作は同時代のアメリカのベストセラー小説だというのだが、少年時代から五十歳すぎまで炭坑で働きつづけた男が、ついにその谷間を出ていく、そのときに少年時代を回顧する映画的設定のなかで過去の物語が繰りひろげられる。そういう映画だ。

谷間を出ていくことになった経緯はほとんど語られないが、タイトルからはかつて緑であった谷間がいまはそうではなくなってしまった、ということが連想できる。谷間の町そのものが衰亡しようとしている、という意味だろう。

主人公の少年は九人家族、両親と六男一女の兄妹の末っ子。父親も兄たちも男たちはみんな、炭坑夫だったが、まだ子どもの末っ子の少年だけは勉強のできが良く、特別な扱いを受けて、町を出て高等教育を受ける道が開かれようとする。そして、上級の学校に進学しようとするときに彼は炭坑町出身だということをからかわれて、虐《いじ》められ、ケンカして、先生からも一方的に怒られる。

そういうなかで、炭鉱を経営する会社が労働賃金を値下げしたことから、組合結成の話があり、兄弟のなかの幾人かが失職して、新天地を求めてアメリカへの移民を決め、長男が落盤事故で死に、父親もつづいて起きた落盤で死にそうになり、事故のあと地下に降りて父親を探しにいった少年が父を見つけだし助ける。そして、家族をまもって、町を出る夢を捨てて、一生を炭坑夫として生きる決意をする――そんな物語だった。

見終わったあと、なんともいえない感慨におそわれる映画だった。

この映画について、画家の安野光雅《あんのみつまさ》はこういうことを書いている。(2)

ジョン・フォード監督の映画「わが谷は緑なりき」を覚えておられる方は多いことと思うが、わたしはあの時代のゴッホ(画家のヴィンセント・ヴァン・ゴッホ。この人も若いころ、ベルギーの炭坑で働いた経験があった＝註)を思うと、いつもあの映画を思い出す。

あの映画の舞台は英国のウェールズの炭坑である。映画の中で、(聖書の＝註)「詩篇」第二十三篇を朗唱する場面がある。

エホバは我をみどりの野にふさせ、いこいの水浜にともない給う

たとい我、死のかげの谷間を歩むとも禍害をおそれじ

なんじ我とともに在せばなり　なんじの笞《むち》なんじの杖、我を慰む

わたしは無神論者だが、この炭坑の場面にかぎり襟を正す思いがする。戦前の短い期間だった

が、わたしも炭坑で働いたことがあるからだ。（2）

安野光雅は若いころ、住友鉱山に就職して、筑豊、飯塚市の炭坑で働いたことがあったらしい。わたしたちは古い映画を見て感動しているが、炭坑についてある程度知っている人でなければこういう話に本当のリアリティは持てないだろう。

［死の影の谷］という言葉はとても印象的で、いろいろなことを思いだした。わたしが聖書の［詩篇］から連想したのは、堀辰雄《ほりたつお》の『風立ちぬ』だった。

この作品のなかに［死の影の谷］と標題が付けられた一章があったのだ。

堀辰雄の書いた［死の影の谷］は、妻を長い闘病生活の末に肺病（結核）で死なれたあとの、真冬の軽井沢の村のはずれの谷間の別荘地での孤独な生活について書いたものだった。

堀はこの作品のなかで、夏のシーズンには、そこで暮らす外人たちによって［幸福の谷間］と呼ばれている場所が、いまやひとりぼっちの自分にとっては［死の影の谷］になったと書いているのである。

これも蛇足の話だが、小柳昌之はＨＡＢＡ研究所の会長というのが現在の職掌《しょくしょう》だが、同所の新製品研究・開発スタッフのあいだで、小柳は［死の谷］というあだ名で呼ばれているらしい。

というのは、同研究所内でおこなわれている製品開発や新商品の企画が、彼のところで厳しい検証にあって多くがボツの憂き目にあうという意味である。

小柳の「死の谷」をくぐり抜けた企画だけが新製品として世に現れることができる。彼が設定する基準をクリアするものはあまりないらしい。

話がわき道にそれてしまったが、『わが谷は緑なりき』のなかで、父親が聖書を片手にして唱える「死の影の谷間」はある日、突然に誰に襲いかかるかわからない、炭坑の落盤事故を示唆《しさ》して、ここはそういう場所なのだということを暗喩《あんゆ》しているのだろうか。

北海道の炭鉱は夕張、美唄を含めて、どこもそういう体験を何度もしている。

炭坑の事故で肉親を失った人というと、芸能人でいうと、三歳のときに父親を炭坑の落盤事故で亡くして、その後、母親が再婚して苦労して育ったという三橋美智也がいる。

同じ演歌歌手だが、『みちづれ』のヒット曲を持つ牧村三枝子は美唄の出身で炭坑住宅で育った。この人は一九五三（昭和二十八）年生まれで、高度経済成長期の炭坑町の栄枯盛衰を子ども目線で目撃している。ネットに彼女がテレビ番組の「爆報！ＴＨＥフライデー」に出演したときのコメントをまとめた文章があった。

牧村三枝子さん（59歳）は炭坑の町、北海道美唄市で五人兄弟の末っ子として誕生しました。父は炭坑夫で、39歳の時にできた末っ子の牧村三枝子さんを溺愛していたと言います。

しかし、40代後半になると長年の炭鉱勤務による疲労から体が衰弱し、ほとんど働くことができなくなりました。収入は母の食堂での皿洗いだけに。家族七人での暮らしは極貧だったと言います。6畳一間に家族7人がすし詰め状態。極貧生活を送るうち、牧村さんは「皆が温かく寝れるお家が欲しい」と思うように。そして15歳で歌手になることを決意して上京しました。

レポートは二年前のもので、彼女は現在は六十一歳になっている。

井上光晴《いのうえみつはる》風にいうと［地の群れ］とでも書けばいいのだろうか。社会の底辺で必死であがくように生きる人々、……こういう人たちの、本人たちが書いた生活の記録は意外に少ない。

筑豊炭田には上野英信《うえのえいしん》という作家がいて、この人は京都大学を中退し、九州の筑豊炭田で炭鉱労働者として働きながら谷川雁《たにがわがん》や石牟礼道子《いしむれみちこ》などといっしょに作家活動もおこなった人なのだが、この人には炭鉱労働がどんなに苦難を伴うものだったかを克明に記録したいくつもの著作がある。しかし、そこから先、取材が難しいからだろうか、その炭鉱を中心にして成立していた地域社会が石炭産業の衰退によって、共同体そのものが崩壊して、そのなかで人間がどう生きようとしていったかを語ったり、特に炭鉱町を出て余所に新天地を求めた人たちの足どりを記録した作品は、いわば戦後の流民物語だと思うのだが、本当に少ない。

一九五八（昭和三十三）年にカッパブックスの新書で『にあんちゃん』という本が出版され、この本はたぶん、百万部を越えるベストセラーになったのではないかと思われるが、これは舞台は筑豊で、父親を炭鉱の事故でなくした在日コリアンの四人兄妹の生活の苦闘の物語だった。

この作品は本もベストセラーになったが、今村昌平《いまむらしょうへい》が若き日の長門裕之《ながとひろゆき》、松尾嘉代《まつおかよ》を主演に映画化して、評判をとっている。だから、当時から、こういう問題に対しての社会的な関心は強かったのである。しかし、これ以外のそういう話を探そうと思うと、わずかに、芸能人の生い立ち物語のなかで、親が炭鉱労働者で、というような話として垣間見ることができるだけである。

これはそもそも、共同体を離れて都市に流れ込むという人口移動なのだが、戦後昭和の、日本の高度経済成長が真っ盛りだった時代には、田舎から都会への移住が、特殊なニュアンスを持つ［流民］というような言葉で表現するべき、特別なことではなくなっていた、ということでもあるのだろう。第二章にもちょっと書いたが、かくいうわたしも、わたしは炭鉱には関係のないところの生まれだが、そういう人間の一人である。

その時代には、生まれ育った故郷（地方＝田舎）で大人になり、そこで見つけた仕事がうまくいかずはじき出されてしまった人も、生まれ故郷で教育を受け、社会で生きていくための知識を身につけて自分の将来をあれこれと夢見て、上京してその夢を実現させようとした人たちも、そういう人もそうでない人も、都会での仕事を求めて上京する、都会にはそういう人たちのために膨大な量の新しい仕事が用意されていたのである。戦後昭和の時代とはそういう時代だった。

映画『わが谷は緑なりき』の主人公は六十近い年齢のところまで炭鉱町で働きつづけ、それから町を出る決心をするが、現実の日本社会では家族の流浪の説話は基本的には、特に戦後昭和期、一九五〇年代から一九七〇年代にかけては当たり前のことだったのだ。

夕張もそういう生き方をした、たくさんの人間たちがいた場所だった。そして、じつは小柳昌之もそういう人間のひとりだった。ただし、彼の場合は、夕張北高校では上位の成績優秀生徒で、大学進学のためにこの谷間を出ていくのだから、「わが谷は〜」的な話でいうと、自ら望んで、教育を受けて自分の理想＝ひそかな夢を追いかけるために故郷を出ることに決める、いわば、映画の主人公が選ばなかった人生を選びとって生きようとする少年、という佇《たたず》まいである。

まず、夕張炭鉱ということころがどういう場所なのか、そのことをあらためて整理しておこう。［夕張炭鉱］というのは狭義の意味では北海道炭礦（北炭＝略称）が開発した夕張炭坑の本鉱をいい、広義に漠然と呼ぶ［夕張炭鉱］は、その周辺で北炭がおこなった新夕張炭鉱・夕張新炭鉱・平和炭鉱・真谷地炭鉱、夕張市の東部で三菱鉱業が開発をおこなった大夕張炭鉱、南大夕張炭鉱などを含む炭鉱群をさす。広義の夕張炭鉱は［夕張炭田］ともよばれる。

夕張炭鉱についての歴史の記録をあたると、次のような経緯で石炭の採掘が始まっている。

一八七四（明治七）年　アメリカ人地質学者ベンジャミン・スミス・ライマンが、夕張川の上流に石炭層の存在を推定。調査には後に鉱床の発見者となる坂市太郎も随伴。

一八八八（明治二十一）年　坂市太郎がシホロカベツ川上流にて石炭の大露頭（北海道指定天然記念物「夕張の石炭大露頭」）を発見。

一八八九（明治二十二）年　北海道炭礦鉄道（後の北海道炭礦汽船、後の北炭）が発足。夕張採炭所創設。

明治三十九年に鉄道国有法が制定され、所有していた約二百キロメートルに及ぶ鉄道路線を国家に買収され、売却。このあとは北海道炭礦汽船に社名変更。この時点ではまだ、海運業も営んでいて、そういう名前の会社になったのだが、昭和十七年に所有船舶を、いまの商船三井なのだが、三井船舶に譲渡して、これ以降は純然たる炭鉱経営が主たる業務の会社となる。

そして、夕張の炭鉱で最初の事故が起こり、犠牲者が出たのは明治の末年のことである。

要するに、ここから、夕張という［死の影の谷間］の悲劇的な歴史が展開される。

一九〇八（明治四十一）年　新夕張炭鉱でガス爆発、死者93人。

一九一二（明治四十五）年　夕張炭鉱第二斜坑ほかにて四月と十二月に爆発事故、それぞれ死者276人、216人。

一九一四（大正三）年　夕張炭鉱若鍋第二斜坑でガス爆発、死者423人。

一九二〇（大正九）年　夕張炭鉱北上坑にて爆発事故、死者209人。

一九三八（昭和十三）年　夕張炭鉱天竜坑にて爆発事故、死者161人。

一九六〇（昭和三十五）年　夕張炭鉱第二坑にて爆発、死者42人。

一九六五（昭和四十）年　夕張炭鉱第一坑にて爆発、死者62人。
一九六八（昭和四十三）年　北炭平和坑にて坑内火災、死者31人。
一九八一（昭和五十六）年　北炭夕張新炭鉱ガス突出事故が発生、死者93人。
一九八五（昭和六十）年　三菱南大夕張炭鉱にてガス爆発事故発生、死者62人。

これはインターネットのなかの［夕張炭鉱］という項目から事故の関連のデータだけを抜き書きしたものである。小柳昌之はこういっている。

父の仕事が炭坑に直接関係がなかったので、ボクも炭坑というのは入ったことがない。炭坑（町）って不思議なところなんです。炭鉱労働者の人たちは専用の社宅（炭坑住宅）に住んでいるのですが、そこにはものを自由に買える生協みたいなショップがあって、そこで、みんなツケで買い物していて、社宅は電気から水道からほとんど只。石炭も只です。だから、生活費がほとんどかからないで、食べ物だけあればいいみたいな、そういうところでした。

炭坑夫さんはお金は稼ぐんですけれど、夕張というのは特に高品位の石炭が採れるところで、そういうところはガスがしょっちゅう出て、すごいガス爆発があるんですよ。そうすると、死んでしまうのも悲劇なんですけれども、家族が悲惨なんです。

事故にあって生き延びると、ほとんどの人が後遺症を残すことになるんです。むしろ、死んでしまえばそれなりに保証されて、奥さんは新しい人生を生きられるんですけれども、生き延びると、言葉は悪いんだけれども、廃人なんですよ。

そういう人たちを死ぬまで面倒を見ているのが炭坑病院だったんです。その病院に、昔、動けなくなっちゃった人たちが何十人も入院生活を送っていて、そうすると、奥さんは一生、離婚もできなくて、最低の保障で、苦しい生活をしなきゃならないんです。

このネットの夕張炭鉱の事故による犠牲者の数を羅列書きした年表のそばに、さらに説明として「開山当時からガス爆発事故が続出。多数の死者及び死者数に劣らない規模の一酸化炭素中毒患者を出してきた。特に、第二次世界大戦以前の過酷な環境下で発生した事故の記録は散逸・風化しており、詳細な事故の状況や死者数は把握できない」という不気味な添え書きがある。

こうやって、この数字を列記するだけで、夕張の町に起こった悲劇の半分くらいは表現できてしまいそうだ。そして、これらの人々は高度成長経済という産業戦争の戦死者たちだったと書くことができると思う。

昌之の父親、文太郎が夕張のこの地に職を求めたのは、彼が三歳の時だったというから、昭和十七年、戦争もまだ、日本軍が優勢で、炭鉱は戦時の国家総動員法に基づく、戦時生産体制の真ただ中にあり、生産増強増強の真っ最中だった。

小柳家の人々が夕張に引っ越すことにしたのは夕張製作所という、炭坑が石炭を採掘するときに使う機材を作る会社の経理課に求人の口があったからだった。夕張製作所は昭和十三年に北海道炭鉱汽船の子会社として設立され、同社の石炭採掘のための機械から炭鉱住宅で使っているナベカマにいたるまで、あらゆる用途の金属製品を作っていた会社だった。夕張に引っ越してきたのが昭和十七年だとしたら、文太郎が四十二歳のときである。

小柳典子は小柳家の美唄から夕張への引っ越しについて、こういう。

父が我路から夕張に移ったのは、夕張製作所という、これは北海道炭坑汽船の子会社で、炭坑の採掘機械などを製作したり、修理したりする会社なんですけれども、そこの経理担当者として呼ばれたからだったんです。けっきょく、父は、その会社の経理課長として定年（五十五歳だったらしい）まで勤めるんです。

夕張製作所は戦争中は海軍の指定工場となり、大いに発展した。このころが一番景気よかったらしい。戦後は賠償問題で苦しんだというが、細かな内容はわからない。それでも、石炭産業の隆盛とともに、商売繁盛したようだ。

炭坑夫たちは舟板一枚下は地獄というような、日常的に死と隣り合わせのせっぱ詰まったところで働いていたが、夕張製作所はそれとはまた、別の世界だった。

夕張製作所の給料はそれほど良くなかったらしいのだが、福利厚生がかなり充実していて、社宅として二軒屋（一つの建物に二所帯が入れるようになっている）が提供されて、あまり高い給料はあげたくないけど税金も払いたくないというようなスタンスで、会社あげての運動会とかお花見があり、頼んでもいないのに専門の職人が年二回やってきて、障子の張り替えをしてくれたりした。

このへんから、主人公である小柳昌之の記憶もしっかりしてくる。

本人の回顧談にそって物語をつづっていくことにしよう。

そのころは炭鉱はかなり景気がよくて、すごいところでした。夕張製作所という、単なる北炭の子会社だったんですが、親父は経理の方の仕事をやっていて、社宅に入りました。それが立派な社宅で、年に何回か障子を張り替えに来る。これは要するにボンボン儲かってるのに、お金の使い道がなかったんです。そういうことに会社の儲けを使っていた。ただ、調子がよかったのは最初だけで、すぐに戦争に負けちゃいましたからね。小学校に入るころはもう、食糧不足で困ってました。

炭住（炭鉱住宅の略称）という言葉があるのだが、炭鉱で働く人たちのために用意した社宅である。家賃は無料で、光熱費も会社持ちだった。これは、所長とかえらい人は一軒家の社宅が用意されて、マアマアえらい人は一戸建てに二所帯が入る二軒屋に入る。で、一般の炭鉱労働者はいわゆる長屋で、四間長屋から六軒長屋まであった。

それぞれ炭鉱ごとに小規模な団地のような形で建てられていて、夕張製作所の社宅も同様だった。夕張製作所は直接に石炭採掘にかかわるわけではないが、生産システムの維持・管理を任されており、給料は良くないが、夕張炭鉱的にいうと、特別な地位にある会社だった。

だから小柳家の住宅が長屋ではなく、二軒屋になったのだろう。経理の専門家という、肉体労働者が集まって仕事をしている世界では一種のエリートだが、お給料的には全然恵まれないエリート社員だったらしい。

「安月給といったって食べ物に困る、なんてことはなかったんでしょ」と質問すると、彼は大きく遮ってこういった。


そうじゃないんです。ろくなモン食べてませんよ。戦後はみんな、貧乏で暮らしてましたからね。よその家で、ジャガイモの大きいの食べているのを見て、うらやましいと思ったくらいです。このころぼくたちが食べていたのは、でんぷんカスみたいなものですよ。配給でスコップで、そのでんぷんカスを分けてくれるんだけど、これがまずくてね。

太平洋戦争のころのことはあんまり正確に覚えていないんだけど、小学校に入るころにはもう、食料不足でしたね、食べ物の苦労では、みんな同じようなことをやっていたんですけれども、山奥の（誰が所有者か分からないような＝註）土地を勝手に開墾して、畑の縁に熊の糞が落ちていたから、開墾やめたとか、そんなこともありました。

でんぷんカスというのは、ネットで調べてみて分かったのだが、ジャガイモから澱粉を絞り取ったあとの残滓物である。豆腐を作るときのオカラみたいなものだ。独立行政法人の農畜産業振興機構のホームページの説明によれば、乾物で換算すると、でんぷんカスにはでんぷんが四十パーセントくらい含有されているのだという。ただこの［民間でん粉工場におけるでん粉カスの有効利用調査］というレポート自体が、でんぷんカスが、家畜のエサとして非常に有効だという話で、絞りカスを袋詰めにして発酵させ、これに米ぬかや粉末のオカラなどをまぜて、栄養満点の飼料にして養豚場や酪農農家に売りつけているのである。終戦直後の食糧難の時代に北海道では、そういうものを人間が食べていたのだという、なんとも感想の書きようのない話なのである。

わたしも一度も食べたことがない。味の想像がつかない。

親父は夕張製作所で事務をやっていましたけど、それだけじゃ家族が食べられないと。給料だけじゃ食べられないので、山奥に土地を見つけて耕すわけです。山の奥に行くと、そもそも大自然ですから、誰がどこを開墾して畑にしても文句は言われない。それで、ボクも親父について回って、お手伝いで畑にやる肥料で人糞を担いでいったり、そんなことをやったこともあります。それは中学生時代までつづいていました。

でんぷんカスは炭水化物の話だが、食糧事情がひどいのは炭水化物だけの話ではなかった。動物性蛋白質の方もかなり劣悪だったらしい。

育ち盛りの子どもだから食べ盛りでもある。とくにボクなんか強烈な大食いでした。オフクロは魚を買いにいっても、お金がないので、まともな魚だと、ちょっとしか買えない。だから、最後の売れ残りの、臭いがするようになった魚を、魚屋さんも（ウチが貧乏だということを知っていて）「これ、全部でいくらでいいから持ってきな」といってくれて。わが家は子どもたちがたくさん食べるので、そういう魚を買ってきて食べていた。

貧しくつつましいが、それでもそれなりに幸福そうな暮らしを連想することができる。そういう旺盛な食欲のせいもあったのだろうが、当時、学校で撮った写真を見ても分かるのだが、子どもの彼はかなり目立って体格のいい男の子だったようだ。

そのことについては、彼はこういう。

六、七歳のころのボクというのは、小学校一年のときにクラスのみんなといっしょに撮った写真があるんです。それをみてもわかるんですが、ボクは顔が大きくて、子どももなりにがっちりした体格をしていた。そのことがあったんで、まわりから番長っていう扱いを受けたんだと思うんです。ただ、ボクの場合は不良少年の番長じゃなくて、妹がいってましたけれども、弱いものいじめはしなくて、みんなに優しかった、というんです。ただ、みんなを連れて、いちご畑に忍び込んで、いちごを盗んで食べているのが見つかって追いかけられたり、そのぐらいのことはやりました。

体格がよかったのは母親譲りではないか、と彼は言う。

ボクは人間というのは、特に男というのは、精神は父親から受け継ぐけれども、身体というか、肉体の基本的な形とかそういうものは母親からもらったものだと思っているんです。というのは、前にもちょっとふれましたけれど、父は九州の佐賀藩の士族の人間なんです。母は岩手県の山の中なんですが、沢内村というところの出身で、家業はマタギ。それで、侍の家の跡取りがマタギの娘なんか、とふたりの結婚はまわりに大反対された。長男の兄がうまれたあとも、ずっと結婚を許してもらえなかった。それでも、親父はオフクロへの愛を貫いた、それで、ぼくたちが生まれた（夫婦が一緒に暮らしはじめたのは昭和三年から、正式に入籍したのは昭和八年のことである）。ボクはそれを本当に幸運なことだと思っているんです。

沢内村には自分たちのご先祖様は、チベットとかブータンとかアッチのアジアの山岳地帯からやって来た人間だという、言い伝えがあるんですよ。高地の人たちというのは、胸郭が大きくて、体格ががっしりしているでしょう。たぶん、ボクはその血を引いているんだと思うんです。この、沢内の人間はチベットから来たという話は、昔、岩手にいったときにその土地の本屋さんで買った本で読んだ。著者は高橋さんという人でしたから、沢内村の出身だと思います。

この「ボクはチベットから来た人間の子孫」という言説は、彼の言うところの出典が不明なので、話の輪郭がもうひとつ判然としないのだが、日本人そのものとチベット人やブータン、シッキムの人たちとの関係を論ずる説はたしかに存在する。

まず、ＮＨＫスペシャルの『日本人　はるかな旅』という番組を書籍化した同名図書（全五巻）のなかの第一巻「マンモスハンター、シベリアからの旅立ち」のなかにこんな記述がある。

国立遺伝学研究所教授の斎藤成也《さいとうなるや》が遺伝子の問題を論じている。（３）

現在日本列島に住む人々に、縄文時代、あるいはそれ以前の旧石器時代の人びとから伝わっている可能性がある遺伝子が知られている。ひとつはＹ染色体のＹＡＰ多型、これは、Ａ１ｕ配列という三〇〇個ほど塩基がつながった配列が、過去にＹ染色体のある場所にゲノムの別の場所から飛びこんできたという、挿入タイプの突然変異である。この遺伝子を発見したアリゾナ大学のマイケル・ハマーさんと総合研究大学院大学の宝来聰さんとの研究によると、不思議なことに、この突然変異の頻度が日本人で数パーセント見いだされる。それも、アイヌ人と沖縄人で頻度が高いのである。ところが、お隣の韓国ではほとんど見つからない。韓国どころか、広いユーラシアでも、この突然変異が見つかるのはなんとチベット人だけなのである。数万年前のユーラシアのどこかで、縄文人とチベット人の共通祖先集団がいて、そこに生じたＡ１ｕ配列挿入という突然変異が現代までに伝わってきた可能性がある。

これは、いま、チベットに住んでいる人たちということで、わたしたちの祖先がチベットに住んでいたということではない。アジアのどこかで何万年も前に同じ部族として暮らしていた、という意味だろう。

また、青少年交友協会という社団法人の理事長で森田勇造《もりたゆうぞう》という人がいるのだが、この人が書いた『日本人の源流～ヒマラヤ南麓の人々～』という本のなかに、こんな、驚くべき箇所があるのを見つけた。

森田さんがブータンを訪れて、現地の青年とおぼえたてのブータン語で会話をする場面である。

「チョチギ　ミング　ガチモ（お名前は）？」わたしはゆっくりと三度尋ねた。

「セデル」青年は恥ずかしそうに、名前をぽつりといった。そして、年齢を尋ねると、身体をよじるようにしてはにかみながら答えた。

「ニチュウガ」一見二十歳ぐらいの彼は二十五歳だという。日本の田舎の少年のような表情や仕草で答えた彼の発音は、日本語によく似ている。ブータン語の〝数〟の数え方が日本語によく似ていることを知らないと日本語に聞こえる。
1《チ》・2《ニ》・3《スム》・4《シ》・5《ンガ》・6《ヅルツク》・7《ヅエン》・8《ギー》・9《グ》・10《チュタム》・11《チュチ》・12《チュニ》・13《チュスム》……20《ニチュ》・21《ニチュチ》・22《ニチュニ》・23《ニチュスム》……30《スムチュ》……40《シチュ》・50《ンガチュ》……100《チグチャ》……。

〝ゾンカ〟といわれるブータン語は、チベット語の古語である。ニッポンゴとゾンカは類似点が沢山ある。そのため、日本人の中には日本人はチベット地方から渡来したとか、日本文化の源流はチベット地方だと主張する人もいる。

実際、ゾンカを現地で耳にすると、発音の類似点が多々あるので、日本語の源流はチベット地方だと主張したくなる。ブータンで現地人と話していると、骨格や着ているゴーという着物、雰囲気や言葉にまで日本と類似点があることに気づく。(4)

地図をみるとわかるが、沢内村も美唄や夕張と同様に四方を山に囲まれた、北上川の支流である和賀川の渓谷にひろがる小盆地の村だ。沢内村には縄文時代以前、旧石器時代のものといわれている大野台遺跡というのがあり、この盆地に人間が住み始めたのは相当の昔のことだということも証明されている。

この話と斎藤成也の「チベット人と遺伝子が同じ」という話と重ね合わせても、難しい問題だが、沢内村には日本人の原型に近い人たちが住んでいる可能性がある。小柳が言っていたチベットの人と同類というのはこのことをいっているのだろう。

沢内自体がチベットやブータン、シッキムとどういう位置関係にあるかというところまでは分からないのだが、山の民特有のものだという、彼の母親譲りのがっしりとした体躯がのちに、夜の池袋の風俗営業の世界で、ヤクザな男たちに一目置かれるような、見た目の迫力ある佇まいやオーラを涵養、演出していたことだけは間違いない。残っている写真を見ても、そのころの彼はいかにもふてぶてしい雰囲気の男になっている。

とにかく、こういう状態のなかで、彼の精神的な成長が始まるのだ。

ちっちゃいときから本が好きで、本は沢山読んでいた。小学校一年生ぐらいから。

わが家には本棚があって、いろんな、世界のなんとかとか、なかには大人の本もあって、世界文学全集も揃っていた。覚えているのでは、ストリンドベリという人の『痴人の告白』というような小説とか、文章の一部分が「…………」というような破線になっていて、いま考えると伏字で、検閲したあとなんだけど、そういうところを読みながら、なにが書いてあるんだろうとか、一生懸命に空想したりしていた。そんなものが、子どもに理解できるわけはないいんだけど、よくわかんないで、手当たり次第にまわりの本を読みあさっていた。

親父の本箱には、まあいろんな本がありましたね。ウチは貧乏で、お金のない生活をしていましたが、本だけは欲しいっていうとすぐ買ってくれたんです。

ストリンドベリというのは、十九世紀から二十世紀にかけて北欧、スウェーデンで文筆活動していた作家のヨハン・アウグスト・ストリンドベリのことである。忘れられた文豪と書いてもいいかもしれない。わたしもいままで一冊も読んでいないので、どういう作品を書いた人か知らなかった。

ネットのアマゾンで調べると、一九七〇年、昭和四十五年に講談社から出た『世界文学全集第24・イプセン、ストリンドベリ』のなかに載っている『痴人の告白』について書いた書評なのだが、これがなんというか、ものすごい。

戦前のユニークな探偵作家小栗虫太郎《おぐりちゅうたろう》が愛読した作家とのことで興味を持っていましたが、これは聞きしにまさる強烈な小説でした。圧倒されましたが、主人公に感情移入することは困難でした。しかもこれが作者自身の実話を小説化したものだから更に驚きです。相当あけすけな表現もあり、この時代でよく書けたと思います。（略）ちょっとイングマル・ベルイマンの映画作品にも通ずる面白さもありました。北欧という日本からは離れた国々にも西欧・中欧に劣らぬ文化的蓄積が有ることがこの小説からもよく理解できました。

と、褒《ほ》めているのか貶《けな》しているのか、よくわからない。とにかく一度読んでみたくなるような書評なのである。

ここでの問題は、小柳昌之が読んだ［世界文学全集］のストリンドベリの『痴人の告白』が載っている文学全集が二冊あり、戦前の昭和三年に新潮社から出版された世界文学全集か、それとも戦後、初めて河出書房が手がけた『世界文学全集』なのか、ということだった。

新潮社の全集と河出の全集のあいだに二十五年くらいの隔たりがあるのだ。

小柳家の本箱に［世界文学全集］がズラッと揃っていたというのだが、それが戦前にそろえた円本であるのなら自分が読むために買ったものだったし、戦後、河出書房が手がけた世界文学全集であれば、自分というよりは息子たちに教養を付けさせるためにそれらの本を買ってあげたことになる。

この【ストリンドベリ】が新潮社の円本か、それとも河出が出した戦後初の文学全集だったかという問題は、父親の文太郎がまだ若い青年の時代に世界文学にふれたのかどうかという問題でもある（新潮社の世界文学全集が上梓されたのは昭和三年で、このとき、文太郎は二十八歳だった）。

たとえ文学を通してであれ、世界という概念を理解していたかどうかという問題なのである。簡単にいうと、文太郎がどのくらい深いインテリだったかということだ。

わたしはこの問題の答を探すことで、父親の文太郎がどんなことを考えながら自分たちの子どもを育てていたか、子どもにどんな人間に育って欲しいと思っていたかということのある程度の輪郭を探りだすことができるのではないかと思うのだ。

昌之ははっきりと文章のなかに伏せ字の部分があったといっているから、たぶん、戦前の新潮社から出た円本の世界文学全集だったのではないかと思われた。それに、GHQの検閲は、日本は性意識の開放が遅れていて、それが女性差別の原因のひとつと考えていたようで、日本政府に比べると、GHQはこういう性愛的な表現については多少基準がゆるいのである。

けっきょく、この問題は両書を読み比べてみるしかないと考えて、ある日、国会図書館を訪ねた。

二全集のなかの同じ作品を読み比べることで、自然、この小説を読むことになった。

『痴人の告白』はかなり衝撃的な実録小説だった。インターネットの【活字中毒者の読書メモ】というページのなかに、昭和四十五年に出版された講談社版の『痴人の告白』について語った部分がある。

この小説で凄まじいのは、ストリンドベリが抱く元妻への憎悪だ。とにかく彼女のことを悪し様にののしる。例えば、次のような感じで。

「何も出来ないこの女、フランス語しかしゃべれず、満足な教育も受けていず、田舎育ちで、演劇や文学についてはほとんど無知なこの女、わたしのお陰で、スウェーデン語の発音の初歩からならい、韻律学や作詩法の秘訣を学ぶことが出来たこの女が私のことを無能扱いにするとは！」（P・359）

「彼女の口のきき方には、役者の社会特有の悪趣味な言い廻しが沢山まじっているし、身振りは下品で、顔つきも憎悪にみちていて、口には悪意をふくんでいるようだった。」（P・362）

ストリンドベリは、妻の不倫を疑うだけでなく、彼女はレズビアンだと主張しその変態ぶりを事細かに描写する。さらには彼女が精神を患っていると言い出す。彼女のヒステリーの発作を治す方法を編み出したと得意になり、読者にも真似するように勧める。そして、挙げ句の果てには「私は恥と名誉と同情心から、彼女の肉体的欠陥については秘密を厳守した」と書きながら、次の文で「その欠陥というのは…」と暴露してしまう。もはや何が何だかわからない。壊れてしまった男の壊れた小説と言うしかない。才能と狂気は紙一重である。

一種の暴露小説である。いずれにしても沢山ある世界文学全集の文学作品のなかで、彼（小柳昌之）がこの作品だけいきなりスムーズに思い出したのだから、この小説が強烈な記憶になって残っていたに相違なかった。

『痴人の告白』は、アマゾンの書評にあった通り、当時の文学の表現基準からすると、かなりエゲツないものだった。というのは、ストリンドベリは生涯で三度、結婚しているのだが、この小説は最初に結婚した女性との恋愛から結婚離婚、その生活の破綻《はたん》までを描いた自伝小説で、内容はというと別れた妻への憎悪にみちたもので、読んでみてビックリだった。

国会図書館で昭和三年に出版された『世界文学全集第28巻』の「痴人の告白」と昭和二十七年に河出書房から出た『世界文学全集』の「痴人の告白」を並べて確認してみたが、小柳昌之が読んだのはやはり、昭和三年に新潮社から出版された「痴人の告白」だった。

両書とも現在はデジタル扱いになっていて、現物に触れることはできなかったが、電子データで確認した。

河出書房版の「痴人の告白」は山室静《やまむろしずか》の翻訳で、どこかが伏せ字になっているということもなかったが、新潮社版の方は、大事なところに何が書いてあるかわからないようになっていた。例えば、

■彼女は……………………ずに、胸を……………………せた、然し、最後の瞬間に至って突如良心が眼ざめて、私を突退《どけ》けた。

■私はだんだんと女の体を後ろの方にかたむける。……………………。……………………………………。……………る——あの草原の上に……恰も恋人のごとくに。(5)

という具合で、伏せ字が作品の随所に散らばっていた。ちなみに、悪趣味かもしれないが、こ

の部分の河出書房版がどういうふうになっているか、調べてみるとこんな感じである。

□彼女はべつに抵抗せずに、息をはずませて慄えていたが、最後の最後にいたってまた良心が眼覚めて、私を突きのけた。

□私は少しずつ女の上にからだを倒すと、しっかりと抑えて接吻して、強請的な眼の火と燃えるように熱い唇とで、彼女に逃れる隙を与えまいとする。私は彼女を抱きしめて長々と身を横たえる……草原の上に……まるで恋人のように。（6）

これもそれぞれの時代の固有の基準の話になっていくのだろう。『痴人の告白』は一種の実録性体験小説だと思うが、戦前は、こういうのも検閲の範囲内にあったのである。いま、その辺に氾濫しているポルノ小説から考えたら、他愛のないものである。

小柳昌之と妹の典子は年齢が七つ離れていて、彼女はいわば、彼が大人になっていくありさまを子ども目線で、下から見上げていた形になるが、当時を思い出して「とにかく、兄は始終本を読んでいました。トイレに入るときも本を持って用を足していた。子どものころの兄というと、まず、それを思い出します」といっている。本人は父親の書架にある本を訳も分からずに手当たり次第に読んでいたのだという。

これは、わたしが思うに、彼は子供心に自分はたくさんの知識を吸収して、頭のなかに【百科事典】のようなものを作って、生きていかなければいけないというふうに、たぶん漠然とだが、思っていたのではないか。子どものことだから、人生設計もなにもないだろうし、今のところの自分の百科事典は項目もページ数も少ない、きわめて薄っぺらなものだが、この［本］（頭のなかの百科事典）のページ数を増やしていけば、つまり、いま、わからずにいることがいつかわかるようになるのではないか、という一種の本能的な［知］への覚醒《かくせい》である。

そして、このあとの延々とつづく、彼の運命の川に押し流されて生きるような、苦難と幸運のない混ざった日々は、この百科事典のページ数と掲載項目を増やして、それによって人生の活路を知ることのできるような、そういう本を作ろうとする日々だったのではないかとわたしは思う。

何でも知っておきたい、知的な欲求を高めることで、生きるエネルギーも強くなる、そういうことだけは、少年時代のどこかで、たぶん生活習慣として、そしてそれはたぶん、父親から無言のうちに学んだものだったのではないか。

かれはたぶん、思い通りに生きることのできなかった父親の文太郎の、様々の思いを託した［希望の星］だったのではないか。

兄貴はこの間なくなりましたけれども、ボクよりかなり年上なんです（十一歳の年長＝註）。苫小牧の工業高校で電気技師の勉強をして、けっこう地味なサラリーマンとして一生を終えたんです。

親父が必死でがんばって、兄貴以外の子どもたちを育てたという感じでしたね。

オフクロは特にどうということはないんですが、とにかく愛情にあふれた、優しい人だったですよ。それで、ボクもけっこう根の優しい人間になっていったんだと思います。

ボクも自分で考えてみて、中学生時代に反抗期みたいのがあった。ボクも手がつけられない時期があってね、親になにかいわれて、「うるさい！クソババア」って怒鳴ったことがあるんですよ。そしたら、オフクロがびっくりして「怖い！」って。ほんとに怖かったんだと思うんです。そのオフクロがおびえた様子にボク自身がショックを受けて、こんな怒り方しちゃだめだと思ったことがあるんですよ。自分が反抗的な気分でいた時期というのは短かったですけど、激しかったですね。

ボクは小学校の時からガンコで、親にいわれたこととか、言いつけを聞かなかったりすると、昔は、雪がものすごく降っている冬なんかに、首根っこをつかまれて雪のなかに放り出されるんです。本当に雪に埋まっちゃうんだけれども、ボクは意地になって家のなかに戻らない、雪のなかにいるわけです。そうすると、親父がまた来て、首根っこをつかまえて、「おまえ、部屋に入れっていってるのに入らないのか」と。そりゃ、親は心配しますよね、雪のなかに素足で、北海道というのは家のなかでストーブ焚いてますから、真冬でも薄着なんです。そのカッコで部屋に入らないからということでまた殴られて。人に意地悪したりとか、あんまり変なことはしなかったですけれども、自分の思ったとおりにやりたがる子どもでした。

たぶん、父親からは彼がほかの子どもと全然違って見えたのだろう。

それにしても、彼の小学校から中学にかけての成績は独特の、ユニークなものだった。

平成二十七年六月十四日の朝日新聞の一面の書籍広告に『将来の学力は10歳までの「読書量」で決まる』という本が掲載されていて、そこでは「幼少期の読書週間こそが子どもの地頭力の土台となる」と添え書きがあった。この本は、要するに松永暢史《まつながのぶふみ》という受験の進路指導のプロが書いた本らしい。読んでないから称賛も批判もできないが、そこに書かれている限りではその通りだと思う。

昔、テレビ番組だったと思うが、小学校の先生が出てきて、本をたくさん読んでいる子は、普段の成績がそれほどでなくても、集中的に勉強すれば必ず成績が上昇します、という話をしていた。

子供の知能の発育にとっては、読書は必須のビタミン、ミネラル、タンパク質の類なのである。かくいうわたしも小学校の頃、本は好きだが誰の言うことも聞かない、小学校の低学年で反抗期が来てしまったような、始末におえない不良の子供だったのだが、本好きでかなりの本を学校で教えてくれる授業に関係なく読んでいたことが、そのまま不良少年になっていく定番的なコースから救い出される遠因だが、決定的な遠因になったと思っている。

わたしの場合、子供のときに強制的に教えられた算盤《そろばん》が大嫌いで、先生もイヤな奴で、そのことが算数＝数学が嫌いになる直接的な原因になって、勢い、私立文科系の大学受験対応になっていき、大学は文学部、ということになってしまった。自分では数学嫌いが大人になるまで通用したのだから、そこのところはまずまず幸運な人生だったのではないかと思っている。

自分の話はどうでもいいことだが、小柳昌之は算数＝数学の得意な子供だった。


僕は中学時代、数学の小柳と呼ばれるくらい、小学生の時から算数の成績が良かったんです。全然勉強しないで遊んでばかりいたんですが、試験はいつも満点でした。算数は強かった。中学に入って英語を勉強するようになって、英語が好きになれなくて全然勉強しないで、成績も良くなかった。他の科目は良かったんです。

中学生のころは学校は不良が多くて、手にチェーン巻いて、先生を脅かすようなことをやっているヤツがいました。そいつらは誰にでもツッパって誰でもいじめるんだけれど、不思議なことにぼくだけはいじめなかった。それは小学校に入ったころのボクが体が大きくて怖い存在だったから、そのことの潜在意識みたいのが残っていて、そういう不良たちからいじめられずに済んだんだと思う。

とにかく無邪気な、賑やかな子供で、中学生になっても自分より体の大きな女の子相手に相撲取っていました。女の子は先に男の子を意識するじゃないですか、僕は子供で、彼女たちはそのことがわかっているので、そういうことが平気なんですよ。男と女がセックスするなんてことも知らなかったし、そんな変なことするわけないだろうと固く信じている、恋愛も何もないという、騒がしいガキの状態でしたね。

学校で周りの人たちにつけられたあだ名があり、それは［豚の猪八戒］というものだったという。

身長は小学校時代からそれほど伸びず、クラスの真ん中ヘンだったらしい。高校に入ってから、百七十センチになったという。百七十はわたしと同じくらいで当時の若者としては背の低い方ではない。

無邪気で陽気な、エネルギッシュな子どもだったらしいが、やがて変化が訪れる。

彼に直接的な変化というか、エネルギーの発生装置をもたらしたのは、やはり読書だった。

父親は本当にお金を使わないで済ませようとする人だったのですが、本だけは自由に買ってくれた。この本が欲しいというとダメとは言わなかったです。そんなことで、小学生から中学生になったころに、宇宙の本を夢中になって読んだ。そして、そのころから、宇宙の大きさだとか、星雲のことだとか、宇宙には一千億の星雲があって、それぞれの星雲が一千億以上の星からなっているとか、そういうことを知った。

その時期にちょうど、夏の夜だったと思うんです、夕張の山に登って、満天の星を見た。

それはもう本当に、無数の星が輝く綺麗な夜空で、そこで突然、子供心にオレの人生ってなんなのだろうということを考えた。深刻に、ということじゃないんだけど、本当に星空を見て、自分の将来のことを考えたんです。

北海道は日本列島のなかで、星が最もはっきりきれいに見えるところというふうにいわれている。山を隔てる形になるが、足寄郡の陸別町には銀河の森天文台と呼ばれる宇宙観測所があり、この街は「星空の街」と呼ばれている。この名前をつけたのは環境庁である。日本で一番、星が綺麗に見える場所、という意味だ。特に、冬の寒い時期に空気が透明度を増して、よけいに星が美しくみえるらしいのだが、彼が陸別から幾つかの山を隔てた夕張の山の頂上で体験した【夏の星座】も死ぬほどロマンチックな、さまざまの思いをかきたてるものだった。

じつは多分、ここが彼の人生の出発点である。

このときに初めて、夕張の町からも出たことがなかったくせに、死ぬまでに自分が生まれた地球はどんなところなのか、見たいなということを考えたですね。

それと同じ時期だったと思う、『冒険ダン吉』という漫画を読んだんです。これはダン吉という日本の男の子が世界に出ていって、いろんな冒険をする、海賊船が出てきて、南の海の空の下に投げ出されて、そして南十字星を見る。【南十字星】というのが頭にこびりついて、真面目に大人になったら海賊になりたい、陸地は小さく海は広大だ、地球全体を海から見てみたいなんて考え始めた。そういうガキだったんです。

海賊になりたい、なんていうと集英社の少年漫画雑誌に連載された『ワンピース』みたいだが、こういう発想は、成長期に差し掛かった少年の、一種の脳天気というか天真爛漫ということだろうか。

わたしは『少年ジャンプ』に連載された「ワンピース」は読んだことがなかったが、話題になったときに、「海賊になりたい」というコンセプトは面白いと思って、どんなものかという興味もあって百何十枚とあるＤＶＤを順番に借りてきて観ていったが、六十枚くらいのところでついに挫折した。

宝探しの話とか、首が伸びたり縮んだりして面白かったが、けっきょくアニメの荒唐無稽についていけなかった。子どものころの記憶を辿ると、『ロビンソン・クルーソー』やスイスの作家ウィースが書いた『家族ロビンソン漂流記』（テレビのアニメ「南の島のフローネ」の原作本）には憧れたが、海賊になりたいということは考えなかった。『冒険ダン吉』を読んだのも大人になってからのことである。

『宝島』は子どものときにハラハラドキドキしながら読んだ。

デイヴィッド・コーディングリが書いた『海賊大全』の中にも書かれているが、海賊は捕まったらみんな死刑、というようなことが歴史上の事実で、小柳昌之も『冒険ダン吉』を読む前にコーディングリの『海賊大全』を読んでいたら、海賊に憧れたりしなかったのではないか。(9)

わたしは南海の孤島の生活には憧れたが、小柳昌之ほど無邪気に海賊に憧れる気にはなれなかった。

『冒険ダン吉』自体は、戦前、昭和八年から雑誌『少年倶楽部』に連載された人気漫画で、あらためて手に入れて読んでみたが、大人読みした感じではこの時代の日本の大衆の中国、満州への進出とはまた別の、南の国へのかなり熱い渇望のようなものを感じた。

日本のフランス領インドシナへの進出は太平洋戦争の始まる前の昭和十五年のことだったが、それ以前から山崎朋子《やまざきともこ》の『サンダカン八番娼館』ではないが、もともとからゆきのからは中国の唐ではなく、東南アジアのことだった。東南アジアこそ、一攫千金《いっかくせんきん》を夢見る日本の貧しい男や女が己《おのれ》の裁量一つで大金を手に入れることのできるビッグ・ビジネスのネタが転がっているような場所だったのである。

中学三年生までのボクというのは本当に、無邪気な子どもだった。小学校、中学校と同じ仲間といっしょに大きくなったというようなこともあって、子どものままで振舞っていても、なんの問題もなかった。

ただ、海賊になりたいんだというようなことをずっといいつづけていたら、クラスの担当の佐藤先生という、頭のハゲた先生がいたんだけど、その先生に「いい加減にしろ」と言われて、木製の三角定規で頭をパチーンと叩かれて、「お前、立っていろ」といわれた。

そのくらい子どもだった。それが、変わっていったのは高校に入ってからですね。

高校に入ると、全然知らない人たちがたくさん来ていて、進学クラスみたいのにいくじゃないですか。全く知らない人たちの前で子どものようにふるまうのもどうかと思って、そのタイミングであまり余計なことをしゃべらなくなっていったんです。それから、まあ、余分なことをいわない、ま、無口でいやらしいっていう意味じゃないんですけれども、昔と違って、必要なことしかいわない少年になっていった。

これは中学校時代、ずっとガキの状態でいて、高校に入ったときに親父がいったセリフで一言だけ、非常にぼくの心に響いた言葉があったんです。親の心っていうんですかね、それが「男というのは余計なことをいっちゃいかん。沈黙は金だ」という言葉だった。それがずっと潜在意識に残っている。その言葉がいつの間にかボクの性格に影響を与えていったんです。

中学生のころまでは、家でも学校でもギャーギャーとうるさい、騒がしい子どもだった。それが、高校生になるのと時期を合わせるように、物静かな、思慮深そうな少年になっていったということらしい。たぶん、これは彼なりの思春期の迎え方だったのだろう。

高校生になると、彼は一見、温和な、おだやかな若者になった。

数学の成績は学校でもトップクラスだった。余計なことはいわないような生徒だったが、ただ、芯の部分に強さというか、ふだんの佇まいからは想像できないような苛烈さがあった。

学校での授業中、担任の先生となにかのことで諍いになり、いきなりどなりつけられたことを不服としてものすごい剣幕で怒りはじめ、自分が使っている机を持ち上げて、それを教壇の前の床にたたきつけて先生をにらみつけたことがあった。それを見せつけられて、逆に先生が迫力負けして、あわててなだめにかかったのだという。

本人は学校でそういう怒り方をしたことを誰にもいわずにいたが、件の先生が家庭訪問で彼の家を訪ねてきて、父親に「お宅の息子さんは…」と、その話をした。

まだ小学生だった妹の典子が父親と先生のやりとりをそばで聞いていて、記憶していた。

先生の方も彼の猛烈な怒り方にショックを受けていて「お宅の息子さんはホントに気が強い。あきれました」というようなことをいうと、父親は「親のいうことも聞かないことがあるんです。困ったものです」というようなことをいって、さかんに弁解したらしい。

本人は怒って、机を人がいない方に向かって机を投げたことだけは覚えていたが、なにが原因でそういう怒り方をしたのかは、忘れてしまっている。

彼の性格のなかには、子どものころから頑固な、ある一線からはけっして人と妥協しない、硬質なものがあったようだ。

たぶんこのとき、彼はまだ年齢は少年のままだったが、「ボクはこういうふうにして生きていくんだ」と密やかに自分の理想の領域と妥協しない一線を決めて、生きはじめていたのだと思う。

ＢＳのＮＨＫで佐藤浩市《さとうこういち》を主演にして、藤沢周平《ふじさわしゅうへい》原作の『風の果て』という時代小説をドラマ化していたのだが、その中に、幼いときに父を亡くしている主人公の若侍が義父となるはずの武士にこういわれるシーンが登場する。

「男の子は父親から男たる姿を学ぶのだ。そして、人間には二種類がある。つまり、運命に従って生きる人間と、運命に逆らって生きる人間だ」

これは本章のＰ・156で小柳昌之が「男は精神を父親から受け継ぐ」といっていることと同じ意味だ。

原作の『風の果て』のこの場面を調べると、義父の桑山孫助と婿養子になる上村隼太の会話のなかにこういうやりとりはない。だから、この部分のセリフは藤沢周平の仕業ではない。（８）

このテレビドラマを書いたのは竹山洋《たけやまひろし》という脚本家で、早稲田の文学部でわたしの一年先輩だった人で、紫綬褒章《しじゅほうしょう》までもらっている、ＮＨＫの大河ドラマなどを何作も手がけているその世界の大家らしい。本当は、小説の語り口の精緻さは孫助が生硬なセリフにしているようなことをどう文学的に表現していくかという問題で、その場面で藤沢周平がこの坊主の繰り言のようなセリフを書かなかったのは正解だと思うのだが、テレビドラマのドラマツルギー的には番組のエキスを一時間とか四十五分という決められた枠のなかで視聴者に理解してもらおうとしたら、こういう人間的な本質についてのエキスを簡約につかみ取ったセリフにして、主人公ではない、脇の人間にしゃべらせるということが必要なのだろう。

それにしても、父親と息子との関係の本質は、竹山洋が脚本に書いているとおりで、子は父親の背中をみながら、自分の人生をどうするか、決めていくものなのだろう。その場合、そのままで生きていく参考になる場合と、反面教師のような役割を果たす場合と、二つのケースがあるのだろう。

小柳家の文太郎と昌之の場合も難しいところで、「わが谷は緑なりき」の話を重ねて書くと、文太郎は「わが谷は〜」の主人公と同じように谷間を出ることなく人生を終え（実際の文太郎は七十歳を超えたところで昌之に呼ばれて上京して、東京で没している）、昌之は十八歳、高校卒業と同時に故郷を離れている。これが、運命に従った生き方だったか、それとも歯向かった生き方なのかの見極めは難しい。

わたしの考えでは、人間に二種類あるのではなく、人間の生き方に二種類があるのだ。人間はあるときは運命に従って生きようとし、あるときは運命に抗って生きようとするものなのではないか。一人の人間が、時には従順に、また、別の時には反抗的に生きるものなのではないか。始終、運命に逆らってばかりいたり、運命の通りに、その通りに何もかも受容して生きる人間など、よく考えるといないのではないか。わたしはそう思う。

それにしても、息子に「沈黙は金だ」といって、余計なことをしゃべらないようにしつけようとした父親は、どういう経験があって、そう考えるようになったのだろうか。

父・文太郎の小樽の北海商校から大阪、大阪から小樽に戻って、そこから我路に移り住み、我路で妻のキクヨと恋愛して結婚し、愛する妻との家庭を作り、子をなして、黙々と働きつづけた人生のなかで（夕張製作所を定年退職した後、父親は衣料品の行商人になって夕張のあちこちをまわって、子どもたちに仕送りするお金を稼いでいたという。この話は次章で詳述する）、そういう人生を選んだ、そして、息子に「沈黙は金だ」と語った人生とは、どういうものだったのだろうか。

わたしは、「沈黙は金」という言葉のなかに、人生の悲喜こもごものすべてを封じ込めようとした小柳文太郎の人生を、厳粛な気持ちになって思い起こさざるを得ない。

【註】

（1）夕張市役所広報課しらべ

（2）『わが谷は緑なりき』一九九五年刊　筑摩書房　安野光雅著　P・94

（3）『日本人 はるかな旅①マンモスハンター、シベリアからの旅立ち』二〇〇一年刊　NHK出版　NHKスペシャル「日本人」プロジェクト編　P・143

（4）『日本人の源流～ヒマラヤ南麓の人々』一九八〇年刊　冬樹社　森田勇造著　P・34

（5）『世界文学全集第28巻』一九二八年刊　新潮社　ストリンドベリ著　三井光弥訳　P・126、131
（6）『世界文学全集第一期第十巻』一九五三年刊　河出書房　ストリンドベリ著　山室静訳　P・287、289
（7）『海賊大全』二〇〇〇年刊　東洋書林　デイヴィッド・コーディングリ著　P・3
（8）『颪の果て』一九八八年刊　文春文庫　藤沢周平著　P・186など

第四章　夕張・二　時代と場所の刻印

小柳昌之が少年時代を過ごした夕張川は昔、往年の石炭の採掘が全盛だったころには、掘り出した石炭の塵埃《じんあい》が水に混じって、川の流れが真っ黒だったという。いまは、きれいな、鮎でも棲んでいそうな清流である。川は人間が繰りひろげた激しい営為のときをへて、人間がこの地で歴史を始める前の状態にもどったということなのだろうか。

少年の小柳昌之にとっては、夕張の川の流れは黒いのが当たり前なのだった。

黒い夕張川は彼の宿命だった。

人間は生まれ落ちる場所を自分から選ぶことはできない。それは要するに［宿命］という言葉に属する事柄だが、その時代と環境は、当の本人の人間形成にどういう影響を及ぼすのだろうか。太平洋戦争が終わったあとの、昭和二十年代の北海道で育つということ、それも夕張という谷間で育つということにはどんな意味があったのだろうか。

これは、歴史が同時代的にその時代を生きる人間に対して、どういう影響を与えるものなのかという問題なのだが、このことは人それぞれといった趣《おもむき》もあり、そんな、類型的に語ることのできるような次元の問題ではないと思うのだが、ただ、その時代の気分や空気、風俗のようなものが、個別の人間の生活に及ぼす共通の影響というのは確実にある、とわたしは思っている。

これはくり返しになるが、小柳昌之がＨＡＢＡ研究所を創設したのは一九八三（昭和五十八）年だからいまから三十三年前、四十四歳のときである。創業の年齢としては、一般的に考えるとかなり遅い。しかも、この仕事に関わる前は池袋の盛り場でパブ・レストランを経営していたというから、そのキャリアのねじれに驚く。

それも、話を聞くと、ＨＡＢＡを最初はたったひとりの旗揚げで、臨時雇いのような人たちを何人か集めて、商売を始めたというのだ。だいたい、化粧品会社をひとりだけで始めるなどという話はこれまで聞いたことがないし、創業を奥さんに助けられた、今日の成功は彼女のおかげというのだが、たったひとりで始めて、それが三十何年たったら、五〇〇名の企業集団になっているなんていうことは、よほどの幸運に恵まれなければあり得ない話だと思うのだ。

これはいったい、どんなことがあって、そういうふうになっていったのだろうか。

いまのところは彼がこういうねじれた生き方をしても耐えられるような自分を作りつづけていった、だから、人生のその時点で、そういうことが可能だった、と考えるしかないだろう。

そして、ＨＡＢＡを創業して、三十三年間でここまでたどり着いた。

どう考えてもＨＡＢＡの三十年を解読するための最初の鍵は、それ以前の四十数歳までの彼の人生にあった、と考えるのが普通だ。そして、北海道の夕張（美唄の三年間も含むのだが）が四十数年間のうちの最初の十八年を受け持った場所なのである。

彼は自分の人生を振り返って、こういう。

子どものころ、ボクはものすごいロマンチストだった。将来のことをいろいろに夢見て、将来のことをあれこれと考えて、自分はいったい、将来なにをやったらいいんだろう、なにをやるために生まれて来たんだろうということをずっと考えつづけていた。そういう子どもだったんです。宇宙のことを考えていて、人間の一生はあまりに短いのに、自分がどう生きるべきかがわからなかった。

もうひとつは自分の性格なんですけれど、子どものころからなんですが、性善説でお人好しなんです、根幹が。でも、ボクは自分がお人好しだということを悪いことだとは思っていない。善良だということを、すばらしいことだと思っている。

さらに、もうひとつ大事だったのは、オフクロに愛情をたくさんもらって育った。親父も口に出してはあまりいわなかったけれど、ボクが東京に出たあと、厳しい生活をしながら、田舎で必死で働いてボクを支えてくれたし、本がほしいというと、どんなに無理してでも買ってくれたし、だから、ボクは親から愛情をいっぱいもらって育った、と思うんです。

ボクは子どものときはがっちりと体が大きかったから、全校の番長だったんです。人を虐めるということは全然やった記憶がない。親の影響だと思うんですが、人を許すというか、人の非を責めることができない。攻めきることができない。

途中で、マ、しょうがない、と思うんです。こいつを責めても、こいつも一生懸命にやってるじゃないか、一生懸命にやってもだめだっていうことだってあるじゃないかと。なるべくよいように解釈して、できるだけ人を許そうとする。

そういう意味もあって、子どものころから、自分がこういうことを考えているときに、世界中の人が全然別のことを考えて生きているって、不思議だなあとか、みんながばらばらになにかを考えている、一人一人の人間が全然別の人生を生きてるって不思議だなあとかそういうことをずっと考えつづけてきたんです。

そして、そういうことがあって、いまになって、あの人はあんなひどいことといったり、あんなことしたりしているけど、向こうは善意であれこれやっているんじゃないだろうかと。どうしても人のことを悪い方に考えられない。相手の側に立って考え過ぎるのかも知れません。それだから、前になにかもめごとのようなものがあっても、もう過ぎたことはいいや、と。忘れてしまってもいいや、と。それが根本的なボクの性質なんです。だから、こうやってインタビューされていて、昔の話を聞かれても、苦労とかはしていると思うんですが、なかなか咄嗟には思い出せないんですよ。

そんなことより、明日の方が、十年後の方が大事だと思ってこれまで生きてきた。

ボクは自分のなかに第三者の自分がいるんですよ（胸に手を当て）、ここに。その人がちゃんと見てるわけ。そいつがボクに〈お前、そんな言い方したって、相手はわかんないよ〉とか、〈相手は困ってるんじゃないか〉とか。これはもう最近のことなんだけれど、第三者の立場に立って自分を見ることは経営者にとってはすごく大切なことなんだなということを思い始めた。

物事を自分の立場で考えるんじゃなくて、向こう側の立場に立って見たらどうなのか、そのことを一生懸命に考える、それがわたしという人間の特性かもしれない。

要するに、過去に引きずられて、くよくよ思い悔やんでいる余裕なんかなかった、というのである。ある日、気がついてみたら懐かしく昔を思い出すことのできる生活をしている自分がいた、ということなのだろう。

ＨＡＢＡの創業期の悪戦苦闘とそれ以降の三十年の物語は本書の範囲の外にあり、別に一書を構えるつもりだ。

いまの彼がこういうふうにいっていること自体、彼の人生が成功したといえる証拠のひとつなのだろう。正直さを自分のモットーにして生きてきたから、何度も人にだまされているらしい。そのなかで、彼はなにを学んだのか。お金について、彼はこんなふうに話す。

いまでも人にお金のことでだまされます。そのことがわかったときには確かに悔しいけど、途中でどうでも良くなってしまう。

昔の大学の同級生の一人なんだけれど、昔、当時としてはかなりのお金を貸した人がいるんですよ。ところがその人は、ボクが大雑把なことを利用して、借りたお金を返さない。

彼は、ボクがお金を貸したことを忘れていると思っているんだけれど、不思議なものでね、お金の貸し借りって覚えている。お金というのは魔物だと思う。

うっかりすると、本当にすぐ揉めごとのタネになっていく。だから、まわりの人とうまくやっていくためにはお金をきちんとコントロールしないとダメ、お金をコントロールする唯一の方法は本当に最後の一円まで公明正大に扱うことです。割りカンのときなど、ちょっとでも自分の方が得なようにとか思ったら絶対にダメ。

お金をキレイに扱っていると、あるとき、気がついてみたら、人から、なんでそんなに友達がたくさんいるんですか、といわれるようになった。ボクにはそんなに友人の数を増やそうというような気持ちは全くないんだけれど、一時期、すごい勢いで交友関係が広がった。

勝手に広がっていったんです。それはみんな、そういう人たちなんですよ。お金にきれいな人。きれいな人からきれいな人に広がって、仲良くなっていくという、そういうところがあるんです。ボクは面倒くさがり屋なんで、年とともに昔ほど外に出なくなってだんだんつきあいが狭くなってきましたけれど。

お金とか人との約束とかにきれいな人というのは、そこを共通項にして勝手に（人間関係が）広がっていく。そのことは、常日頃、社員たちにもいっているし、会社の幹部たちにも、お金のことをきれいにしておかないと人間として大きくなっていけないぞ、ということをいっているんです。

これらのこと、彼がここでしゃべっていることの背景には、彼の人間的な本質、善良さとか正直さとか、勤勉とか篤学とか、そういうものすべてをひとつに包んで存在しているなにかがあるのだろう。

それは人間的な力というか、生き方というかあり方、［実存］という言葉を使って説明してもいいのだが、現実のなかでの彼の精神的なありようによって作られている、人間性なのだろう。そういう人格と性格も含めて、さらに、運命を切り拓いていく力、と書けばいいだろうか、とても恵まれているとは言いがたかった環境のなかを必死で生きぬくことで、それらのさまざまのことや生き方を身につけていったのではないかと思う。

最初は親から教えられる生活態度なのだろうが、それが身につけば、やがてそれは彼のなかで［能力］になっていったのではないか。能力であれば、運命を切り拓く力も併せもっているはずである。

幸運を自分のところに引き寄せる、具体的、確実な、誰にでもできるような、生き方のマニュアル的な方法があるとは思わないが、知識を自分のなかにどんどん詰め込んで、自分なりの百科事典を作りつづけていたことも含めて、彼は自分を一つの器として作りつづけていたのだと思う。北海道の夕張はそのための揺籃《ようらん》の地として、十分にその役割を果たしたのだった。

ボクは自分ではこういうことすべてが、自分が北海道という場所、夕張という街で育ったこと、あの父親とあの母親に育てられた、少年時代にいろいろな経験をして、いろいろなことを考えて、それで作られていった性格というか人間性がすべてのことの始まりだと思っているんです。

まず、小柳昌之が成長するプロセスそのものがすっぽりと収まりきる坩堝《るつぼ》としての「昭和二十年代の北海道」とは、どんな時代で、どんなところだったのか、その時代と場所は人間をどういうふうに育て上げようとしたのだろうか。ここでは前章までとは違う逆のアプローチで彼がそういう時代環境のなかでどう成長し、どんな夢を見るようになったのかを描き出そうと思う。

近代の北海道の開拓時代の初期に石狩の荒野に踏み分け入って、その渓流地帯で高品質の石炭を見つけ出したのは、第三章の147頁の年表にあるとおり、政府お雇いのアメリカ人の地質学者ベンジャミン・スミス・ライマンだった。

北海道には維新の開拓初期の時代に何人かの外国人が関わっているのだが、そのなかで一番有名な人というと、わたしたちがすぐに思い出すのはクラーク博士だろう。

この人の胸像は北海道大学の木々の緑がむせかえるようなキャンパスのなかにあり、そこには「少年よ、大志を抱け！」と訳される、「BOYS BE AMBITIOUS」という言葉が彫られたレリーフが添えられている。北海道大学はわたしも先日の取材旅行で札幌市内をあちこちうろつき回った折に、立ち寄って、博士のこのセリフの存在も確認した。博士の名前のついた学生食堂で一グラム一円のビュッフェ形式の野菜サラダを一五〇グラム買って食べたが、美味しかった。

クラーク博士はフルネームをウィリアム・スミス・クラークというアメリカの農学教育の専門

家で、一八七六（明治九）年から七十七年にかけての一年間、日本政府の要請を受けて札幌農学校（現在の北海道大学）に滞在して、Presidentの肩書きで同校の教壇に立った人である。「少年よ〜」の言葉は、日本を離れ、米国に帰国する際に学生たちに言い残した別れの言葉といわれている。この言葉が日本の若者たちに知られるようになったのは、博士の教え子のひとりが同校の創立十五年記念式典でおこなった記念講演でクラーク博士の思い出話としてこの言葉を語ったことからで、北海道育ちの若者たちの精神を鼓舞する有名な箴言《しんげん》として知られるようになった。これも二〇世紀になるころ、一八九〇年代の話である。

「少年よ、大志を抱け！」という科白は、北海道の未開の荒野で生きる男たちのフロンティア精神を体現した言葉として、明治末から大正期にかけて、文字通り少年たちの間で広まっていった。［大志］の内容は人それぞれだったろうが、小柳昌之少年の大人になっていくプロセスなど、まさにこのセリフそのままという感じがする。

［県民性］という言葉がある。これも前出、クレッチマーの類型学に属する帰納法から成立する概念なのだが、その場所が人間の人格形成や性格にどんな影響を及ぼすか、を考察した言葉である。人間の生活が環境に規定される以上、そこに住む人間の共通の性格があるのではないかというものだ。たとえば、雪国の人は性格が粘り強いのではないか、というような話だ。日本には幕藩体制のなかで醸成された地域文化があり、それも県民性という言葉の基礎的な根拠になっている。わたしも県民性という概念はあると思っている。

個人的な記憶を書くと、少年の話ではなく、北海道出身の女の子というか、女性の話なのだが、自分の知り合いというと、もう亡くなられてしまったが、十七歳で上京して、のちに女優になった坂口良子《さかぐちりょうこ》という女の子がいた。

彼女は余市の出身で、わたしが初めて彼女に出会ったのは昭和四十五年だったと思うが、ティーンエイジャー向けの女性週刊誌だった『セブンティーン』の主催する［ミス・セブンティーン］のコンテストで優勝して、集英社＝小学館に口説かれて、女優を夢見て、単身、上京したころだった。まだ、高校生で、学校も東京の高校に転校して、人生を女優に賭けたのだが、これこそ、女の子版の［少年よ、大志を抱け！］だった。

そのころの彼女はたしかにハキハキしていて、冒険心や独立心の旺盛な女の子だったと思う。いま思い出しても、いかにも北海道の大地が育てた女の子という感じがした。

文化人類学的に考察した［北海道の県民性］というのは以下のようなものだ。

国立民族学博物館教授だった祖父江孝男《そふえたかお》の名著『県民性』からの引用である。

祖父江のこのレポートは、冒頭を青森県の分析からはじめて鹿児島県までの分析を終えたあと、最後の部分で北海道について語っている。こういう構成自体が北海道の歴史・風土とそこの住人たちの性向の相関関係を説明する難しさを語っているものである。

また、蛇足だが、この本のなかに沖縄について触れた部分がないのは、本の初版の発行が一九七一（昭和四十六）年のことで、沖縄が日本に返される以前（沖縄返還は翌年五月のことである）

に出版されたものだからだろうと思われる。引用がちょっと長文になる。

じつはこの道産子の場合はいままで述べてきた〝内地〟のケースとは、一つの点で大きく事情が異なっている。いうまでもなく、江戸三百年の長い藩の歴史の圧力を過去にもっていないことだ。その意味ではたしかに伝統の束縛から解放されているのだが、そのためにどの程度「新しく」なっているかについては、慎重に検討する必要がある。内地の人々は（ことに北海道に行ったことのない人びとの場合には）北海道というとその新しさを過大評価する傾向がみられ、なにか内地とはまったく別天地の、文字通りフロンティアを考えがちだからだ。

こうした点に関連して、オーストリアのウィーン大学の若い社会学者、S・リンハルトは、最近「北海道のフロンティア・スピリット――その虚像と実像」と題する興味ある論文を発表している。

彼は日本語は読み書きもしゃべるのも自由にできる（略）、その論文の要旨は次の通りだ。

「北海道開拓の先鞭を切り、フロンティア・スピリットのもとを作ったものとして、一般にもっとも高く評価されてきたのは、士族たちと屯田兵とだが、士族の場合にはその開拓精神の中心にあるのは、士族としての特権意識であり、そうした意識のもとに政府から最善の援助を受け、なによりも好条件の土地を与えられたために成功したのである。屯田兵の場合も同様で、他の一般農民に比べれば比較にならないほど好条件の土地と家、政府の援護を受けたのだ。しかし実際に最低の悪条件下で労働し、開拓を進めたのは、一般農民たちであり、その功績はもっと評価されねばならない。しかし、その農民たちにしても、その価値体系は勤倹貯蓄と克己心などを強調するもので、それは日本の伝統的倫理の延長にほかならない。したがって、これを中核としてできあがった北海道のフロンティア・スピリットなるものが、まったく新しい進歩性と独立心、伝統的価値への反発などを基盤にしてできあがっていると考えたがる一般のイメージは、単なる虚像にすぎないということになる……」

たしかにリンハルトの言うごとく、北海道というところの特異性を、あまり過大評価しすぎることは虚像をもたらすことになろう。しかしそうかと言って、内地との相違点をみないのもまた誤りであろう。（1）

北海道のフロンティア・スピリットについて述べた部分だが、内地とまったく別のフロンティアを連想しがちだというが、フロンティアが単なる開拓天国という意味であれば別だが、未開の原野で、開拓の鋤鍬を待ち受けている大地という意味でいえば、北海道はまぎれもなく、そういう場所だった。

それは明治維新後の北海道に、戊辰戦争で敗れた東北諸藩の士族や屯田兵を志願する食い詰めた元侍たちだけでなく、日本中のあぶれものたちが一攫千金を夢見て、海を渡ったことでもわかる。夕張川の源流域などでは、大粒の砂金がとれて、ゴールドラッシュの噂がたちまち日本中に広がったのである。
S・リンハルトは北海道でいわれているフロンティア・スピリットは、アメリカ合衆国の開拓時代などのフロンティア・スピリットと大きく違うということをいっているのだが、北海道とアメリカ大陸では風土も歴史もまったく違う。そのなかで、屯田兵のフロンティア・スピリットは見せかけで、アメリカの西部開拓みたいな本物じゃない、といってもしょうがないのではないか。祖父江も同じことを考えたみたいで、つづけてこういう。

要するに北海道と内地のあいだに質的な差はないのだが、量的な差はやはり確実に存在すると私は思う。北海道へ渡った移民の一世においては、内地の伝統への忠実な指向性があった。しかし、二世、三世となれば、これは急速に失われていく。日本内地の各県を調べてみて、私が、なにより強く感じたのは、多くの場所で旧藩の圧力がいかに厳然と存在しているか、という点だった。ところがこれは北海道にはない。それだけでも少なからぬ違いだし、だからこそ新しい変化も可能になるのだと思う。（略）
私自身がとくに興味深く観察しているのは、道産子の性格についてであって、男女ともひじょうに都会的な点がみられるのだが、ことに女子の側に特色があるように思われるのだ。北海道生まれの女性の場合、北海道のなかの村落地帯や、あるいは小さな町で育った場合でも共通した特色として、きわめてハキハキしていて物怖じしない。明るくて、とくに男のなかにまざっても平気でどんどん発言し、ウジウジすることが少ないようだ。内地ではこういうパターンは、大都市、とくに東京にはみられるが、北海道の場合は東京に類似するが、ときには東京よりもっと顕著に現れているという感じがする。

こうした現象はどうして起こったのだろうか？　私は北海道における家庭生活、学校生活などのなかに、内地と比べて女性がもっとのびのびできる雰囲気があるのだろうと思う。ことに北海道では男女共学が最もスムーズに根を下ろしたということはよく指摘されることだが、この事実はみのがせまい。（2）

このことは例えば、小柳家的な事例でいうと、文太郎の結婚問題がある。

これは第二章（108頁）でもちょっとふれたが、文太郎が深沢キクヨと知り合って（我路で、文太郎が郵便局に勤めるようになってから知り合ったらしい）結婚しようと考えたとき、北海道一世である小柳五郎は〝うちの息子は佐賀鍋島藩の士族の子弟、あちらは岩手県沢内村の平民で山の娘〟ということで大反対したのだという。二人はその反対を押し切って、自分たちの恋愛を成就させていっしょになったわけだ。

文太郎とキクヨの家庭はそんなふうにしてできあがったから、あまり因習にとらわれない、子どもたちにとっては自由な家だったことがわかる。小柳昌之は「母は無限に優しい人だった」というが、彼の人間に対する優しさ、人を信じようとするところなど、北海道という、厳しい風土、自然環境のなかで親たちがどう生き、どんな家を作ってどう子どもを育てようとしたかということに関連していると思う。

移住してきた人びと（北海道一世）には、前に住んでいた場所で培ってきた生活習慣・習俗・しきたりがあり、それを北海道でも守って生きようとするが、例えば、自分のご先祖様が旧佐賀藩の士分だったことなど北海道で生まれた人間（北海道二世）にはなんの意味もないことで、家柄どうこうということ自体がナンセンスなのだ。以前住んでいた場所で身につけた習俗・風習の代わりになるのがそれぞれの人間的な精神性、自我や自己意識であり、「わたしはわたしが望んでいるような人生を生きたい」という、いまの時代からすればごく自然な考え方だった。

しかし、この考え方が、日本の社会で若者たちの共通の願望・希求になっていったのは、やはり、日露戦争のあと、明治時代が終わって、夏目漱石《なつめそうせき》や森鷗外《もりおうがい》の書くものが当時の大衆に受け入れられ、志賀直哉《しがなおや》とか有島武郎《ありしまたけお》らの白樺派文学者たちの書くものが、当時の若い読者に受け入れられるようになってからのことだと思う。そして、この時期に日本もまた国際社会で独自の立場と文化を持つ国家としてあらためて認知されていったのである。

日本文学の小説世界での近代的自我の模索と確立はそれこそ、一九〇〇（明治三十三）年生まれの小柳文太郎が自分の人生を自分の思うように生きたいと願いはじめた、まさしくそれと同時期に行われた。そして、同じころ、北海道は本州や九州、いわゆる「内地」の江戸時代の残滓、封建遺制ともいうべきさまざまの家にまつわるしきたりや取り決めから解放された、自由な天地として存在しはじめた、と書いてもいいのではないか。
そういうなか、文太郎とキクヨは夕張の谷間で子どもたちを育てることになるのである。
それで、戦争が終わったあと、昭和二十年からの北海道に話がもどるのだが、われらが物語の主人公である小柳昌之は、この年の春に小学校に入ったところで終戦を迎える。日本はもう、産業的にはヨレヨレになって完敗したわけである。

ここのところで、北海道の戦後、太平洋戦争が終わったあと、昭和二十年の夏の終わりから小柳昌之が夕張の町を出る昭和三十二年の春までの年月に、北海道という地理環境をめぐって、どんな事件、出来事が起こっていたか、そのことを周縁経過的に説明していこう。

戦後日本社会にとって、北海道とはどんな場所だったのだろうか。

いま、手元に朝日新聞から出版された、一九一二（大正元）年から一九七二（昭和四十七）年までの五十年間の朝日新聞の紙面を復刻、ダイジェスト編集した『朝日新聞に見る日本の歩み』という四十冊シリーズの画報本がある。（3）

ここに登場する昭和二十年から昭和三十一年までの十二年間の北海道に関係した新聞記事を整理して並べると、面白いことに気が付くのだ。

この時代の北海道について、新聞記事にするに値する地域での出来ごとというと、大きく三つに分かれる。ひとつは石炭のこと、残るふたつはにしんが来たとか来ないとかいう話と、樺太などからの引き揚げのことも含めた北方領土の問題である。そのほかに、大事件としては、昭和二十七年の十勝沖地震、二十九年の、九百人以上の遭難者を出した洞爺丸沈没事故が大きく取り扱われている。しかし、なんといっても報道の主流は石炭のことだった。

終戦直後から昭和二十四年ころまで、デフレで日本中が苦しめられていたころ、北海道の炭坑は何度も記事に取りあげられている。どうしてこういうことになったかというと、戦後の北海道にとっての最初の試練は、［傾斜生産方式］という考え方に基づいて戦後の経済復興のための主役をになわされたことだったからである。

傾斜生産とはなにか。

終戦直後の日本の命運はじつにこの［傾斜生産方式］にかかっていた、と書いてもいいだろう。経済の復興のために、絶対に必要なのは、要するにエネルギーだった。社会インフラ、鉄道や道路網を稼働し、なにかを製造するために絶対に必要なのはエネルギー＝燃料だった。日本は石油を産出しない。外国からの輸入に依存せず、日本国内であてにできる燃料というと石炭しかなかったのである。

［傾斜生産方式］というのは、当時の基幹産業である鉄鋼、石炭に資材・資金を超重点的に投入し、両部門相互の循環的拡大を促し、それを契機に産業全体の拡大を図るという政策だった。

この政策を企画立案したのは、当時の総理大臣、吉田茂《よしだしげる》の私的なブレーンで、東大教授だった経済学者の有沢広巳《ありさわひろみ》だといわれている。

有沢は当時を回想して、こう述べている。有沢さんは昭和六十三年に九十六歳でなくなられていて、このインタビュー自体、いまから四十年近く前、昭和五十二年のものである。

有沢　終戦後の日本経済は虚脱状態で、どう運営していってよいのか混乱状態にあった。それまでは経済統制一本ヤリでやってきたのが、これからは統制はいかんという。当時の商工省にも有力な再建策はなかった。にもかかわらず経済は激しいインフレと物質の欠乏で窮迫を続けていく。生産も荒廃しつくし、二〇年秋には鉄鋼は月産五五万トン、石炭も月産五〇万トン台と昭和十六年度の約一〇％にまで落ち込んでいた。そこで、戦後の経済を立て直すうえにおいて、いったいどこが起爆剤になるかということをわれわれは商工省の役人を含めて研究をやった。（略）とにかく当時はわずかに電力だけがどうにかあった。鉄道はむろんのこと産業用の燃料は石炭しかない。鉄道と進駐軍用の石炭需要を考えると、産業用に回す石炭はほとんどない。だからヤミの石炭を奪い合いで産業界は手に入れて細々と事業を続けていた。そこで私たちの研究会では、産業活動が士気を持つためには、石炭をふやすしかないという問題に焦点がしぼられた。（略）

昭和二一年八月に、ＧＨＱのメモランダムによって戦時補償（戦時下の軍の発注に伴う軍需関連会社に対する未払い金の支払い）の打ち切りがあった。当時の吉田総理（茂。故人）は、「そんな乱暴なことをするから、失業者が出たり、生産会社で仕事ができなくなったところもあるのだ。なんか日本の産業を回復させるような援助をしてくれ」とマッカーサーに頼んだ。するとマッカーサーのほうは、なにが必要なんだということになった。（略）われわれは、ほしいのは、まず重油です。その重油で製鉄をやる。（略）それからトレーラーバスがほしい。無煙炭がほしい。ゴムがほしい。それから鉄鋼と五品目あげた。しかし鉄鋼はアメリカでも不足しているから供給できない。結局、残りの四品目の要求を総理が司令部にもっていったわけです。すると、ゴムだとか無煙炭だとかトレーラーバスというようなものはすぐ差し上げましょう、しかし重油については、日本はいま石炭が不足しているのに重油を入れると、それでいっそう石炭の増産意欲を阻害するから、重油を差し上げるわけにはいかないと言う。しかし、ぼくらの研究からいうと、そういうことはない。われわれは重油を入れてもらって、それで鉄鋼をつくる。その鉄を炭鉱に投入して石炭を増産するのだという主張をした。いったい石炭はどのくらい掘れるかと聞くから、三〇〇〇万トン掘りますと答えた。（4）

昭和二十一年、全国あわせた石炭の産出量は年産で二千万トンくらいだった。そして、翌二十二年はがんばって二千七百万トン掘り出そうという話になっていたのを、これに上乗せしてさらに三百トン増やせば、その増やす分は新しく産業エネルギーとして活用できる。石炭を二割増産すれば、工業製品を四割増加させることができるという計算が立つ。

GHQにこの話をしたのは、吉田茂のフトコロ刀的な存在だった白洲次郎《しらすじろう》だった。

GHQはこの計画に賛同してくれて、その場で、外貨がなければ手に入らない重油を十六万五千トン用立ててくれた。うまくいってはいたが、けっきょく、コトのしわ寄せは炭坑が受け持つという話だった。

具体的に三〇〇〇万トンを出すために、どの山にどれだけ引き受けてもらわなければならないか、そのためにはどんな物資がどれだけ要るのか、という問題を検討することにし、山元の鉱長、技術者に来てもらった。あなたの山ではどれくらいの資材を投入すればどれくらい掘れますかということをみんなから聞いた。そうすると、鉄がほしいとか米がほしいとかお酒がほしいとか、そういういろいろな注文があった。そうした物資を手当てしたうえで、労働者の労働時間を四五分延ばしてくれればできるという。だから本社とは関係なく、直接、政府が指揮してその計画を実施させるようにしたわけです。

これはある意味からいうと石炭の国管みたいな形になる。会社は自分の利益からいって、そんなに掘るのは困るといったが、こちらは排除した。総理が司令部から負った責任を果たさねばならないから、やむをえない。それがこのあとの石炭国管の問題につながるのです（4）

この有沢広巳の証言は戦後の北海道の［宿命］を説明するための、省略するわけにいかない迫真性をもっている。この話のなかからも、昌之の父親の文太郎が勤める夕張製作所が、北海道の石炭産業のなかで果たさねばならなかった役割の重要さがよくわかる。既述のように夕張製作所は［鉄を炭鉱に投入して石炭を増産する］、そのための具体的な石炭掘削の用具機械の製造を受け持った。その部分はこの計画の最も重要、肝心のところだった。

九州の筑豊と北海道の美唄・夕張と、増産のノルマが具体的にどう割りふられたかまではわからないが、本書の第二章113頁で述べたように、九州、北海道とも昭和二〇年から二十五年にかけては猛烈なピッチで、産出量を増加させている。その増産が右記の証言で、炭鉱会社の経営判断ではなく、国家的な指示、命令であったことがわかる。この過激な増産指令によって炭鉱会社が好景気に見舞われたかというと、決してそんなことはなかったようだ。

小柳昌之は「不景気で大きなジャガイモを食べた記憶もない」と幼年時代を回想しているが、これだけの需要過多に陥りながら、石炭産業は不況に喘いでいたのである。

手元に、一つの資料がある。日本石炭協会というところが発行した『石炭鉱業原価解説』という本だが、偶然、古本屋の日に焼けて変色した古書の山のなかから見つけ出したものだが、相当に珍しい資料ではないかと思われる。

経年のために劣化してボロボロになってしまっている。表紙に［主計保存］というペン書きがされている。この本の緒言、冒頭のページにはこう書かれている。

昭和二十一年三月石炭鉱業原価計算関係諸法規並に解説集を発刊してから約二ヵ年を経過した。其の間敗戦の結果に基く「インフレ」の昂進等により急激な社会情勢の変化を来し、石炭の生産原価も二十一年三月頃は屯当り約二五〇圓《えん》であったが、本年三月末の推定では屯当り二〇〇〇圓を超すものと思われる。
斯の如き状勢にも拘らず本年四月以後の石炭買取価格は未だに決定を見ず、一方金融面に於ては其の融資額もその場凌ぎの金額で抑へられて居る結果、各炭鉱の金繰りは極度に逼迫《ひっぱく》し遂月赤字並に未拂金の増加を来し、三月末では全国炭鉱の赤字累計の総額約百四十億圓の巨額に達する見込みであって石炭産業は今や正に瀕死の一歩前に来た状態である。（5）

この当時の炭鉱の苦境を忍ばせる文章だ。石炭産業を逆俯瞰して経済成長を果たし終えて、石油を産業の基本エネルギーとして稼働させる産業構造ができあがった時点から振り返ってみると、これらの地域は、日本の経済復興、成長のための犠牲になった場所ということができるだろう。歌手の下積み時代を支えた糟糠《そうこう》の妻が、ヒット曲が出て売れっ子になったとたんに離婚されてしまうというような、芸能界によくある話を連想させるような仕打ちだ。

そのことに思いをいたすと、夕張・美唄の衰亡はやはり悲劇である。

にしんのことも重要だし、北方領土の問題も重要なのだが、それ以上に重要なのは、政治の問題だった。石炭産業はこれに密接に関係していた。

国政選挙の報道は、北海道に関しては全体の動向の一部としてしか登場しないが、戦後の北海道は政治的には革新勢力、社会党、共産党が特に強い地域だった。これは元々がそういう、士族平民の元の身分に関係なく、都市、炭鉱では等し並みに労働者として働くことが多く、農村では小作人制度が発達していたことと関係があるのだろう。

夕張・美唄地区は、社会党の代議士で、父親の文太郎の顔なじみ（同郷で同じ学校の先輩後輩）だった岡田春夫の選挙区だった。第二章の130頁以下でもちょっと触れているが、終戦直後、GHQが日本政府に要求した農地解放、財閥解体、労働組合運動の確立、男女同権、選挙制度改革などの政策は反対側から照射すると、非常に社会主義的な色彩の強いもので、旧来の政治体制のなかでは実現不可能と思われていたような、例えば、北一輝《きたいっき》が大正時代に書き上げて、昭和維新を標榜した二・二六事件の首謀者になった陸軍の青年将校たちが思想的なバックボーンにした「日本改造法案大綱」で語られた、革命に近いような社会の大改造だった。GHQはこれに平行して、戦争中に何らかの形で戦争協力・戦争遂行に役割を演じた人たちを名指しして、公職追放するのである。

この時期の社会党というか、革新勢力の躍進はひとり、北海道だけの話ではなく、日本全体の変革の動きだった。経緯としてはこういうことである。戦犯が発表になり、追放が行われたのが、一九四六年の一月に入ってすぐのことだった。中村隆英《なかむらたかふさ》の『昭和史Ⅱ』はこんなふうに書いている。

「民主化」の動向はとどまるところを知らなかった。（略）

四六年一月四日、GHQは軍国主義者らの公職追放を指令した。将校以上の旧軍人はもとより、戦時中、東条内閣の翼賛選挙によって推薦を受けた議員、右翼団体の幹部、中央官庁の局長クラス以上、国策会社や国立銀行の重役などは、ことごとく追放の対象となった。この結果、旧翼賛議員を中心とする進歩党は二七四名中二六二名の議員が追放になり、鳩山一郎を中心とする日本自由党も四五名中三〇名が、また協同党も二三名中二一名が追放された。社会党といえども一七名中一一名が追放該当となった。貴族院でも追放の影響で、一五〇名弱が議員を辞職する結果となった。このようにして、政界も官界もまったく混乱状態になり、このなかで同年四月十日の総選挙が実施されたのである。(6)

この総選挙前、一九四五年十二月に選挙法が改正されていて、二〇歳以上の男女がすべて選挙権を、二五歳以上の男女がすべて被選挙権をもつことになっていた。

選挙の方法も大選挙区制、制限連記性という方法が採用された。それまでの有力者が軒並み追放の憂き目に遭っていて、選挙法も一変したので、どんな選挙結果になるか、誰も予測できなかった。進歩党や自由党の議員は多くが追放の打撃を受けたが当然、追放にあった本人も政治家の道をあきらめたわけではなく、地盤を継承する親族や友人など、多く身がわり候補を立候補させたりした。新人が立候補しやすくなったので、立候補者は二七七〇名に達し、にわか作りの小政党が各地に誕生した。当選倍率五・九倍という数字は空前の狭き門になった。

民主化を叫んで党勢を拡張しようとする社会党や、延安から帰国して大歓迎を受けた野坂参三《のさかさんぞう》の意見で、天皇制「打倒」の旗印を天皇制「廃止」に緩和した共産党などはもちろん、各地に成立した小政党を含めると三六三の政党から二六二四名が立候補して、激しい選挙戦を展開した。この結果、党派別の当選者数は、自由党一四〇、進歩党九四、協同党一四、社会党の躍進が目立ち社会党九二、共産党五、諸派三八、無所属八一、合計四六八となった。この結果からも明らかなように、既成政党の継承者である自由党、進歩党を合わせて辛うじて過半数に達するという状況で、政界の再編が一挙に進んだ形であった。協同党や諸派無所属を合わせても、保守対革新の比率は七対三であったといわれる。なお、婦人代議士は予想を上回って三九名の当選をみた。追放はこれ以後も二次、三次と続けて行われ、旧官僚や財界人の多くが追放されて、経済界、言論界等のすべてが陣容の一新を迫られることになった。(6)

こういうなかで、夕張・美唄では岡田春夫が立候補して、初当選を果たすわけである。

岡田春夫については、すでに第二章である程度のことは書いたが、このとき、岡田はまだ三十二歳、青年代議士の誕生だった。彼の引退は一九八六(昭和六十一)年で、十五回当選したというから四十年間の政治家生活だったことになる。第二章でも書いたが、社会党左派に属した。当時の社会党は革新ではあったが、いつ保守派と合流してもおかしくない穏健派から共産党よりも過激な極左までいた。共産党は基本的にソ連のコミンテルンの指示に従って動く、言うことそのまま政党だったが、社会党の方は共産党以外の革新派を全部かき集めたような集団だった。岡田春夫は社会党の最左派のひとりで、一時、党内でもめて、社会党を離脱し、同志を募って日本労農党を結成している。これは、基本、毛沢東の中国と仲良くしてやっていこうという考え方の政党だった。

社会党の左派は細かい話はしないが、前章でちょっと触れたが、じつはソ連の指示通りに動く共産党よりも過激な思想の持ち主が多かった。岡田も政治家として夕張・美唄の過酷な現状を出発点にしてものを考えたら、代議士だからもちろん体制内の存在だが、過激派にならざるを得なかったのだろう。また、普通選挙の翌年行われた、北海道初めての公選知事選びでも、異変があった。

昭和二十二年四月、当時三十七歳で、北海道庁の一係長に過ぎなかった田中敏文《たなかとしぶみ》は社会党に推されて立候補し、最初の公選知事に当選した。そしてこれ以後三十四年にいたるまで十二年間の田中道政がおこなわれたのである。これなどは北海道だからこそ可能になったことだった。(7)

なお、田中はたしかに同庁の林政部森林土木課係長という下級管理職だったが、同時に全道庁職員組合委員長だった。ようするに、労働者の代表だったのである。祖父江は引用文中で「三十七歳」と書いているが、田中は一九一一(明治四十四)年十一月生まれで、当選時は三十七歳ではなく、三十五歳五ヵ月だった。これは公選知事としては最年少で、未だにこの記録は破られていない。

昭和二〇年代の北海道の政治状況がある程度、これでわかってもらえると思う。

なお、蛇足になるが、北海道の苫小牧の白鳥湖のほとりにあるHABAの研修所の庭に巨大な、おそらく日本最大ではないかと思われるさざれ石が置かれている。さざれ石というのは、山陰・出雲地方で算出する、国歌の「君が代」でうたわれている、あのさざれ石である。

さざれ石はふつう大きくても漬け物石くらいらしいが、それが白鳥湖のさざれ石は高さが三、四メートルのものが二個あり、どうしてこの石がここにあるのかというと、もともとの石の持ち主は前出の道初知事の田中敏文だったのだという。田中が政界を引退した後、知事公邸に置かれていたそのさざれ石が数奇な遍歴を経て、小柳昌之の元にたどり着いたのだという。

そして、北海道も含めた日本の様子がごそっと変わるのは、朝鮮戦争が始まった昭和二十五年以降のことである。

まず半島で戦争が始まったのが六月二十五日のことである。そこまで、どうしようもないデフレに苦しんでいた日本社会はこの戦争のいわゆる〝朝鮮特需〟をきっかけに経済が立ち直っていく。そして、この昭和二十五年というのは、日本の大衆文化からいっても、新時代を思わせる兆候がいくつも起こっている。たとえば、映画では『青い山脈』が大ヒットし、藤山一郎《ふじやまいちろう》が歌う、

♪若くあかるい歌声に雪崩《なだれ》は消える花も咲く
青い山脈　雪割桜 空のはて 今日もわれらの夢を呼ぶ♪

という歌詞の同名歌謡も大ヒットした。この小説を石坂洋次郎《いしざかようじろう》は東北の港町を舞台に書いたが、山脈とか雪崩とか、この歌ももしかしたらその頃の夕張の春の訪れにぴったりだったのかもしれない。

この時期は出版史的にみても紙の配給が行き届くようになり、『文藝春秋』が往年の勢いを取り戻し、戦後創刊の雑誌のほとんどが行き詰まって廃刊の憂き目に遭うなか、唯一、歌謡曲と映画をテーマにした娯楽雑誌『平凡』が部数百万部を目指して猛烈なばく進を始める。

芸能界では（当時はまだ芸能界という言葉はなかった。これも大衆娯楽の世界である）横浜ローカルの人気者だった美空ひばりが全国デビューするのが昭和二十四年の秋、翌二十五年には『悲しき口笛』を戦後最大、四十五万枚のヒットにして、あっという間に若い人たちの人気者になって、既成の権威、戦前から歌手活動を続けてきたおばさま歌手たち（具体的な名前は挙げない）を第一線から排除していく。

そしてそれまで、戦争体験、敗戦後の混乱ばかりがテーマになってきた文学の世界でも変化が起こる。

三島由紀夫《みしまゆきお》が現れて『仮面の告白』を発表するのが昭和二十四年、『愛の渇き』の上梓が昭和二十五年のことである。同時代文学の研究家であった文学者の吉田精一《よしだせいいち》は『昭和文学史』のなかで昭和二十五年についてこう書いている。

戦後混乱期の象徴的人物であった太宰治《だざいおさむ》や田中英光《たなかひでみつ》の自決以後、破滅型とか、稲妻型の作家といわれた作家たちは、いちおう消滅し、生きのこった作家たちも「小説の小説」といった実験的作品から脱出をはかり、また戦後派作家の病的といっていい観念過剰の文学も、次第に平静に期していったことにあらわれるし、また「よき古き時代」へのノスタルヂーは、たとえば井上靖といった、やや古風な、しかし清潔で腕のたしかなひとを第一線作家としておくりだすということにもあらわれているとおもう。

太宰や田中が混乱期の象徴的人物だとすれば、のちに中間小説の良心と呼ばれる井上靖は、秩序時代の不可欠の象徴的人物といえるであろう。したがって中島健蔵《なかじまけんぞう》が、この年を戦後文学の終焉に達した年であり、これから現代文学がはじまる年ではないかといい、また荒正人《あらまさと》は〝戦後は一九五〇年で終わった。本当の意味での近代小説は、こんご可能である〟として、三島由紀夫、大岡昇平《おおおかしょうへい》、伊藤整の三人にひそかに期待するといっているのも、予言者荒正人らしい、当を得た提言であった。(8)

それでもって、本当の近代小説の旗手と目されて『仮面の告白』以来、流行作家の筆頭に立った三島由紀夫が昭和二十六年に週刊朝日に連載したのが、北海道を舞台に十八歳の少女が大活躍するという冒険小説『夏子の冒険』だったのである。たぶん、この小説はこの時代に一般の人びとの認識を、北海道をよくわからない事情不明の未開の地から、冒険と危険の待つ、一度はいってみる価値のある（内地で暮らす人びとの）、かつての開拓地とは違う旅先としてのあこがれの地へとイメージを切り替える役目を果たしたのではないかと思う。

のちに日活映画で小林旭《こばやしあきら》主演の『大草原の渡り鳥』などの渡り鳥シリーズは最初から函館が舞台で、そのうち、馬に乗ってギターを片手に、ときにはピストルも撃ちまくるという、無国籍な話になっていったのだが、日本でそういう場所を探すとしたらやはり北海道しかなかったのである。荒唐無稽《こうとうむけい》の映画を、そういう話も日本のどこかにあるかもしれないなと思わせてくれたのは、北海道の広大な原野と漠然とだが戦前の開拓者たちの苦労が私たちの共通のイメージとして存在していたからではないかと思う。

三島由紀夫の『夏子の冒険』は作品的には、肩のこらない、誰が呼んでもおもしろい風俗小説みたいな作品だが、北海道と東京のコントラスト、少女の退屈な日常生活が北海道の原野での冒険を経験して変わっていく様子が楽しかった。

こうやって見ていくと、昭和二〇年代、日本という国にとって飛び抜けて重要だった案件はやはり、石炭のことだった。小柳昌之は、その石炭産業の激動のど真ん中で、親の愛情と甲斐性に包まれて、大事に育てられたのである。

そして、これは新聞記事にはなっていないが、二〇年代の後半には、北海道をテーマに取り上げた歌謡曲が何曲もヒットしている。伊藤久男《いとうひさお》「イヨマンテ（熊祭り）の夜」、「オロチョンの火祭り」、織井茂子《おりいしげこ》「黒百合の歌」などである。

これもやはり、日本の国内で北海道が次第に歌に詠われるようなあこがれの場所になっていった、ということの傍証なのだと思う。歌のテーマは「オロチョン」、「イヨマンテ」、「黒百合」とアイヌの伝説の絡んだものが多いが、そうではないものもある。

昭和二十八年には雑誌の『平凡』が読者募集した歌詞コンクールでの入選歌は二曲だが、二曲とも北海道をテーマにしたモノで、安藤《あんどう》まり子が歌った『毬藻《まりも》の歌』と霧島昇《きりしまのぼる》が歌うことになる『石狩エレジー』が当選している。『毬藻の歌』はいまも唱歌のような扱いで歌われている。そして、『石狩エレジー』は旅芸人（いまでいえばドサ回り、地方巡業ばかりしている歌手）をテーマにした歌で、すっかり忘れられてしまったがこういう歌である。

♪旅の夜汽車でふと知り合った　君は流れのレビューのスター
　窓に頬よせ 涙にぬれながら　都恋しと　都恋しと　ああ 泣いていた
♪きのう乗合　今日また馬車で　流れ流れる石狩平野 ひとつマフラーに
　肩すり寄せおうて　恋はせつない 恋はせつない　ああ あかね雲♪
♪ニレの花散る　港の町の楽屋泊まりが 侘びしゅてならぬ 赤いドレスが

どんなに燃えたとて　どうせちりぢりどうせちりぢり　ああ 旅のはて♪

ネットの『二木紘三《にきこうぞう》のうた物語』のなかでこの歌について、こんな文章をみつけた。

津村謙《つむらけん》の『流れの旅路』と同じく、旅芸人をテーマとした歌です。戦争で交通インフラを破壊され、情報化のレベルも低かった昭和20年代は、今と比べると格段に社会的流動性の低い時代でした。人やモノ、情報の流動性の低い社会は、良くも悪くも安定した社会で、毎日が同じように繰り返される「日常性」が人びとの生活を支配していました。都会はともかく、私が育ったような昭和20年代の村落社会では、そうした傾向が明らかに見られました。

そんな村落社会に1年にいっぺんか2へん、「非日常」を運んできたのが、旅芸人・旅役者たちでした。彼らは、野を渡る風のように、束の間人びとの心にさざ波を立て、すぐに吹き過ぎていきました。子どもたちは、村から村へ、町から町へと移動していく生活ってどんなふうだろうと想像し、その非日常性にちょっぴり憧れました。子どもたちだけではありません。彼らを外（と）つ国の人のように魅力的に感じる男女がたまにいて、ときどき事件が起こりました。それはいっとき、村人たちに話題を提供しましたが、さざ波以上にはならず、すぐに消えました。（9）

歌詞をなぞると、古色蒼然としたものだが、津村謙が昭和二十三年に流行らせた「流れの旅路」

のなかにも「紅いマフラーをいつまで振って名残惜しむかあの娘の馬車は」というフレーズがあるし、鶴田浩二《つるたこうじ》が昭和二十八年に流行らせた『街のサンドイッチマン』の裏面（両方A面だったようだ）の『さすらいの湖畔』などにも「さすらいの乗合馬車の笛の音は旅をゆく子の咽び泣き」などという歌詞が出てくるのだが、本当に北海道などの田舎に行くと、まだこのころ、乗合馬車などというのがリアルな存在だったのだろうか。考えてみると、バスが通らなければ、残る交通移動の手段は当然のことながら乗合馬車のようなものしかなくなってしまう。馬車は戦後の田舎で、案外しぶとく生き残っていたのかも知れない。

　これでだいたい、昭和二〇年代から三〇年代にかけての、つまり、小柳昌之が東京に行って、やがて世界へと夢見た、北海道の状況が描き出せたと思う。

　要するに、北海道にも東京発信の情報が間断なく届くようになっていて、文化的にも、戦後教育を受けて育った人間が、「大志を抱いて東京へ！」というようなことを考えはじめる機は熟していたのである。

　人生について、いきなり戦国武将の謂《い》いになるが、織田信長《おだのぶなが》は「五十年、夢幻の如くなり」といい、徳川家康《とくがわいえやす》は「人の一生は重荷を背負うて遠き道を行くがごとし」といったというが、もし、自分の人生をなにかに喩えるとしたら、小柳昌之はどういうだろうか。

　彼にとって人生とは、いったいなにか。

ボクは、会社を経営していて、経営者というのは船長ではなくて、船そのものだ、と思っているんです。創業の社長は特にそう。本当にそう思っている。ボク自身がＨＡＢＡという船そのものなんです。ですから、いつもどのくらい水が冷たいか、流木にぶつかってイタイ、水が暖かくなってきたかとか、その辺はどうだったかとか、全部、感じているわけです。

船長ではなくて、船そのものなんです。企業の創業者というのは、皆、そういうものなのかもしれない。船そのものから、二代目に移っていくときに船長にバトンタッチされるんです。人生もやっぱり船なのではないか、と気がついた。まあ、最初は、小川を流れる笹舟のように小さな舟で、川の流れのままに流れていって、大人になってもちゃんと水に浮かばない船なのかもしれないし、そのへんの目に見えるようなところでウロウロしているだけなのかもしれないけれど、そのうちに進水して、沖合に出て行くんです。子どものころ、海賊になりたかったということもあるんですけれども、ボクにとって人生は船そのものだと思う。

人生が水の流れをたどる船の旅だとすれば、美唄川、夕張川のほとりで生まれて育った十八歳までの日々は、東京という海に出て行く船出のための準備の日々だったことになる。

小柳昌之本人の記憶では、家では父親が毎日新聞を購読していて、彼自身も活字に飢えたようになって新聞を毎日、熱心に読みふける習慣があったのだという。彼はそうやって、これから始まる人生の船出、航海のための海図を作っていたのである。

真夏だったんですが、宇宙の本を読んで刺激されて、星を見たいと思ったんです。星というのはけっきょく普通に見上げても周りに光があるときれいに見えないんです。透明度がないとダメ、それにはまわりの光を遮断しないとダメなんです。

夕張というのは山の谷間の町なので、けっきょく山の上まで上っていくと余計な光の入らない本当の星空を見ることができるんです。それで、本当の星を見ようと思って、夜、山を登っていった。そして、そこで見た美しい星空というのがボクの一生忘れられない経験になった。

世界ってなんて美しいんだろうとか、なんて広いんだろうと思って、家に帰って世界地図を見直した。これはもちろん、それまで父親の『世界文学全集』を見ていたり、『冒険ダン吉』が南の海を海賊になったりして、好きに行ったり来たりしているのを読んだりしていて、世界ということを考えていたわけですが、自分も世界を旅して生きていきたいと思った。

この地球を海から全部見てみたい、それがボクの出発点なんです。

小柳典子は十代の少年だったころの昌之について、こんな証言をしている。

わたしは兄とは年齢で六年、学年だと七年違うんです、だから、兄が高校三年生だったときにわたしは小学校五年生だったんです。だから、子どもが年上の男の子を見たイメージなんですけれども、兄はいつも本を読んでいた。トイレに行くときとかも本を持っていた。朝起きると、兄はだいたい夜中ずっと起きていて朝まで勉強しているんですよ。母が毎朝、一番早く起きてストーブの火をつけるんです。そうすると、そこに兄が来て、台所のストーブのそばで本を読んでいましたね。

兄はまだ高校生でしたが、もうすでに近所の人から一目置かれていまして、親分というか兄貴みたいというか、そんな感じでしたね。近所の子どもにちょっと家庭教師みたいなことをやってあげていて、勉強を教えたりしていた。もう亡くなりましたけど、近所に住んでいた熊谷さんの小母さん、この人が「マサちゃんは将来、大物になるよっていっていた。勉強の成績は学校で一番だっていう話を聞いたことがあります。あと、女の子がよく、家に遊びに来ていた。下の兄(昌之の三歳年下の弟の佳之)のところにはいつも男の子ばかりが遊ぼうよってきていましたが、兄のところには女の子がいつも訪ねてきていました。

相当に女の子に人気のあるイケメンの高校生だったのではないか。しかし、小柳昌之本人の回顧談によると、高校生の大人になりかかった彼というのは、ちょっと微妙な少年だったらしい。

とにかく、ボクというのはオクテだったんです。小学校五年生のときに、なんかそのへんの木の棒を野球のバット代わりにしてみんなで遊んでいて、それが飛んできて顔にケガをしたことがある。そのときに女のやさしい先生がいて、その人が「泣かないで、強い子ね」と褒めてくれて、なんだか気持ちが微妙にうれしかったことを覚えているんですけれども、小学校時代は学校の成績とかよくて、「お前、よくできるな」って褒《ほ》めてもらっていて、ストレスなしに中学校に上がっていった、わりあいシンプルな子どもだったんです。

それが、中学生になったら、なにかの拍子で「海賊になりたい」と思いはじめた。それと途中から「宇宙」ということにとりつかれた。これが、ボクにとっては自分の仕事選びからそのほかのいろんなことにも影響していくんです。

そのころのボクというのは、本当に子どもすぎて、本当に超子どもだったと思うんですけれども、中学二年生くらいになったら、もう、男と女の子とがわかっていて、女の子を意識してる連中もたくさんいたし、女の子の方もそれをわかっていたと思うんです。

そういうなかで、ボクはあんまり子ども過ぎて、いつも体の大きい女の子つかまえて、相撲を取ったりして。小学生のころは背の高い方だったんですけれど、中学生のころは普通の身長の男の子になっていて、自分より大きな女の子と組み合って、重なり合って倒れたりしても平気でね、遊んでいたんです。

男と女がセックスすること自体が信じられなくてね、あるとき、友だちがそういうことを言ったので、「なにをバカなことといっているんだ」と怒ったことがあるんですよ。それが高校に入って、一橋（一橋大学）にいこうと思って受験勉強し始めたころ、夢精したりするようになって、そのへんからやっと［性］ということを意識するようになっていった。

高校生の、大人になるプロセスのなかで、彼は徐々に自分がどういう生き方をするべきなのか、そのことの大まかな輪郭をこんなふうにして掴み取っていった。

夕張には夕張北高と、南高、それと工業高校とがあったんですけれども、ボクがいった高校は夕張北高という、いちおう進学校だったんです。

進学校といっても、北大に毎年、何人か入れるぐらい程度の学校だったんですけれど、親父からは北大を受けないかといわれたんだけど、ボクはいやだっていった。というのは、高校二年生くらいから将来のことを考え始めたんですけれども、大学受験をどうしようかと思いながら、『蛍雪時代』という受験雑誌を読んでいて、一橋大学というのを見つけた。その学校のページを読んだら、良い先生がいて広い校舎で学生の数は少なくて、なおかつ、みんな卒業後は貿易関係の会社に勤めて世界に羽ばたく、というようなことが書いてあって、ああ、ここに行こう、と決めたんです。

夕張北高は地獄坂と呼ばれる急な坂道を上った高台にあった。地獄坂の異名は遅刻坂で、「ち」

が「ぢ」にナマってそう呼ばれるようになったらしい。モタモタ歩いていると遅刻して、先生に怒られるということだろうか。

調べると、夕張北高は平成六年に廃校になっていた。妹の典子が通っていた夕張南高校が残って、現在は北海道夕張高校という名前になっている。町の人口が減って、高校はいくつもいらない、ということだったのだろう。北高の校舎はそのままに残されていて、現在は、道内の大学生や企業の社員が研修や合宿のために使う宿泊施設になっている。校庭の片隅に「螢光の仲間」と大きく字を刻んだ石碑があり、裏面には

私たちは普通の仲間と違う　職業の苦しみ楽しみを知っている　もっとも親しい仲間

という碑文が刻まれていた。いろんな受け取り方のできる文章だが、夕張の悲しみをひとことに凝縮したような碑面だった。

とにかく、「この町を出て世界へ」というのがそのころのボクの生きていくキーワードだった。いま、考えてみると、あのとき、親父が北大ではなくて、小樽商科大学を薦めていたら、そこを受験していたかもしれません。それで、もう一橋しかないということになって、一橋に受かるためには、英語をもうちょっとやらなくちゃダメだ、と。

それで、それまで勉強したことがないのに、徹底的に英語を勉強しはじめたんです。そしたら、まずいことに、それまでよい成績だった数学の成績が落っこちていってしまった。そのダメな形の成績のままで受験したんです。

こういうことは本人の口からはいいにくいことなのだろうが、学校の成績はある程度よかったらしいが、いびつだったようだ。

中学校のときは数学がよく、高校時代は英語の勉強ばかりしていて、英語はよかったが、数学がよくなかった。上位グループにはいたが、トップではなかったという。

逆にいうと、そういう成績で、一橋大学のような偏差値の高い大学などに入ろうと思ったから、エライ苦労をしたという話なのである。それでも時期が来ると、受験勉強は夜中までやって、明け方に家族が起きてくるのにつきあったあと、少しだけ仮眠をとって、すぐにまた学校に出かけていく、そういう毎日だった。

それで、高校に入って最初のうちは一時間くらいかけて歩いて通っていたんですけれどね、高校三年の時に途中からバスに乗るようになった。それで、いつもいっしょのバスになる女性に一目惚れしたんです。それがわたしの初恋だった。

その子にバスのなかでいきなり話しかけたら、その子がびっくりして。「じゃ、家に来てください」といわれて、その子の家に遊びにいったら、オフクロさんと二人暮らしで。ほかにお兄さんがいて、外に出て働いているということだったんです、どこかの社宅だったけれど、おしゃれな生活していて、水商売ふうの色っぽい雰囲気のオフクロさんだった、水商売ではなかったんですけどね。受験が間近だというのに、その子のところにしょっちゅう遊びにいって、オフクロさんとおしゃべりしたり、そういうことばかりやっていた。

そうすると、受験勉強もいい加減だっていうことですね。高校の終わりころなのに。

そして、東京に受験しに来て、まあ、見事に落っこちた。で、ボクは東京で浪人生活を始めるけれども、彼女と夕張と東京とに離れて暮らすようになると、なんかどんどん想いがいって、一生懸命にラブレター書いたりしていた。

街でその子に似た子を見かけるとドキッとしたりして。

それで、ちょっと時間がたって東京から夕張へ帰省したときに、わたしが東京の生活でやせて、彼女に出会ったんですよ。そうしたら、「小柳さん、あなた東京でもてるでしょう」っていわれて、自分じゃわからないから「いや、よくわかんないよ」っていったんですけれどもね。それで、彼女が、あるとき、夏でしたけれども、二人で山に遊びに行って、小川のほとりで、彼女はボクよりずっと大人だったということなんですけれど、草むらに横になって、いま考えてみると、キスなりなんなり、好きなようにしてちょうだいということだったんですけれども、ボクはなんにもできなかった。手も握れなかったんですよ。なにもしないままで、彼女と別れた。

これは、十代の少年だったころのわたしにも似たような経験がある。心が少年のままで、本当に相手の女の子を好きになってしまったら、かえってなにもできないものなのだ。

少なくとも、昭和の三十年代、四十年代の少年はそういうところがあった。

初恋というのはそういうものなのだと思う。

そして、たぶん、初恋は結ばれずに悲恋に終わる方が、その後の人生が豊かになるのである。


【註】
（1）『県民性』一九七一年刊　中公新書　祖父江孝男著　P・207
（2）『県民性』　P・208
（3）『朝日新聞に見る日本の歩み』一九七四年刊　朝日新聞社　第一巻～第四〇巻
（4）『戦後産業史への証言』～エネルギー革命～』一九七八年刊　毎日新聞社　エコノミスト編　P・12
（5）『石炭鉱業原価計算解説』一九四八年刊　日本石炭協会　発行・編　緒言
（6）『昭和史「1945～89』一九九三年刊　東洋経済新報社　中村隆英著　P・399
（7）『県民性』　P・209

（8）『昭和文学史』一九五九年刊　至文堂　吉田精一編　P・206
（9）二木紘三は、ブログのプロフィール欄にフリーの文筆業、とある。

第五章　浪人三年　東京物語

小柳昌之は十八歳のときに夕張から上京して、東京で暮らし始めたことについてこういう。

夕張というのはね、やっぱりボクにとってはとても狭いところだったんです。子どものころから知識がどんどん広がっていって、地球の話だとか宇宙の話に夢中になって、同じ本を何回も読んだりして、そういう話にかなり詳しくなっていった。

そういう話というのは、時代がたってもそんなに変わっていないです。

やっぱり星雲は一千億だか二千億だか、宇宙には無数にあるとか、そして、宇宙の誕生からの歴史からいうと人類の誕生は一年の終わりの、十二月三十一日の最後の二十三時五十何分にあたるといわれていますからね。それを知ったとき、地球も人間もそんなちっぽけな存在なのか、人生ってそんなに短いのか、ボクはこんなに小さな町で生活していたのか、ということを思い知らされて、たぶんショックを受けたのだと思うんです。

夏のある日の夜、夕張の山の頂上に登って星空を眺めながら、大宇宙の壮大さを知ったときから、天啓のように、子ども心に世界を見にいきたいと思ったのだという。この話はすでに前章で紹介したが、この経験から子どもなりに考えて、世界を見るためには、子どもの自分には足りないものがありすぎ、その中心になるのは、この世界がどうなっているのかという知識で、その知識を身につけるためにも勉強をしなければだめだと考え始めたのだった。

この、彼の思いは少年から大人への成長過程のなかで「自分はなにをするためにこの世に生まれてきたのか」へ、次第にそのことを考えることへと傾いていった。そして、そういうなかで、新聞を毎日、読みつづけていたことで、子どもながらに、向こう側に居る人たちがこちら側（北海道や夕張や石狩平野）をどういうところか理解するのに合わせるように、こちら側にすむ自分たちも東京や外の世界がどうなっているか、だんだんと理解していくのである。

そもそも向こうからこっちがよく見えるようになったということは、逆にこっちからも向こうがよく見えるようになってきた、ということだった。どうあっても東京にいきたいと思った理由は、東京にはちかくに港や空港があり、そこは世界にいくための道の出発点だったということなのだ。

そして、その水先案内人として彼のまわりに、昭和二十年代の大衆文化の状況、いまから紹介する、東京で生活する人たちの作る北海道にまつわる歌謡曲、小説などが存在しはじめた、ということではないか。

ここで、北海道の産業経済の動向から離れて、近・現代の北海道を含めた日本の、大衆文化の歴史的な状況を、主として文学と流行歌に焦点をあてて、その社会意識が成熟していくプロセスを小柳昌之の成長にあわせて検証しておきたい。

どうしてこういうことをやるかというと、彼が上京するのが昭和三十二年のことなのだが、そこには戦争が終わったあと十年が経過したころに日本の社会が持ちはじめていた［力］というのがあり、ある程度の歴史的な方向性、彼を取り巻く生活環境や成長の過程で知識として得たことが彼の背中を押す形で、彼を東京にいかせたと考えているからだ。

また、前章では昭和の二十年代のさなかに、北海道でどんな事件が起きたかを考察したが、それらのことも含めて、昭和三十二年の時点で東京と北海道がどういう位置関係にあったか、それもわかるだろう。

当然のことだが、北海道について書かれたものは江戸時代の末期、明治の初めから多く見られるが、旅行記や見聞録がほとんどであった。

いちいち名前は挙げないが、北海道からさらに北を探検した人びと、近藤重蔵《こんどうじゅうぞう》や松浦武四郎《まつうらたけしろう》らがそれぞれ、自分が旅行した蝦夷地についての当時の生々しい記録を残しているが、これは歴史資料であり文学作品とはいえないかもしれない。

初めて日本の文学史に小説の体裁をとって北海道を舞台にした読み物が現れるのは大正の中ごろで、前述の有島武郎が書いた『カインの末裔《まつえい》』である。有島は生まれは東京だが、北海道の大地主の息子で、十九歳で海を渡った。

『カインの末裔』は厳しい環境の開拓村で生命力と生活力の旺盛な小作人の男を描いた作品だった。これをわたしが初めて読んだのは大学時代だったと思うが、白樺派の作家が書いたものというより、明治時代以来の自然主義作家か、新来のプロレタリア文学ではないかと思ったほど、北海道固有の厳しい生活環境をリアルに描いていた。

北海道発の文学作品というと、やはりこの『カインの末裔』が嚆矢《こうし》だろう。ちなみに有島は薩摩の有力士族の出身で、学習院から札幌農学校（いまの北海道大学）からハーバード大学にまで留学したエリートだった。

この作品を発表したのが一九一七（大正六）年のことで、その五年後、一九二二年に、彼は北海道に持っていた農場を小作人たちに開放、翌二十三年、軽井沢の別荘で婦人公論の記者で人妻だった波多野秋子《はたのあきこ》と首つり心中して自死、という過激な人生を過ごした人で、画家の有島生馬《ありしまいくま》、作家の里見弴《さとみとん》は弟、俳優の森雅之《もりまさゆき》は息子という華麗なる一族の人間だった。

また、カインというのは、『旧約聖書』のなかで楽園を追放されたアダムとイブの間にできた息子、弟をアベルという。カインは弟のアベルを殺し、最初に人間の原罪のつくった人である。

有島はクリスチャンだったが、このタイトルと小説に描かれた世界とその後の自死の事情を組み合わせると尋常でない精神世界が連想できる。

有島と同時代で彼のほかにももちろん、このころの北海道をテーマにしたり、北海道をモチーフにした作品を書いた人たちはいたのだろうが、文学全集に作品を加えることのできた作家は残念ながら、ほとんどいない。

わたしの記憶では、その後の時代の北海道出身の有名作家としては、小林多喜二や伊藤整が昭和の初めころから創作活動を開始するのだが、いずれも作品の発表に前後して活動の拠点を東京に移している。知っていると思うが、小林多喜二は『蟹工船』の代表作を持つプロレタリア文学を代表する作家。一九三三（昭和八）年に特高警察に逮捕され、全身に拷問を受けて獄死している。いずれにしても、彼らの書く作品は、内容は北海道を舞台にしたものが多かったが、本人はすでに北海道の住人ではなかった。

また、この人も昭和になってからだが、時代小説の世界で一九二八（昭和三）年に、のちに時代小説の有力作家のひとりとなる子母澤寛《しもざわかん》（本名梅谷松太郎《うめたにまつたろう》。厚田郡厚田村、現・石狩市厚田区出身）が『新撰組始末記』を発表している。

北海道は新撰組にとっては、副長の土方歳三が五稜郭戦争で新政府軍に最後の戦いを挑んで敗死した場所でもあり、明治に入ってからは新撰組の劇剣師範で組長のひとりだった永倉新八が小樽に隠れ住んで、大正二年には地元の新聞に新撰組時代のことを回想して口述した連載記事が載って話題になった。永倉新八の家はそもそも松前藩士で、娘が暮らしていた小樽を終の住処に選んだのである。

永倉自身はその二年後に没するが、この新聞連載によって、新撰組の幕末の京都での活躍が明らかになり、それまで悪者一辺倒の扱いを受けていた汚名が挽回され、ここから維新の裏面史の書き換えが始まったのである。

大正二年の新聞連載『永倉新八』が小樽新聞に掲載されたときは、子母澤寛は明治大学の法学部を卒業して地元の材木会社に勤め始めたところで、たぶん、この記事を一種の感動といっしょに読みつづけたのではないか。というのは、彼が生まれた梅谷の家というのはもともと徳川幕府の御家人だったのである。御家人は時代によってかなり意味が違うのだが、江戸時代の御家人というのはお目見え以下の家臣、つまり将軍様に直接は会えない下級の家来という意味だ。お目見えの家臣は旗本と呼ばれた。ウェブ・マガジンの『北海道人』にこういう説明がある。

（子母澤寛が生まれた）厚田村は、札幌から北へ約40キロ、日本海に面し、ニシン漁で栄えた漁村である。子母澤寛の祖父梅谷十次郎《うめたにじゅうじろう》はもともと江戸の御家人で、江戸開城ののち彰義隊《しょうぎたい》に参加して戦い、榎本軍とともに箱館に渡り、五稜郭で破れる。降伏した十次郎は、士籍を離れ、厚田村にわたり、旅館を営むなどしていたという。十次郎は「夜になると、子母澤さんを膝の間に入れて、大きな湯飲み茶碗で酒を飲みつつ、江戸の話や彰義隊のこと、五稜郭戦争の話をした」（司馬遼太郎「街道を行く15　北海道の諸道」より引用。）

新撰組の語り部が、なぜ北海道の漁村に生まれたのか、という謎はこの幕末戊辰戦争生き残りである祖父の口承の昔語りにあったのである。（略）新撰組の最後の物語を語り継ぐ場としての北海道——そう思うと、土方歳三や旧幕軍、新政府軍の多くの将兵がこの地に倒れたことも、無為ではなかったのかもしれない。

子母澤寛はその後、一九一八（大正七）年まで、六年ほど北海道で生活したあと上京して新聞記者を始める。そして、記者生活をしながら十年かかって『新撰組始末記』を書き上げ、昭和三年にそれを発表して作家になっていくのである。ちなみに有島は一八七八（明治十一）年生まれ、子母澤寛は一八九二（明治二十五）年の生まれである。

北海道を本拠地にして、生涯北海道を離れずに活動をつづけた北海道生まれの文学者というと、詩人の更科源蔵《さらしなげんぞう》がいる。更科源蔵は弟子屈《てしかが》の出身、この人は一九〇四（明治三十七）年と二十世紀に入ってからの生まれで、小林多喜二（一九〇三年生まれ）や伊藤整（一九〇五年生まれ）と同じ時代の人である。この人も開拓農民の家の出身。小学校の代用教員をしながら、アイヌ文化を研究、アイヌの現実を歌った多くの詩編を発表している。こんな作品だ。

アイヌむっかし　ゆーきのなか　はンたしであるいたとき　ちよかったよ
とーしもしらなければ　にるもやきもしないでしょのままくったとき
たれにもまけないほんと　ちよかったよ

シャモかきて　アイヌ　シャモのまねしるようになる
シャモのたんながいンばるようになる　しょれからはーらいたいの
あーししゃっこいの　おれたちシィカチのとき　はーらいたければ
けんやはんたして　はしったよ　ゆーきかふってもはんたしで歩いたよ（以下略）(1)

シャモは内地人のこと、シィカチは子どもを意味する言葉である。

更科源蔵は北海道という日本文化のなかの局地性の極致にある状況を作品に詠み込んだ詩人だった。当然のことだが、モチーフは滅びゆくアイヌの文化にならざるをえなかった。

右記の作家たちの書いたものや戦後に書かれた三島由紀夫のお嬢様小説『夏子の冒険』、そのあとの、武田泰淳《たけだたいじゅん》がアイヌ問題に真正面から取り組んだ『森と湖の祭』に至るまで、いずれの作品にも共通していたのは、北海道を内地（本州・九州・四国のこと）とは違う、異常な物語の生ずる、特殊な場所として描くものだった。だからここまでは、旧来の内地対北海道という明治維新以来の地理的な対立の構図を文化の基本にして書かれた作品だった、といえると思う。

そして、戦後のそういう文化の状況は、昭和三十年を超えたところで変化する。

経済白書がもはや戦後ではないといい、東京では一橋大学の大学生だった石原慎太郎《いしはらしんたろう》が『太陽の季節』を書いて、新しい文学が誕生したとはやし立てられていたころ、北海道でも『挽歌』というベストセラー小説が誕生している。

『挽歌』を書いたのは、釧路に住むまだ二十代の原田康子だった。

昭和三十一年に原田康子が発表した『挽歌』は、北海道の生活と東京の生活とをまったく文化的な距離を感じさせず、同じ水準の世界として書いた作品だった。

北海道を舞台にした恋愛小説で、日本中で話題になった。この作品はこの年だけで七十万部を売る大ベストセラーになった。前年、話題になった石原慎太郎の『太陽の季節』の実売が二十六万部あまりというから、ヒットの規模の大きさが偲ばれる。

この時点でもしかしたら北海道は僻地ではなくなったと書いてもいいのかもしれない。『挽歌』の舞台は釧路だが、作者は物語を東京であってもおかしくない、日本中のどこで繰り広げられてもおかしくない話として書いている。もちろん、多少の風土の色づけはあるが、それが前面的なモチーフになることはなく、物語の背景として描かれているだけである。

『挽歌』は昭和三十年の六月から約一年間かけてガリ版刷りの同人誌「北海文学」に連載された小説で、原田康子は昭和三年生まれだから、このとき、まだ二十八歳、北海道新聞釧路支局の記者の奥さんだった。同人誌掲載時から東京の出版社と映画会社の両方に目をつけられていたのだという。この本のヒットする、細かい事情は井上《いのうえ》ひさしの書いた『ベストセラーの戦後史1』に詳しい。

これもまたちょっと蛇足になるのだが、今回、この原稿を書くためにあらためて『挽歌』を読み直してみて、これはフランソワーズ・サガンが書いた『悲しみよ こんにちは』にそっくりだなと思った。それは盗作だというような意味ではないのだが、『悲しみよ～』は新潮文庫で読み、挽歌は東都書房の単行本で読んだのだが、『悲しみよ～』は昭和二十九年にいったん別の出版社から出版されて話題になり、すぐに新潮社が朝吹登水子《あさぶきとみこ》の翻訳で文庫本にしている。

原田康子が『挽歌』を書いていたのはちょうどその時期で、章立ての取り方やパジャマをピジヤマとフランス語読みで、しかもyをiと発音した形で書いているところなどは、彼女がフランス語を読めたかどうかわからないが『悲しみよ～』を相当に参考にしたな、という感じだ。（2）『悲しみよ～』は複雑な心理を持つ若い娘の愛の物語だが、原田康子はサガンの作品に込めたテーマを換骨奪胎というか完全に自分の文学世界のオリジナルの表現に昇華して書いた。その意味でも、この時点で北海道はパリとの文化的な距離も昔とはかなり違うところまで接近しているのだと思う。

『挽歌』の筋書きはあまり詳しく説明しないが、若い娘と中年の男の不倫の愛を中心にしていたもので、男の妻も若い男と浮気をしていて、妻は夫がその娘を愛していることと、夫が自分が若い男と浮気しているのを知っていながらなにもいわずにいることを知らされて、絶望して自殺する、そのことによって主人公の若い娘の恋愛も終わりを告げる、という一種の、新しい女性の生き方を追求した悲恋物語だった。

この作品のなかにはアイヌの話も開拓の苦闘物語も登場しないが、たぶん、北海道という場所が物語の舞台だということは、作品の芸術性にとっても大衆性にとってもプラス要因として働いているのである。現に、この作品のヒットによって、翌年の夏には［挽歌ブーム］が到来し、釧路や阿寒に六十万人の観光客が押し寄せたという。（3）

これは一種のディスカバージャパンの走りのような話だが、このことはたぶん、北海道という場所の文化が昭和三十年の時点で日本のほかの場所と同じくらいのレベルまで成熟していた、ということを意味しているのだと思う。それも大衆文化のレベルの話として、である。

小柳昌之の十八歳での旅立ちもそういう位相でとらえて考えられなければならない。

これらの事象の背景には、日本社会が朝鮮戦争以来、ようやく敗戦後の身動きのとれない、インフレ・デフレ状態から抜け出して、高度経済成長の端緒についたという事情があった。

北海道は、ここまで書いてきたように石炭産業の不振に苦しんでいて、ニシンも昔のように豊漁ということもなくなってしまっていたが、やはり日本全体の好景気の恩恵は被《こうむ》っていたのである。これは北海道だけのことでなく、すべての日本の都市がそうだった。このことによって、大都市は新しく様々の産業を興起させて、多くの人びとに働く場所を用意し、それによって、地方で暮らしていた人たちの多くが東京での生活を夢見て、上京したのである。小柳昌之もそういう人間のひとりだった。

戦後の日本社会の人口移動を調べた表を見ると、昭和三十二年が地方から東京に移住する人の人数がピークになっている。この背景には、右に述べてきたような事情があり、映画の『ＡＬＷＡＹＳ 三丁目の夕日』ではないが、地方に住む若者たちにとって、東京は希望と自由にあふれた新生活の、あこがれの場所だった。

そして、この時期、文学作品ではないのだが、昭和二十年代の後半、それまでＮＨＫのラジオ放送しかなかった放送の世界にラジオ東京（現・ＴＢＳ）、日本文化放送（現・文化放送）が誕生し、ラジオの歌番組を通して流行歌が作られるシステムが確立して、昭和二十八年ごろから、［望郷歌謡曲」とも名付けるべき歌が連続的にヒットし始める。前章の212頁でもちょっとふれたが、これと同時期に北海道をテーマにした、織井茂子の『黒百合の歌』などが大ヒットしている。

望郷歌謡曲を歌ったのは主として、春日八郎《かすがはちろう》と三橋美智也である。

春日八郎の『赤いランプの終列車』、『別れの一本杉』、『ふるさとは遠い空』、三橋美智也の歌った『リンゴ村から』、『哀愁列車』、『あの娘が泣いてる波止場』、『星屑の町』などが望郷をテーマにして歌った歌だ。これらは、ふるさとに帰りたいけど帰れないという、東京で仕事を見つけて働き出した地方生活者の心情をくみ取って歌われたものだった。なお、三橋美智也は本人も上磯郡（現・北斗市）の出身で『石狩川悲歌』というヒット曲もある。

また、東京をテーマにした歌も三橋の『おさらば東京』のほかに島倉千代子《しまくらちよこ》の『東京だヨ、おっ母さん』、フランク永井《ながい》の一連の東京を歌ったヒット曲、ちょっと時代が後ろになるが守屋浩《もりやひろし》の『ボクは泣いちっち』があり、それらの歌が可能性に満ちた東京での生活を連想させた。また、はやり歌がそういう人たちの心情を代弁することのできた時代だった。

［故郷を捨てて東京へ］という行動のパターンは当時の若者の最高にエネルギッシュな選択だったのである。ここに小柳昌之の上京した事情を重ね合わせると、戦後の社会で育った若者がどういう夢を見たか、ある程度見えてくる。そして、この共通の背景のなかで、個別の問題として、彼が東京でどう生きようとしたか、その生き方の選択に、やがて人生の形を明確に作り上げていく物語の始まりがあるのだ。

この大衆歌謡のなかの望郷の心情は二十一世紀のいまに至るまで、流行の底辺に存在しつづけていて、本書の最終章に紹介した千昌夫《せんまさお》の歌った『夕焼け雲』、二〇一五年の大晦日の紅白歌合戦に登場して大きな話題になった島津亜矢《しまづあや》の『帰らんちゃよか』などにも受け継がれている。

小柳昌之の北海道からの旅立ちの場合は、東京は目的地ではなく、自分が夕張からずっと培ってきた［夢］を実現させるための最初の一歩で、それが立身出世とか、社会的成功というようなものでない、なんの役に立つのかわからないような［世界を見てみたい］という子供っぽい、というかロマンチックな夢想であったところに大きな特徴があった。

そのとき、自分は子供心に世界中を見たいと思っていたわけです。自分はまだ世の中も見ていない、人生なんて一瞬で終わってしまうんだ、それをそのときに悩みとして持った記憶がありますね。どういう人生を送ったら良いんだろう、なにを仕事にしたら良いんだろうということを子どもなりに真剣に考えた。世界を見たいと思ったんですよ。そして、そういうことに関係することのできる仕事に就きたいと思った。これは、子どものときだけのことではなくて、その後、大人になったあともずっと考えつづけることなんです。

当時、不景気とかなんとかいっても炭鉱で働いていた人たちは良いお金を稼いでいたんですよ。そういう人たちは金遣いも荒かったけれど。夕張にいたころのわが家は全然貧しくて、ほんとにカスカスで生活していました。

夕張というのは山のなかで、映画館はあるけれど、そのころは映画もほとんど見なかったし、外食も一回もしたことがなかった。ラーメンも東京に出てきて初めて食べたんです。

あるいは、映画の一、二回は見にいったかもしれません。『君の名は』という映画があったんですが、あれは夕張で見て、東京にあこがれる原因のひとつになりました。とにかくボクはいつもなにかを考えて（夕張の外の世界はどんなになっているだろうとか、そういうことを考えて）、ロマンチックな夢を見ている、そういう子どもだったです。だけど、同じ夕張で暮らしているにしても、札幌ぐらいは見ていました。

どっちにしても、夕張の町を出ていくんだということは（自分の将来を考え始めた）かなり初めのうちに決めていました。札幌も高校生になってから何度かいったことがあったから知っていたけれど、札幌の街だってボクは小さいと思っていた。別にどうっていうこともない町だった。

東京ということがずっと頭のなかにあった。いつも世界地図を見ていて、上昇志向であれこれと空想に浸っていたボクには北海道は小さすぎた。札幌だっていやだった。北海道は東京から見たら広く大きく見えるかもしれないけれど、ボクにいわせたら小さすぎたんです。

反対に東京は無限に大きく見えましたね。新宿だとか、池袋だとか、上野だとか、いろんな街もあるし、そして、その時分の自分の行動範囲なんてそんなにないですから、東京のいろんなことを知るのに、すごい時間がかかりました。それぞれの街がどんな場所なのかとか、そういうことを。東京は大きな町でした。その思いはその後も変わらなかった。

けっきょく、高校を卒業して上京するときも子どものときから海外にあこがれて、やっぱり世界に羽ばたけるところと、そのころ、明確な意識としてはなかったかもしれないけれど、商売でそういうことをやるというと、けっきょく、商社みたいのを自分の進路に考えていたのかもしれません。それで、現実として海外と一橋大学が一つの組み合わせになって目先の目標になっていったんです。それだけの頭もないのに一橋、受けるぞ、と。で、けっきょく落っこちたんです。それで、そのまま浪人生活に入ったんですよ。

浪人も北海道でやる気はなかった。とにかく、東京でなきゃダメだと、いったん田舎から放たれて、飛び立ったわけです。

商業高校を中退するという学歴の持ち主だった小柳文太郎（昌之の父親）にとっては、優れて学校の成績の良いわが息子に最高の教育を受けさせることは、家という意識にどこまで縛られているかは不明だが、彼の悲願だったのに違いない。

しかし、そのころの、夕張製作所のサラリーマンである小柳文太郎にはたぶん、子どもたちを大学に行かせるだけの経済力というか甲斐性はなかったのではないかと思う。そのことを、彼は次のような形で解決するのである。運がよかったと書いてもいいのかもしれない。

文太郎が十数年、勤めつづけた夕張製作所を定年退職したのは昭和三十年、五十五歳のときである。小柳典子の記憶では、退職金が三万円だったという。不景気風に吹きさらされる会社としては精いっぱいのことだったのかもしれないが、いかにも少ない。

昭和三十年の三万円は、いまのお金に換算するといくらぐらいになるのだろうか。

当時の公務員の初任給が九千二百円だったという。そして、いまの東京の大卒公務員の初任給が十七万五千円くらいだというから、約十九倍、それで計算すると五十七万円という、退職金としては本当にわずかな金額である。これではとても、老後を安楽にというわけにもいかないし、子どもも昌之が高校生、弟の佳之が中学生、妹の典子が小学生と、一番に子育てにお金のかかる時期だった。それで、父親がその、退職金の三万円で始めたのは、夕張の各地に点在する学校の先生たちを相手にした衣料の行商人だった。この思い出を小柳昌之はこう語る。


親父は偉かったと思いますよ。炭鉱会社は全くの不景気で全然ダメだったんです。ボクが高校生になったころかな、勤め先を定年になって、そうしたら、行商人を始めた。いろんなシャツだとか、下着だとか靴下だとか、そういうのを仕入れてきて、親父の目の付け所が良かったのは学校の先生を相手にしたことでした。学校の先生というのは国家公務員だから収入が安定していて、みんな豊かなんです。それで、周辺の学校を全部、順番に回って歩く。

これは下手な商売やるよりも売り上げが大きくて、稼ぎも多かったと思うんです。

親父は小回りのきかない堅物のように見えて、案外、商売上手で、ボクはそういうセンスを多少は親父から受け継いでいるのかもしれない。親父は本当によくやったと思います。

父親の文太郎はすでに第一章で書いたように、元々が商業学校を卒業寸前に中退して、大阪の帽子屋さんに丁稚奉公している経験の持ち主なのである。いわゆる日本的な、売り物を背負って買い手を求めて商売をしにいく、いわば商いの定石はしっかり押さえていた、ということだった。

このやり方は、たぶん、店を構えて客がやってきてほしいものを探してあったら買っていくという商売方法よりも、客筋も見えているし、こういうものがほしいという注文も受けられるし、新しい客筋も見つかるし、社会的なインフラが整備されていない社会（道路や交通網、情報伝達手段が未発達の地域）では設備投資や従業員の人件費が必要な店を構える商売よりはるかに営業効率が良く、賢いやり方だったのではないかと思う。

話が前後してしまうが、浪人した昌之はけっきょく三浪して、三年目の終わりに慶応大学の経済学部に合格し、そこに入るのだが、三歳違いの弟の佳之も同時に明治大学に入学して子ども二人を一時に私立大学に入学させることになる。こうして、行商人をやりながら、東京で暮らす大学生二人の生活費の面倒を見ることになるのだが、これはいま考えてみても、かなりの掛かり（お金の）だということがわかるだろう。その出費を父親はひとりで稼ぎ出し、自分たちも夕張で生活しながら、息子たちに仕送りしつづけたのだから、たいしたものだとしか、書きようがない。その代わり、夕張に残された家族の生活はものすごい節約と切り詰めの生活だったらしいが、そのことは後述しよう。

この父親が行商人として生活の必需品を売り歩いたという、そこのところには時代の変化に関係ない、商売の本質がひそんでいるのかもしれない。

ボクはいま、会社の人たちに「商人道」というのを学ぼうといっているんです。

商人というのは、昔から約束を大事にしてきちんと守ったり、朝早くから掃除をしたりして、いろんなことについて哲学を持ってやっていた。商人の感覚がなくなったら、その会社はおかしくなってしまう、ボクはそう思っています。そして、そのへんのことというのは、親父がいった「約束は必ず守れ」ということでも、そのやり方は、ボクの精神のなかにもしみこんでいる。

小さいときに、家が貧しくて自分のお小遣いが全然なかったときに、親父に飴を仕入れてきてやるからそれを売ってこい、と。そしたら、家も助かるし、お前にも小遣いあげられるからといわれて、夕張の町を飴を売って歩いたことがあるんです。それで、実際にいくらかのお小遣いを自分で稼ぐことができた。子どものときにそういう経験をしているから、商売のことに関しては、行商ということも含めて、ものを売ることで頭を下げることにまったく抵抗はないんですよ。

高校時代に親父の仕事が重なってしまったりすると、お前、仕入れにいってこい、こういってこうしてこいといわれて、衣料品、シャツだとか下着だとか、親父の代わりに札幌の小林っていう衣料問屋だったですけど、何回か仕入れにいっているんです。

これは浪人していたときのことですけれど、父親がケガをして行商にいけないという連絡があって、わたしは急いで夕張に戻って、父親の代わりに学校まわりをして行商して歩いた。それはもうわたしがやらないと、わが家としてはやっていけないからなんですけど、そういうことに抵抗感は全くなかった。実際にいくらかのお金を手に入れることができるわけですし、そういう商いを恥ずかしいとか思ったことはなかった。

世界を回りたいと思っていたという話にもどるんですけれど、子ども心にサラリーマンなんかになったら世界なんて回れない、ということはわかってきますよね。どんなことでもいいから自分で仕事をやんなくちゃいけないなと思っていました。自分で仕事をしている人たちの本を読んで、実業家の本とかも読んでいて、わかったことはみんな苦労している。松下幸之助だって、七回くらい会社をつぶしそうになっている、そういうことがわかるにつけて、商売に苦労はつきものだということもわかっていくんです。

そのときに、東京をどう思っていたかというと、全然見当がついていないんだけれど、わずかな機会に映画で見た世界ですからね。さっきもいったけど『君の名は』っていうのだけ、覚えていますよ。菊田一夫《きくたかずお》の。あの映画を見たのも覚えているし、ラジオ番組でワアワアいっていたのも覚えている。だから、数寄屋橋ってどんな橋なんだろう、数寄屋橋に一度いってみたいと思っていた。ある意味、怖いもの知らずだったんです。

東京で最初にたどり着いたのは、板橋区の板橋だった。もともとは中山道の起点になる古い宿場町が発達したところである。彼の人生が美唄川、夕張川と川筋をたどって生きてきたと書くのであれば、ここでは石神井川がその役目を果たすだろう。

また、板橋区はあいだに北区を挟むが、隅田川の上流域（荒川との分水地点）までもそれほど距離のない場所である。

あと先のことを考えると、ここのところからもう運命の力が作用していたと書いても差し支えないかもしれない。

ここでは詳しいことまで説明しないが、板橋から池袋にかけてのラインは彼にとっては、後醍醐《ごだいご》天皇と喧嘩して京都を追い出されたときの足利尊氏《あしかがたかうじ》にとっての九州太宰府のような、捲土重来のための重要拠点になるのである。

後段で詳述するが、池袋は彼の人生のベースメントになっていった街だった。

最初、板橋にたどり着いたんです。親父が美唄の我路にいたころに選挙のときにいっしょに岡田春夫さんを応援していた同郷の仲間が東京に出てきて、板橋のちょうど下板橋のへんに住んでいた。その人の家に下宿させてもらった。

その家には、ぼくよりいくつか下の高校生の男の子がいて、その子と仲良くなって、いっしょになってワアワアやっていた。一年間、そこにいて受験勉強したんです。

その一年間はまじめな、比較的まじめな浪人生活だった。高田馬場に一橋学院という予備校があったんですが、そこに通って勉強した。だけど、だいたい無理なんですよ。英語を一生懸命やってなんとか追いついている間に数学がダメになっていったりして。この一年間だけはまじめにやったんだけど、ダメだった。

そのときは全然わからなかったんですが、この下板橋というのは大学時代に仲のよい友達になる佐野功太郎の家のすぐ近くだったんです。

一方に、夕張に残った家族の日々というのがあるのだが、これが東京に出た息子への仕送りのお金の工面で大変な苦労だったらしい。この、父親が東京で暮らす息子たちに仕送りしつづける生活は七年間つづく。最初の三年は昌之だけだったが、弟も上京して現役で大学合格したあと、四年間、大学生二人に生活費を送りつづける。

夕張に残った家族の苦労の細かい話は後述する。

板橋で、大学浪人の小柳少年は一年間まじめに受験勉強して、ふたたび一橋大学に再挑戦するが、また落ちてしまう。一生懸命にやったが、結果はダメだったのである。

そして、大学受験がうまくいかなかったことで、縁故の下宿先にいにくくなり、板橋の家を出てアパートを借りてひとり暮らしを始める。

そして、である。

これが、身を持ち崩していく、と書いたら可哀想だが、現実に東京の盛り場で生活していくきっかけになった。新しい引っ越し先は池袋の外れのあたる堀之内という場所の下宿屋というか、朝晩の食事付きのアパートだったが、そこはもう若い男たちが欲望をむき出しにしてギラギラしながら生きている、浮き草のような世界で、大学受験を控える浪人生がおとなしく机に向かって受験勉強していられるようなところではなかった。新しい引っ越し先は百八人の豪傑が集う梁山泊のようなところだったらしい。本人の回想である。

板橋で下宿させてもらっていた家を出て、自分で部屋を借りたのが、池袋の西口からちょっと離れていて、いまはもうその地名じゃないんですが、堀之内というところにあった［大庭荘《おおばそう》］という下宿でした。

この大庭荘は朝晩二食の食事がついた個室アパートで、池袋で暮らしているいろんな連中のたまり場みたいなところで、半分ヤクザものみたいのもいましたし、女を引っかけてメシを食ってるようなヤツもいて、昼間から建物のどこかから女のうめき声が聞こえてくるようなところだったんですけれど、そこにしばらくいましたね。ま、そこにはいろんな人がいて、なにをしてるのかわからないような若い男ばかりが集まって暮らしているところだったんです。みんな年上でしたが、その人たちをあんまり怖いとは思わなかった。

住み始めてわかったんですが、そこは池袋の不良たちの吹き溜まりみたいな住処だった。

わたしもそこで暮らしていたころは、池袋西口を下駄でのし歩いて、なぜか誰にもいちゃもんつけられなかった。

西口にはまだ大きな建物はなくて、立ちんぼの女とか、立ちんぼの女と遊びにいってもぼったくりにあったことはなかった。そんなだったから、毎日遊んでいて予備校もいかなくなっちゃってね、受験勉強なんかしなくなっちゃった。

大庭荘には三十代の男で、デパートに勤めている女の子を自分の部屋に連れ込んでなんかやってる人とか、元ボクサーという人もいて、そのとき、なにをやっていたのかわからないんですけれど、やはり彼女を連れ込んでやっていてその声が聞こえるとか、半分ヤクザみたいで、人柄は悪くなくて、そういう人たちが住んでいました。

ボクはここではそういうもんなんだと思って暮らして、平気でみんなの名前を呼び捨てにして、向こうはびっくりしていました。そんなことでいつの間にか街を肩で風を切って歩くようになっていったわけです。

街が怖くないというか、誰かとケンカしたわけでもなく、ケンカを売られなかったというだけなんだけど、誰かを一度も殴ったという経験もないんですが、どっちかというと怖いもの知らずのところがあるんですよ。道を歩いていると、若いモンがお辞儀をしてどいてくれたりしたから、わりあいコワモテだったのかもしれません。

ただこの大庭荘は、書いたように朝晩の二食付きのアパートだったんです。けっきょくそこはまずい食事で量も限られていたんですが、朝晩は食事があって、昼は食べられない。

昼間、コッペパンとか食べているヤツがいると、ものすごく食べたくなるんだけれど、なにしろお金がない。そのころの記憶では、昼飯が食えなかったというのが一番つらかった。わたしは高校生のとき、体重が八〇キロあったんです。肩幅がウンと広くて、そのころの写真を見るとわかるんですが、カチッとした身体をしていた。そのころはそういう生活をしたおかげで六〇キロくらいまで一気に体重が落ちた。この六〇キロというのが三十代の後半くらいまでつづくんです。そのあと年と共にふえて、六十代では七十二キロになって、七十代になってからコントロールして六十三キロになるんですが、この昼飯が食えないという状況のなかでずっと飢餓感がありました。いまのように飽食の時代じゃありませんからね。

その当時の池袋というのはどんなところだったのだろうか。

インターネットのなかに池袋についての書き込みがあり、そこにはこんなことが書かれていた。

今日、池袋は東京の副都心の一つになっています。

しかし、昭和三十年代の前半までは池袋は戦後の混乱を色濃く残した町でした。

戦後のドサクサ時代に不法建築によりつくられた西口マーケットをはじめ、池袋は長い間物騒な町でした。東京のカスバといわれていました。そのような町にも多くの人が住んでいました。

町は子供達の遊び場でもありました。今日では近代的な都市に生まれ変わっていますが、渋谷

や新宿などに比べ、同じ副都心でもどこか異なる雰囲気を残しているような気がします。(4)

昭和三十年代後半まで、池袋西口駅前には東横デパートがあった。後に東武会館が隣にでき、合併併合されてしまった。当時のデパートは、男子・女子共にあこがれの職場。当時、女性が社会進出できる職場が限定されていた。デパートなどは女性の花形の職場。

また、男にとっても職場に若く美しい女性が多い職場と、男子学生の人気の職場だった。

またさらに、当時は昼休みが三時間もあり、男女で雑魚寝した。(当時はクーラーが無く、従業員の健康維持のために昼間、営業を停止して昼休みとした。)

西口には、なんと昭和三十六年まで戦後のヤミ市の名残があった。ちなみに東口のヤミ市は昭和二十六年に西武デパート建設のために区画整理が行われ、姿を消した。

池袋のヤミ市は、東武線・西武線の農家への足と、朝霞の米軍基地の物資が入る便の良さ。また、空襲でほぼ壊滅したために土地の所有者がわからなくなり、そこにヤミ市が占領した。

話は変わり、昭和三十三年にあのミスター長嶋茂雄《ながしましげお》が立教大から巨人軍に契約金千八百万円という法外な金額で入団した。(いまの三億円近い価値がある。)池袋は大フィーバーした。(5)

「東京のカスバ」という話はちょっと説明が必要だろう。カスバというのはアルジェリアの首都アルジェにある旧市街の一部の名称で、現在は世界遺産に指定されている。

この町が悪の巣窟のようにいわれはじめたのには原因があって、戦前にジャン・ギャバンが主演して作られた『望郷』というフランス映画が発端だった。主人公の指名手配されたギャングが逃げ込んで暮らしているのが迷路のようになった町のカスバだったのである。

実際のカスバがそういう町だったかどうかはわからない。映画が作られたのは一九三〇年代で、いまから八十年以上前のことである。そのころのアルジェリアはフランスの植民地だったから、たぶんそんなに豊かなところではなかったのではないかと思う。フランスの犯罪者が隠れて暮らすことのできる町だったかどうか、たぶん可能だったのではないかと思う。

『望郷』は主演女優のミレーユ・バランが美しくギャング映画にしては非常に叙情的な作品だった。わたしも若いころ、テレビの名画座かなんかでこの映画を見ていて、ぺペル・モコ（主人公の名前）ってなんてかっこいいんだろうと思って、劇中で主人公が来ていた白い長袖のオープンシャツを新宿のＩＳＥＹＡまで買いにいった記憶がある。

カスバが悪所だというイメージの発端はこの映画だが、戦後、そのことを全国的に定着させたのは『カスバの女』という流行歌だった。これは、最初、一九五五（昭和三十）年にエト邦枝《くにえだ》という女性歌手が歌って、そのときは全然ヒットしなかった歌だった。こういう歌詞である。

♪涙じゃないのよ 浮気な雨に ちょっぴりこの頬 濡らしただけさ
　ここは地の果て アルジェリヤ どうせカスバの 夜に咲く 酒場の女の うす情け

♪唄ってあげましょ わたしでよけりゃ セーヌのたそがれ 瞼《まぶた》の都
花はマロニエ シャンゼリゼ 赤い風車の 踊り子の 今更かえらぬ 身の上を

♪貴方もわたしも 買われた命 恋してみたとて 一夜（ひとよ）の火花
明日はチュニスか モロッコか 泣いて手をふる うしろ影 外人部隊の 白い服（6）

調べて初めて知ったのだが、わたしはエトが苗字で邦枝という名前の人だと思っていたのだが、そうではなく、本名が笠松《かさまつ》エトで、エトが名前で邦枝が苗字、［くにえだ］と読むのだった。歌がヒットせず、彼女は歌手を引退して、そのあとバスガイド相手に歌唱指導をやっていたという。

埋もれたままになっていたこの歌を一九六七（昭和四十二）年に緑川アコという歌手がリバイバルで大ヒットさせて、そのあと、あの時代の無国籍な雰囲気にマッチしたからか、たちまち競作状態になり、エト邦枝はカムバックしてくる、竹腰《たけごし》ひろ子、沢《さわ》たまき、扇《おうぎ》ひろ子らがレコードをだし、青江三奈《あおえみな》から藤圭子《ふじけいこ》からちあきなおみから、みんなこの歌を歌うという状態になっていったのである。

池袋西口を［東京のカスバ］と書いたのは、作家の五木寛之《いつきひろゆき》で、『青春の門・第二部 自立篇』という小説のなかでだった。西口の酒場に売られていった幼なじみの少女を助けるため、店に談判に乗り込む場面である。こういうふうに書いている。

池袋の町は、ようやく暮れようとしていた。

西口のマーケットの一画には、すでにネオンと、流行歌のレコードと、ヤキトリの煙とがあふれて、そこだけ別の通りより早く夜がやってきているように見える。

信介は西口マーケットの外側をぐるりと歩き回り、大体の地理を頭におさめた。それから、迷路のような路地を端の方からゆっくりたどっていった。そこは以前、古い映画で見たアルジェのカスバを思わせる場所だった。小さな一間ほどの間口の雑多な店が入り組んでつづいており、ベニヤ板とトタン屋根と、傾いた軒と派手な看板、そしてモツや、煮込みや、いろんな種類の匂い、そして水たまりと、臭気が混じりあって渦を巻いている。

昼間から酔っぱらった労務者たちが大声で叫び合っている店があった。太腿までスカートをめくりあげ、うちわで風を送っている乳房の大きな娘もいた。（略）何列にも重なり合い、つながりあって迷路のようにつづくマーケットには、その場所に独特の雰囲気があり、何か顔をそむけさせるものと、逆に気持ちをホッとさせるものとが感じられた。（7）

物語のなかでは、けっきょく、主人公は店で「この子を帰らせてくれないか」といって、ヤクザものに殴られるのである。

『青春の門』は五木寛之の創作の小説だが、たぶん池袋の西口は実際のところ、戦後もっとも長いあいだアナーキーで無秩序の状態がつづいた場所だった。

話を堀之内の大庭荘にもどすが、小柳昌之がいた下宿屋アパートに連れ込まれてしまったデパートガールというのは、東武デパートではなく、東横デパート（東急）のデパートガールだったにちがいない。これは西口の駅前の繁華街がどんなふうにしてできあがっていったかという経緯と関係がある。いまは東武デパートを中心に広がっているが、昔はこんなんじゃなかったのである。昭和三十年代の中頃には、池袋は東口に西武、三越、丸物、西口に東横があり、昭和三十七年に東武百貨店がオープンした。東武はデパートとしては五番目の参入だった。資料にこうある。

池袋西口の区画整理は東口に比べ遅れていたが、昭和35年ごろから進展しはじめ、東武百貨店がオープンしたのを契機に、西口再開発や副都心整備がクローズアップされた。

36年にマーケット街（闇市）が撤去され、以後、跡地の西口駅前広場の整備や街路舗装が着々と進められていった。37年5月には中央地下道が開通。（略）地元商店街とともに西口発展に協力している。

こうして西口再開発が急速に促進していくなかで、東武百貨店は、オープンして2年目の39年6月1日、東横百貨店池袋店を買収した。東武百貨店は当初から売り場面積が狭いため、オープン後も（隣接している＝註）東武会館の一部を改修してその拡張を図ってきた。しかし、十分な規模とはいえず「百貨店ではなくようやく五十貨店だ」といわれていた。
同店がオープンするまでの池袋の西口には、百貨店としては東横百貨店のみが営業していた。東横百貨店池袋店は、25年12月にオープンしたが、その後の周辺の発展ぶりに比してその規模は小さかった。37年から、西口に2店舗が軒を並べて営業することになったわけだが、いずれも規模が小さく、顧客や地元の要望に十分こたえられないきらいがあった。（略）
協調体制を進めていた当社と東急の両事業団は、このままでは地域の発展のためにも顧客のためにも好ましいことではないとして、池袋西口の百貨店営業を1店に統合する方向で交渉を進めていったのである。
当時、東横百貨店は白木屋買収による借入金があり、その返済資金を求めていた。いっぽう東武百貨店は売り場面積の拡大を図っていたので、両者の事情が合致して、東武百貨店が東横百貨店を買収するかたちで交渉が成立した。（8）

これによって、東武百貨店の営業面積は一万四千平米あまりから三万千二百あまりとなり、都内百貨店では九番目の営業面積を有することになって、東口の西武、三越と併せて、かなり広大な商業地としての核の部分を形成することに成功し、やがてパルコなども出現して、池袋は渋谷、新宿と並ぶ副都心として、昭和四十年代後半の大発展期を迎えるのである。
小柳昌之と池袋との関わりは、最初は下板橋から始まり、北池袋、いろいろあって大学時代には板橋区板橋、時間の経過のなかでかなり池袋という場所が頻繁に姿を現す。そして、二十代の終わりに大学を卒業したあと勤めていたフタバ食品を退社したあと、ＨＡＢＡ研究所を創業するまでの約十年間、池袋はもっとも勢いよく発展をとげる。その時代、彼は池袋の西口の、ヤクザもの、遊び人、浮かれ女、あらゆる、東京という街の雑多な人間がうごめくように暮らす、夜の池袋で、パブ・レストランのオーナー＆マスターとなって生活している。

池袋は振幅の激しい彼の人生の基本的なベースとなったと書くべき街だった。

それにしても池袋くらい、いろいろな要素が寄せ集まった街というのも珍しい。

中核の山手線の池袋駅ができたのは明治の終わり、一九〇九（明治四十二）年のことなのだが、この周辺は江戸時代には鬼子母神と護国寺があるくらいのひなびた田舎だった。

それが明治に入ると巣鴨刑務所、雑司が谷霊園、豊島ヶ岡御陵、宣教師館等ができ、山手線が開通したことでこれに前後して学校がたくさんこの地に作られたり、移ってきたりする。立教大学、大東文化大学、豊島師範学校（のちに東京学芸大学に統合）、自由学園、考え方によっては目白にある学習院大学や日本女子大もこの学園文化圏に内包することができるかもしれない。

成蹊大学も池袋が発祥の地である。渋谷や新宿、上野や銀座などにはもと刑務所の跡地とか、広大な墓所というようなものが隣接して複合的に存在しているということはない。

芸術文化的にも音楽的には鬼子母神に隣接して、作曲家の池辺晋一郎《いけべしんいちろう》や小六禮次郎《ころくれいじろう》を輩出した、日本最古の私立音楽学校である東京音楽大学があるし、美術の分野では戦前は池袋モンパルナスと愛称された南長崎、要町周辺のアトリエ村でたくさんの有名無名の画家たちが活動し、戦後は南長崎三丁目（当時は椎名町五丁目）に手塚治虫《てづかおさむ》が住み始めたアパートにそれこそ、いまは巨匠になってしまった多くの漫画家達が蝟集して、一大サブ・カルチャーゾーンを作り上げた。これが、［ときわ荘伝説］である。

また、文学に関していうと、いまは立教大学の敷地の一部になっているが、戦前戦後を通じて、大衆文学の最大の巨人のひとりであった江戸川乱歩《えどがわらんぽ》の居宅があったところで、この屋敷はいまも、［旧江戸川乱歩邸］として保存されていて、見学が可能である。

また、もうちょっとで講談社のある音羽という雑司ヶ谷の谷間、宣教師館からすぐのところに、戦前、サンカ文学の作家として著名だった三角寛《みすみかん》の屋敷があり、そこはいまは寛という料亭になっている。池袋の駅を中心にした地図を見るとわかるのだが、これらの重要な場所が池袋の周縁をずらりと取り巻いているのだ。

ところが、不思議なことに駅前の北口から西口の右半分にあたる地域には、そういう歴史的由緒とか、教育的な施設とか、そういうものが全くないのである。

遠くの方に、豊島法務局と昭和鉄道学校があるのだが、まるで、東京芸術劇場と立教大学がぎりぎりの文化の限界線のように存在している。

そして、そのラインから右側の一帯はそれこそ、本当に喧噪の巷で、要するに男のための歓楽街である。これはけっきょく池袋の西北にあたる地帯なのだが、要するにこの地域は他所のように高級な市民文化的なにおいがまったくせず、濃厚に大衆のための様々の娯楽が入り交じって存在している場所だった。

新宿でいったら歌舞伎町、渋谷でいったら道玄坂の駅から見て右側にあたるような地帯なのだが、池袋の場合はいまの現象を見ても、北口に大変な数の中国人が集まってチャイナタウンを作りそうになっているところを見てもわかるし、この地域も、ちょっと離れると在日の韓国人の人たちが店を構えている地帯があり、一時代前は、北口の主たる住人たちが在日の朝鮮から来た人たちだったこともわかる。

そして、池袋の西北の地域は中心部は歓楽街だが、その広がりはそういう下層というと語弊があるが、その日暮らしの人たちに非常に優しい町だったということもわかる。

小柳昌之が紛れ込んで住むことになった昭和三十年代にこの［堀之内＝現・北池袋一帯］がどんな街だったかは、本人の回想に頼るしかないが、インターネットでいろいろと調べていて、おもしろいデータが出てきた。

これもわたしの個人的な経験だが、昔、出版社に勤めていて、販売部で書店まわりをしていたころ、東京で一番家賃の安い家を調べてみようと思って、都内のアパートの家賃を行く先々で調べて歩いたことがあった。

一九八九（平成元）年だから、いまから二十六年前である。そのときに見つけたのは六畳一間のアパートで風呂なしトイレと洗い場は共用だったが、場所は江戸川区の小松川で、最寄り駅は新小岩で家賃一万五千円という物件だった。

このころは、不動産物件は売買も賃貸もけっこう高値の時期だった。いまはそういう情報はインターネットに集められていて、歩き回って調べることもなくなったのだが、それと同じことを思いついて、［東京都内で一番安い賃貸不動産物件］という項目を立てて検索してみた。山手線沿線で月の払いが三万円以下という物件は全部で九十三軒あるのだが、これを駅別に数を上げていくと、以下のようになる。

大崎2　目黒3　渋谷1　新宿・新大久保2　高田馬場9　目白4　池袋28　大塚12　巣鴨8
駒込11　田端8　西日暮里16　日暮里5　上野2　御徒町1　……

現在の数字である。これを見ると、池袋と大塚がどれだけ貧乏な人間に優しい町かがわかるだろう。

ちなみにだが、池袋の最安値の不動産物件は毎月の家賃二万円、池袋徒歩十五分、上池袋三丁目、築四十一年2階建てワンルーム、10平米　敷礼各一万円という物件だった。上池袋というのは北池袋駅（旧駅名・堀之内）の進行方向右側の町である。旧地名も堀之内だ。豊島区の町名由来で調べると、堀之内は上池袋一丁目から三丁目までと池袋本町の一丁目なっている。

北池袋＝旧地名・堀之内で育ったイラストレーターの安斎肇《あんざいはじめ》は同様に東武線の沿線で育った爆

笑問題のラジオ番組に出たとき、この町を日本のメンフィスと呼んでいる。これは、メンフィス自体を知らない人もいるだろうから、説明が必要だろう。(9)

メンフィスというのは当然地名なのだが、世界史上に二カ所ある。一つはエジプトの古王国の最初の首都で、古代の遺跡が残っていて、これは世界遺産になっている。しかし、たぶん、ここでいわれているメンフィスはエジプトではなく、南北戦争のころから綿花の集散地として発展したアメリカのテネシー州のメンフィスだと思う。メンフィスでいまに至っても有名なのは、まず、古い洋楽ファンは知っていると思うがアメリカ初の白人ロックンローラー、エルビス・プレスリーの誕生の地である。また、十九世紀から多くの黒人奴隷が働かされてきた町で、ソウルやブルース、ロックンロールやカントリー・ミュージックなどの様々のアメリカ音楽の発生・発展の中心になった町で、チャック・ベリーにはこの町を歌った『メンフィス・テネシー』というヒット曲があるし、ジョニー・キャッシュ(わたしは若いころ、お前はこの人にそっくりだな、といわれたことがある)、ジェリー・リー・ルイス、カール・パーキンス、ロイ・オービソンほか、いちいち名前を挙げられないいくらいの大物歌手がこの地でレコーディングし、ヒット曲を飛ばした町である。この町はまた、六十年代の公民権運動の中心地でもあり、キング牧師は一九六八年にこの地で暗殺されている。

それが北池袋とどう似ているのか、いくら考えてもわからないが、なんかそういうブルースとかソウルミュージックが生まれそうな猥雑で、混沌とした雑踏、エネルギーの坩堝というようなことなのかもしれない。

北池袋＝堀之内について、ネットのなかで、こんな書き込みもみつけた。

キャイーンのウド鈴木《すずき》の話だ。

お笑いコンビ「キャイーン」の天野《あまの》ひろゆきさんは以前、北池袋に住まわれていました。東武東上線北池袋から程近い上池袋に住まわれていたとのこと。ご出身の愛知県から静岡県内の大学へ進学。その後上京し、向ヶ丘遊園で暮らした後、上池袋へ転居。

天野さんが上池袋に住んでいた当時、相方のウド鈴木さんが池袋で飲んで、朝、気がつくと池袋駅前の電話ボックスの中でパンツ一枚とボロボロのシャツだけ着ている状態で財布や服なども無くなり、一文無し状態になっていて、池袋駅前の交番に駆け込んで電車賃を借りようとするも貸してもらえず、当時、上池袋に住んでいた天野さんの家までウドさんがボロボロの格好で、池袋駅前から歩いてお金を借りに行った事があったそうです。

ウドさんは池袋駅前からパンツ一枚とボロボロのシャツという格好で数百メートル歩き、もう少しで上池袋の天野さんの家という所で、限りなく不審な姿で歩いているウドさんを見つけた警察官に捕まり、再び池袋駅前の交番に連れ戻されてしまったとのこと。(10)

いかにもウド鈴木らしいエピソードである。

さてここで、もう一度、十九歳の、堀之内のまずい食事しか出ない下宿アパートの一室でくすぶっている小柳昌之の話にもどろう。まず、彼がどうして身を持ち崩していったかというと、彼はここで酒を飲むことを覚えたのである。それは相当に猛烈だった。こういう具合である。

浪人二年目に入るころのはなしなんですけれども、けっきょく、お酒を覚えて、勢いにまかせてガンガン飲むようになったんです。酔うのも知らないぐらい。ホントにお化けみたいにウィスキーのラッパ飲みをやってあとで吐いたり。出入りし始めたバーのカウンターにある酒を順番に注文して飲んだりして、そんなバカなことばかりやっていて、あんまり二日酔いもしなかったんですけれど、吐いたことはあります。

それで、親父は最小限度のお金を送ってくれていたんだけど、全部、呑んじゃう。わずかなお金を送ってもらいながらそんなことばかりしているから、すぐにメシが食えなくなっていく。若い女の子がウロウロしているような環境のところで受験勉強なんか身が入るわけがなくて、浪人も二年目だったんですが、遊んでばかりいた。それで、そういうさなかに男と女のことも経験したんですけどもね。

まあ、そんな生活が始まったのですぐにバイトをやらないと食べていけない状態になるんです。

二十歳の彼がどんな若者だったか、そのころ撮った写真を見ると、大学の入学試験のために撮影した証明書写真があるのだが、けっこう精悍な、男っぽい顔をして写っている。

こういう顔の男を好きになる女もいそう、という個性的な雰囲気の若者である。

妹の典子は「俳優の小林旭にちょっと似ていて、けっこういい顔していたんです。長男（昌之より十歳年上の勝士郎）も若いころは鼻筋がすっとしていて、面長でなかなかいい男だったんです。ちょっとそれに似ていた」と証言している。

ちなみに小林旭と小柳昌之は同学年で二ヵ月違いの生まれである。彼はこう回想する。


ヘンな話、子どものころ、ボクはウチの兄貴の顔をすごくかっこいいと思っていたんですよ。それで、自分は普通の顔だと思っていて、大人になったら兄貴みたいな顔になりたいな、と思っていた。だけど、高校生のころは色が白くて、身体は固太りというか、横にガッと広くて、ブタの猪八戒っていうあだ名だったんですよ。だから、自分のなかにはナルシシズムみたいのもなかったから、自分のことをいい男だとか思ったこともなかったんですよ。ところが、東京に出てきて、自然にやせていったんです。それで、いま、年をとって人間の心理とか、ある程度わかるようになって、思い出すんですけれども、いま思うと、あのとき、あの子はオレのこと好きだったのかもしれないなあ、オレは若いころもっと、女遊びとかできたかもしれないなあとか思うことがあります。

このときの彼が客観的に見て、受験生としてではなく、若者としてどのくらいのいい男で、魅力的で素養・教養を持っていたかはよくわからない。

ただ、受験生として考えると、国立大学の入学試験には合格者に一つの型があり、理科、数学、国語、英語、社会と均等に成績が優秀でなければ合格しない。

個人的な思い出を書くしかないのだが、わたしは高校時代、数学と理科が苦手だった。それで進学コース選択のときに、国英社の三科目で受験が可能な私立大学の文化系を選んだ。もともと早稲田か慶応の文学部志望だったので、それは自然な選択だった。その三科目だけだったら、ある程度自信もあったし、学力試験の成績も良かったのである。

自分がこういう成績になっていったのは、好きな勉強しかしなかったからなのだが、国立大学を受けるということになると、そういうわけにはいかない。だから若いわりに物知りだとか教養があるとかいっても、それは受験生として、たとえば東大だとか、一橋大学だとかを受けるということになると、そういうわけにはいかない。

話はまた、別なのである。

彼は高校時代から新聞を毎日きちんと読む習慣があり、浪人するようになってからもそれをつづけていたというし、読みたい本があると、時間を割いて読み、映画も洋画が中心だったらしいが、見たい映画があると暇を見つけて見にいくようになる。どんどん雑学博士みたいになっていったのだが、それとこれとは別問題で、やはり、国立大学向けの受験勉強を身を入れてやっていたとはいえないのだろう。

　このままじゃダメだということで、今度はまた別のところに引っ越すのである。

　こんなところにいたら、受験勉強なんか全然できないし、永久に大学なんか合格しない——、そう考えたのだという。

　大庭荘の生活に見切りをつけるのが入居して八ヵ月後のことである。ちょうど、同郷の夕張から来ている、彼と同じように受験勉強をしている浪人生が住むところを探していたのだ。

　それほど仲のいいヤツじゃなかったというのだが、なにしろ同郷で同じ浪人の身である。なにかの拍子に「オレ、いまのとこを出てアパートを借りようと思うんだ」といったら、オレも探してる、いっしょに借りないか」と相談を持ちかけられる。いろいろと物色してアパートを見つけ、二人でシェアして借りていっしょに住もうという話になった。

　そのときに見つけたのが西武池袋線の江古田にあるアパートだった。

　友だちとこのアパートで暮らし始めて、彼の生活は大変なことになっていく。

　堀之内にいたころは朝晩のまずい食事は食べられたんですが、昼飯を食う金がなくて始終飢餓感につきまとわれていた。そのことはやっぱりわたしに非常に大きな影響を与えたと思います。とにかくお酒を飲むのが好きでしたから、金儲けしたいとかいうことよりも、好きなものを食べたいとか好きな酒を好きなように飲みたいというような思いが強かった。

それで、江古田のアパートに移ったとたんに、さらに食べられなくなった。アパートというのは下宿のように食事がついているわけじゃないから、お金がなければなにも食べられない。仕送りがあると、酒を飲みにいったりしてすぐになくなっちゃう。そうこうしている間にいっしょに部屋を借りたヤツがだまって田舎に帰ってしまった。最初、彼は家賃分をちょこっと送ってきたんだけれど、二人で借りているわけですから。それもなくなって、今度はボクが生活できなくなった。食事代がない。仕送りしてもらったお金は全部、酒を飲むのに使ってしまって、まったく食べれない状態になった。

最後は絶食……、最後に五十円残ったので、そのころ、タバコを吸っていて、新生を四十円で買って、残った十円でもやしを買って、それを醤油をかけて煮て食べて、それから一週間、ホントに完全になにも食べずに過ごしていた。一週間して友達が訪ねてきて、で、かかえられて近所のレストランに食事しにいったんですけど、そういう状態になると、胃が小さくなってしまっていてあんまり食べられないんです。これは一週間、完全に絶食した経験です。

それで正月に田舎に帰ったときに正月のめでたい席に家族全員がそろっているところに乗り込んで、お前、出てこい、と。それで、そのまま、橋の上まで連れて行ったんだけど、やっぱり殴ることができずに、「お前、こういうのはちゃんといわないと後々の始末が大変なんだぞ。ちゃんとやれよ」とわかりきっているようなお説教をして、終わっちゃったんです。

ぼくは本当に人を怒りきれない。でも、そのときの経験なんですが、この江古田のアパートで暮らしているときに、人間て最後は食べることだな、と思った。

食べられればいいんだっていう、そういうことをすごく感じたんですよ。なにがあっても平気だ、失敗したって最後は食べられれば大丈夫だということがボクのなかに教訓として形で残った。どん底にいようがなんだろうが、食べられれば何とかなるんだということを知ったんです。この経験はわたしのボトムの強さになったと思います。


けっきょく、江古田のアパートの家賃が払いきれず、今度はもっと小さい部屋で家賃の安いところを最寄りの駅が西武新宿線の沼袋になる場所にみつけて、そこに引っ越すことになる。

そして、三度目の受験の春を迎えるわけだが、彼はまたまた一橋大学の試験に落ちてしまう。このとき、別の国立の二期校は受かったのだが、そこにはどうしても行きたいと思えなかったのだという。ひとりで、アパート暮らしをしながら精いっぱいやって、ある程度の成果は出したが、本当に行きたいと考えて目標にしていた学校には受からなかった。

そんなことで三浪が決定するのである。最初、何人か北海道出身とか予備校で知り合ったとか、仲の良い浪人仲間がいたが、二年浪人して、その人たちはみんな、それぞれ進学する大学を決めて、大学生になっていった。浪人三年目になると、彼ひとりだけがぽつんと取りのこされた形になった。

そのころ、夕張の家からの仕送りは一万円ちょっとあったらしい。その仕送りから家賃を何千円か取られて、それで生活するわけである。日割りにして生活費一日いくらと上限を決めて使っていけばその金額で切り盛りできたのかもしれないが、そういう、細かな計画性のようなものはそのころの彼にはなかったようだ。バーを回って酒を飲む習慣があり、それで、生活費を使い果たしてしまう。そして、ある日、そもそも酒をいろんなところで飲みつづける生活をしていくんだったらアルバイトしないと生きていけないということに気がついた。

そのアルバイトを見つけたのは、高円寺の駅の南口でだったという。そのころ、彼は沼袋に住んでいたわけだが、沼袋も南北に広がっていて南側の端からだったら、そんなに遠くない。

当時は国鉄だった、いまのＪＲの高円寺駅に出れば乗り換えなしにいろいろなところにいけるから、移動には中央線を利用していたのである。

バーテン募集の張紙は時給が良くて、見たとたんに「これだ！」と思った。

それで、けっきょく、なにをやったかというとアルバイトでバーテンを始めるんです。南口を降りた商店街のところで、いきなりバーテンの募集広告を見つけるんですよ。経験者募集と書いてあったのを、（経験者じゃなかったんだけど）経験ありますって、バーテンとして店に入ったんです。昔は、トリスのハイボールがピーナッツがついて五十円だった。あのころ、五十円あれば平気でバーに入れて、一杯やれたんですよ。百円あれば二軒回れた。

水割りとかハイボールくらいなら誰かに教わらなくても作れるからいいやと思って（経験者で

すっていったんです）いたんです。ところが、水割りを注文する人ばかりだと思っていたら、カクテルの注文が来た。それで、ちょっとトイレにいってきてから作ります、っていって、トイレにいった足で、店を抜け出して商店街に行って本屋でカクテルの本を立ち読みして、そこで作り方を覚えてきて、それで作ったことがあります。

でもね、あとで店のマスターに「素人だなと思ったよ」と。「でも、人柄がいいから使うことにしたんだ」といわれました。

なんともいいようのない、人情話のようなエピソードだ。

いずれにせよ、こういう経緯《いきさつ》から、彼は夜の、水商売の世界を初めて経験するのである。

また、この世界の「口さがなさ」も同時に知ることになる。要するに、大人の世界の汚さである。それはこういうことだった。この店のママさんというのは、このとき、妊娠中でおなかが大きかったのだという。それで、旦那さんというのは別に働き口を持つサラリーマンだった。

店は何人か、若い女の子をホステスとして雇っていたらしい。

あるとき、店にいた女の子がボクに「ママって、あんなに大きなおなかになっちゃってお店に出てくるのやめればいいのにね。カッコ悪いわね」と、彼にいったのである。そのほかにも店の悪口をいろいろ並べ立てたらしい。それが連日のことである。それを彼は、なにもいわずウンウンそうだねとか適当に相づちを打って聞き流していたらしい。そうしたらあるとき、その店の（サラリーマンをやっている）マスターに「お前、ちょっと来い」といわれて、近くの公園に連れていかれて「お前、ウチの女房がどうのこうのっていってるんだってな」と詰問される。

彼は「誰がそんなこといってるんですか」と抗弁したのだが、相手は聞き入れない。

「みんな、お前が悪口いってるっていってるぞ」という話になっていたのである。

いっしょに働いていた女の子の愚痴がいつの間にか、彼が不平をいっているという話になっていたのである。

彼は、《そういうことに気軽に返事したらいけないんだな、人というのはいい人ばかりじゃないんだな》ということを思い知らされた。それで、けっきょくその店をやめて、今度は晴れて経験者として、バーテン募集の求人広告に応募し、別の店で働き始めるのだ。

次に見つけたのは銀座のバーだった。

ここで、バーテン仕事をやりながら、四度目の受験を迎える。いくらなんでも、今度はどこかに入って大学生にならなければならなかった。というのは、三歳年下の弟も、こちらは現役の高校生なのだが、大学を受験することになっていたのである。

このときは弟も受験だったから、ちょっと焦りました。弟が大学生になるのに、わたしは浪人のままというわけにはいかない。それで、一橋大学のほかに青山学院と慶応大学、両方とも経済学部を受けたんです。早稲田も受けたかったんですが、たしか日程があわなかった。

父親はそのころ、東京でひとりで苦闘をつづける息子を見ながら、なにを考えていたのだろう。

息子の行く末を心配していなかったということはないだろうが、たぶん、自分から余計なことをいうのはやめよう、やりたいようにやらせて、その結果も自分で受け止めさせるよりしょうがないと思っていたのだと思う。うっかり親が子供になにかをいうと、あとに生涯忘れられないしこりを残すというようなことがあるからである。

息子は北海道の炭坑町育ちの若者に似合わない壮大な夢を見て、大学受験に高いハードルを自分で課してしまい、それを乗り越えられずに苦しんでいる。

そういう息子をどうダメにしないで人生を過ごさせるか、父親はそのことをずっと思いつづけて、息子を信じて本人が持っている現実を作り変える力にまかせるよりしょうがないと思ったのではないか。

なにもいわずに見守るのは苦しいが、子供の可能性を信じていようと思えたのは、父親の人間的な器量の大きさであり、それは父親にとっても息子にとっても幸せなことだったろう。

そして、四度目の大学受験があり、一橋大学の入試にはまた、失敗する。

そして、慶応大学と青山学院大学は両方合格し、慶応の経済学部への進学を決めるのである。

【註】

（1）『更科源蔵詩集』一九七三年刊　北海道編集センター　佐々木逸郎編　P・3

（2）『挽歌』一九五六年刊　東都書房　原田康子著　P・3下段、『悲しみよ　こんにちは』一九五五年刊
新潮文庫　フランソワーズ・サガン著　朝吹登水子訳　P・155　参照

（3）『ベストセラーの戦後史1』一九九五年刊　文藝春秋　井上ひさし著　P・157

（4）www.kotoba-library.com/［懐古趣味 池袋界隈］参照

（5）www.geocities.jp/［昭和三十年代パート2 池袋周辺］参照

（6）「カスバの女」の作曲は大高ひさを 作詞久我山明。久我山は在日韓国人の作詞家だった。

（7）『青春の門・第二部 自活篇』一九七三年刊　講談社文庫　五木寛之著　P・327

（8）『東武鉄道百年史』一九九八年刊　東武鉄道株式会社　社史編纂室編　P・676

（9）http://tobu-tojo.seesaa.net/［安斎肇篇］

（10）http://tobu-tojo.seesaa.net/［天野ひろゆき篇］

第六章　慶應義塾大学　経済学部

東京で生活しながら、彼の心のなかに北海道はいつも［心の故郷］としてあったという。

あのころ、北海道についてどう考えていたかというと、変な言い方になっちゃうかも知れないけれど、北海道の人間と東京の人間は、生活感覚も金銭感覚も違うなあということでしたね。

特に慶応大学に入って、いろんな人たちと知りあって、それを強く感じた。東京生まれの人たちと話してみて感じたことは、［故郷］がないって、かわいそうだなと思ったですね。そして、北海道が故郷でよかったと思った。故郷があれば、休みのときなんかに東京のガチャガチャしたところから解放されるじゃないですか。だから、絶対に田舎がある方がいいと思った。

そのときに、九州から来た男とか、四国の高知出身の男とか、いろいろいたんだけれど、そのときのボクにはそういう人たちは地方の小さなところから来たっていうイメージしかなかったですね。そのころのボクは北海道というのをアメリカの大西部と同じように考えていてね。開拓というものが伝統としてあって、アメリカの西部開拓史と通じるわけですからね。彼らは西にいったけど、日本人は未開の北にいった。われわれの気持ちのなかには、雄大な自然の北海道で、そういう場所で父親や祖父たちが開拓者として生きて、歴史を作ってきて、結果いまの自分がいる。どうだ！　っていう誇らしい気持ちがあるんですよ。

東京の人たちのあいだにも、北海道は日本のなかでも特別の場所という意識があると思うんですよ。北海道というと、見る目がちょっと違うような気がしますね。

小柳昌之はそういうのだが、故郷の町＝夕張は、もどれば母親が待っていてくれて、安らぎの場所だったが、炭坑町としてはドンドンさびれつづけ、町の人口も減りつづけていた。

故郷の町はそこにもどって、そこで暮らすというわけにはいかなかった。

彼は、上京してからの浪人生活、最初の三年間を振り返って、あのときからボクの心の放浪生活が始まっていたのかもしれない、という。

あのときというのは浪人二年目、それまでの板橋の下宿を出て堀之内、いまの北池袋にあった食事付きのアパートで暮らし始めてから、という意味だ。

都会の雑踏で生活しながら、彼はいつも、おれはなにをするために世の中に生まれてきたのだろう、なにをするために生きているのだろうということをずっと考えつづけていたのだという。

それは考えようによってはとても純情で無垢なこころのありようだった。

子どものころに願った世界を見てみたいという素朴な夢をそのまま抱えて東京にやってきて、彼がまず見たのは、大都会の底辺でうごめく、貧しいなかでギラギラしながら生きている若者たちだった。しかし、もしかしたらそれは彼が東京で生活するにあたって、一番最初に見ておかなければいけないものだったのかもしれない。

東京は賑やかで美しいだけの街ではないのだ。その意味で彼はついていたのかもしれない。

孤独でなんの縛りもなく、好きにしていて誰からもなにもいわれない、地獄のように自由な世界で、人間はそこで、落ちていこうと思えばどこまでも落ちていけるし、食べることさえできればどんな人生だって、生きることができるということも経験した。

考えてみれば、地理的な広がりかもしれないが、池袋の雑踏も銀座の夜の世界もまぎれもなく、彼が見たいと願った［世界］の一部だった。

都市社会学の考え方に、下位文化理論というのがある。シカゴ学派のクロード・S・フィッシャーが提唱したものだ。下位文化というのは要するにサブカルチャーのことである。

村落と比較して不釣り合いなほど都市において「非通念的（unconventional）」（非常識的なというような意味だと思う＝註）な意識や行動が見いだされるという事実（略）は（従来）村落において典型的に見いだされる共同体的な秩序が弛緩した結果と解釈されてきた。（略）

この説に対してフィッシャーは、従来「逸脱」として認められてきた一群の意識や行動には、退廃と革新という両義的な性格が認められるとしつつ、都市化に伴う局所的な人口の集中は、下位文化の多様性を増大させ、下位文化間の普及を促進させている。（略）

下位文化に参集する人びとが（拡大する規模＝人数・註）「臨界量」に達すれば制度（＝服装のスタイル、新聞、結社…）の成立を可能とし、また制度は新たに下位文化に参集する人びとのメディアとして機能することで、下位文化の強度（Intensity）はさらに増していく。都市は村落と

比較して、人口が集中している点で、新たな下位文化の参集者を獲得しやすい。数が下位文化の強度を増すのである。(1)

この考え方にのっとれば、戦後、都市に集まった人びとが次々と新しい文化を創出していったことの、エネルギーの説明がつく。それは彼が故郷を出たとき(社会学的にいうと所属していた共同体から離脱したとき)から始まっていて、夕張から上京した直後、昭和三十年代の前半にたどり着いて暮らした東京の池袋や高円寺の雑踏はまさしく、非通念的な(それまでなかったような)若者文化というか、新しい大衆文化の発生の温床・成立の場所だった。

そこで暮らす若者たちはそれぞれひとりひとり孤独だったが、その孤独で自由で貧しいという一点に於いて共通していて、夢や希望もあり、その共通した心情によってそれなりの連帯も可能だった。みんな、生きる内容はそれぞれ違っていたが、昨日より今日、今日より明日、明日より明後日と毎日、自分も社会も好くなっているのではないかという共通の予感のなかで生きていた。

前章の修行僧の放浪生活に似た小柳昌之の浪人時代の足跡をたどる原稿を書きながら、わたしの頭のなかには繰り返して、一つのメロディーが聞こえつづけていた。

その歌がそのころの彼にぴったりお似合いの歌ではないかと思ったからだ。

その歌は『東京流れ者』、こういう内容の歌である。

♪流れ流れて 東京を そぞろ歩きは 軟派でも 心にゃ硬派の 血が通う
花の一匹 人生だぁ、 東京流れもの
♪夜の暗さに はぐれても 若い一途な 純情は 後生大事に 抱いて行く
浪花節だよ 人生はぁ、 東京流れもの
♪曲りくねった 道だって こうと決めたら まっすぐに
嘘とお世辞の 御時世にゃ いてもいいだろ こんな奴 あゝ東京流れもの

この歌は一九六五（昭和四十）年に竹越《たけごし》ひろ子という歌手が歌って一般に流行った歌だった。作詞・永井《ながい》ひろし、作曲者不詳とあり、採譜および編曲・桜田誠一《さくらだせいいち》とあった。じつは、この歌はこの年、競作の形をとっていろいろな人に歌われた歌だった。

『東京流れ者』は同年にまだ新人俳優だった渡哲也《わたりてつや》の主演で鈴木清順《すずきせいじゅん》が同名の（『東京流れ者』という題名の）映画が作られ、その主題歌にもなっている（というか、この歌に合わせて映画を作ったらしい）歌でもある。以下がその歌の内容なのだが、一番だけ紹介すると、

♪黒いジャンパーに 赤いバラ きざななりして ゴロ巻いて
渋谷新宿池袋 風もしみます 日の暮れは ああ 東京流れ者

というものだった。これは作詞・高月《たかつき》ことばとあるが誰かの変名だろう。映画はこの唄をなぞってつくられた、完全なヤクザ映画というか、暴力団の末端の人間を描いた作品だった。映画の脚本の原作者がこの歌詞ではオレのところに作詞の印税が入ってこないからこっちの歌詞で歌えといったのか、歌える映画スターの歌手・渡哲也としてはちょっとこれでは具合が悪いと思ったのか、レコード会社にもまた別の思惑があり、実際の映画の主題歌として採用されたのは別の歌詞で、レコードもその、新しい歌詞を使ったものが発売されている。それがこの歌。

♪何処で生きても 流れ者 どうせさすらい ひとり身の
明日は何処やら 風に聞け 可愛いあの娘の 胸に聞け　ああ東京流れ者

これは作詞：川内和子《かわうちかずこ》、採譜・補作曲：叶弦大《かのうげんだい》という組み合わせで作ったもの、ということになっている。川内和子というのはじつは作家の川内康範《かわうちこうはん》で、この作品に限り、女名ででている。川内康範は森進一《もりしんいち》の『オフクロさん』を初め、多くの流行歌の作詞を手がけていた。この映画の脚本も彼の執筆だった。わたしは川内康範が作ったものより、前の歌、永井ひろしという人がつくった歌の方が歌が映像的で、チンピラっぽくて面白いと思う。

また、東映は同じ年に鶴田浩二主演で小沢茂弘《おざわしげひろ》監督作品の完全なヤクザ映画『関東流れ者』を作ったが、同名の歌（たぶん主題歌）も『東京〜』と同じメロディラインで、この歌を歌ったのは、まだ二十三歳、本当は映画俳優よりも歌手になりたかったという松方弘樹《まつかたひろき》だった。

♪流れ流れて 行く果ては 風に聞いても わかるまい
　割って見せたい この胸にゃ いまも堅気《かたぎ》の血が通うあゝ関東 ながれ者

こちらは作詞石本美由起《いしもとみゆき》、採譜・編曲土田啓四郎《つちだけいしろう》という組み合わせである。これらの歌のほかに、クレイジー・キャッツの植木等《うえきひとし》が『悲しきわがこころ』というタイトルで

♪小学時代は優等生 中学時代も優等生 高校時代も優等生
　どうして大学八年生　ああ悲しきわがこころ♪（セリフ）勉強になりました（以下略）

という歌詞の歌を歌っている。こちらはコミックソング仕立て。しかし、この年の暮のNHK紅白歌合戦にこのメロディーを歌ったのは、のちに殺人事件を起こすことになる克美《かつみ》しげる、歌のタイトルは『ああせつなき我が心』で、内容はラブ・ソングだった。

♪霧にさみしく濡れながら 涙ぐんでる街の灯よ

何処へあの娘は消えたのか 今日も訊ねて夜が更ける ああ せつなきわが心

こちらは作詞十二村哲《とにむらてつ》、作曲者不詳、採譜 根性誠《こんじょうまこと》、編曲小林郁夫《こばやしいくお》というふうになっている。

それで、この歌には長大な裾野話があり、歌が初めてレコード化されたのはそれよりも五年も前の一九六〇（昭和三十五）年の話で、これも日活作品で和田浩治《わだこうじ》主演、鈴木清順監督の『くたばれ愚連隊』という映画の主題歌「純情愚連隊」だった。歌ったのは売り出したばかりの和田浩二。こういう内容である。

♪流れ流れて風まかせ どどんどん底 歩いても　心にゃ男の血が通う
おいら 純情愚連隊 ああ なぜかしら 切なき我が心 関東流れ者

ここでは東京流れ者ではなく、主人公は関東流れ者になっている。クレジットは作替歌水島哲《みずしまてつ》、作曲者不詳、編曲浜口庫之助《はまぐちくらのすけ》とある。鈴木清順はこの映画を撮ったときから、いつか東京の流民の若者を主人公にした映画に『東京流れ者』というタイトルをつけたものを撮ろうと考えていたらしい。そしたら、お誂え向きに歌のうまい渡哲也が新人俳優として主役デビューしたのである。

じつはこのメロディーには深い因縁があり、それまでずっと東北大学や武蔵大学の寮歌としてそれなりの歌詞がつけられて、作者不詳のまま歌い継がれてきていた歌だったのである。

そういう歌はほかにいくつも『練鑑ブルース』や守屋浩が歌ってヒットさせた『有難《ありがた》や節』の原曲などもそういう流行歌である。小林旭の『さすらい』もこのころのヒット曲だが、こちらは本歌はフィリピンに駐屯していた日本兵の間で歌われていた作詞作曲者不明の兵隊節だという。

ちなみにだが、武蔵大学のこの歌は合気道部の部歌でこういうものだった。

♪練馬の江古田で思い出す 歩く姿は軟派でも心にゃ硬派の血が通う
おいら武蔵 合気道　あぁ わびしき我が心
♪喧嘩出入りのその時にゃ可愛いあの娘が意見する　それでも喧嘩はやめられぬ
おいら武蔵合気道　あぁ　わびしき我が心
♪振られ振られて飲む酒は 何故か今夜もほろ苦い 酔っぱらって管巻《くだ》いて暴れ出す
おいら武蔵 合気道 あぁ わびしき我が心
♪1年時代はパチンコで3年時代は麻雀で
5年時代は競輪ですられ　すられて8年生 あぁ　わびしき我が心

このあと、何年かして藤圭子もこの歌を石坂《いしざか》まさをの作ったオリジナルの歌詞で歌っている。

じつはこの歌の歌詞はどれが原作の歌詞ということではなく、東京の盛り場で好きな人が歌詞も適当に作って節回しも自分なりに工夫して多くの若者たちによって歌われてきた伝承歌だった。

そのメロディにプロの作詞家が詞を付けたのである。要するに作者不詳の新作民謡みたいなものだった。（2）

昭和二十年代の後半から三十年代の前半にかけて、わたしが前章で［望郷歌謡曲］と名付けた歌が多く支持されてヒットしたが、その話からいうと、これらの歌は［流民歌謡曲］ともいうべきジャンルの歌で、橋幸夫《はしゆきお》やがて現れる舟木一夫《ふなきかずお》などが歌った十代の高校生・中学生向けに作られた［青春歌謡曲］と並んで、昭和三十年代の、地方からの上京者でなんとなくすわりの悪いヤツを主人公にした東京での生活を歌った歌が流行ったのである。

これらの歌をいちいち歌詞までは紹介しないが、佐々木新一《ささきしんいち》の『あの娘たずねて』、克美《かつみ》しげるの『さすらい』、仲宗根美樹《なかそねみき》の『川は流れる』などがこの系統の代表曲ではないかと思う。永六輔《えいろくすけ》が作詞して水原弘《みずはらひろし》が歌った『黒い花びら』もこの系列の仲間に入れておきたい。

たぶん、これらの歌に詠われた心模様というか心象風景は昭和の高度経済成長期に地方から夢を抱いて上京した若者たちの生活感情を率直に歌にしたものだったのだろう。この歌の世界は、浪人生活を重ねて盛り場のバーでバーテン生活をしながら受験勉強していた小柳昌之の生活にもある程度ダブらせることができるのではないかと思う。

一橋大学に入りたいと願って、三年間、受験勉強ばかりやってきたわけではないだろうが、それなりに必死で浪人生活をやって自分なりに努力して、けっきょく、入学を許されたところは慶應義塾大学だった。世界に雄飛するために石原慎太郎の卒業校を目指していたら、弟の石原裕次郎の学校にたどり着いてしまった。そして、そこで彼が見たのは同じ東京のなかにありながら、浪人時代に経験した池袋の盛り場とは真逆、正反対の世界だった。話をわかりやすく簡略化するとそういうことである。

同じ慶応大学といっても、石原裕次郎は法学部の政治学科だったが、小柳昌之は経済学部で、いまは慶応大学は文科系では法学部が一番難しいらしいが、このころの慶応の経済は早稲田大学の政経学部とならんで、東大の文系を受ける人たちが併願する学校で、偏差値も相当に高かったのだという。わたしが大学受験したのは昭和四十一年だが、そのころの慶応大学の文科系は経済学部（早稲田大学は政経学部）が一番の難関だったと思う。

それにしても、一橋大学に進学するのと慶応大学の経済学部に進学するのと、どっちがよかったのだろうか。そのころのそれぞれの大学の入学偏差値はわからないのだが、現在の時点で発表されている河合塾とベネッセの合格目標偏差値を調べると、一橋大の経済が82、慶応の経済は83、東大が87、早稲田の政経が84となっている。慶応で一番偏差値が高いのは法学部で85、早稲田の法学部は84である。慶応といっしょに合格したという青山学院の経済学部の偏差値は70である。

これらの数値が、小柳昌之が受験した五十年前もいまと同じだったかというになるとそれはわからない。いまはいろいろな受験のパターンがあるようだが、確かそのころは私立大学は三科目（国語、英語、それに社会か理科か数学から一科目選択）の筆記試験、面接はあったりなかったりした。国立大は五科目か九科目だった（東大は九科目受験だった）と思う。どっちにしても受験科目数が違っていて、受験勉強の仕方もかなり違いがあった。

それにしても現在の数値を見る限り慶応大学の経済学部は決して一橋大学に見劣りしない、というより偏差値的には慶応の経済学部の方が一橋の経済学部より高い。これは東大と一橋は共に一期校でいっしょに受けられないが、慶応の経済学部は東大を受ける人たちの滑り止めの場合が多いからではないかと思う。

「結果からいえば、ボクにとって慶応大学に合格したのは最高にラッキーだったんだと思います」

と小柳昌之はいう。このときの彼の受験の思い出話である。

あのころ、けっこう慶応の経済というのはレベルが高かった。

ボクも浪人三年で、弟が東京へ大学受験に来るという話だったんで、かなり焦っていたんです。本当に奇跡的に幸運だったと思うんですが、なかなか正式の合格通知が来なかった。というのは補欠だったからだと思う。あのころ、東大も受けて、こっちも受けてという受験生がけっこういたんですよ。そういう人がたくさんいて、欠員に備えて多めにとっていたんだと思います。

（合格した人のうち何人ぐらいが東大に流れて）何人ぐらいが残るのか、見ていたんだと思う。で、悪運が強いというか、たぶん、そのとき、東大に受かってそっちに流れた人が多かったんでしょう。それで遅れて、ボクにも合格の通知が来た。運がよかったと思うのは、あの試験のときには、ボクは英語ですごく稼いだんです。

試験の点数が全部で千点満点だとしますね。そうするとね、英語は五百点くらいなんですよ、そして、たぶん数学が三百点とかね。国語なんて、そんなに点数ない。

試験問題を見たら、非常に長文の英語がバーッと出ているんです。それを全部訳するとか、一部どうかするとか、その他いろいろな質問やらがあるわけです。そのときのその長文がなぜかしっくり来た。全体のストーリーが、もちろん単語の意味のわかんないとこ、いくつもありますよ。でも全体の（書いてあることの）流れはすごくわかった英文だったんです。たぶん、ぼくの訳は意訳に近いんだろうけれど、いま考えるとそれがむしろ正解だったと思うんです。

点数を英語で稼げた。英語だって人によってピンとくる英語と全然来ないのとがあると思うんです。そのときにたまたま、自分が知ってる英単語がずらっと並んでいたという幸運。

そういう、最後の運みたいのがあるんですよ。だから最終的に［運］なんです。


彼の人生に時々顔を出すこの［好運（幸運?）］の話はこの章の後段でも「運が悪い」、「運がいい」という形で出てくるから、そこでまとめて論じることにしよう。

この時点で、一橋大学は落ちていたが、青山学院大学の経済学部は合格していたから、慶応を落ちたら、青山学院に進学するつもりでいたらしい。もし、青山学院にいっていたら、また、ぜんぜん違う人生があったのではないかと思う。

そして、この受験で結果に一番心を痛めていたのは本人というよりも父親だったようだ。下の息子の佳之は明治大学に現役合格して、そこに進学することに決まっていた。父は自分の息子が一橋大学に入りたがっていたのをよくわかっていた。そのために浪人生活をつづけて四度も受験してけっきょくうまくいかなかったのである。夕張にいる人たちはそのことに相当に心を痛めていた。妹・典子の証言である。

一橋がダメだったということを知らされて、父も母も心配してオロオロして、（一橋を落ちたあと、慶応の発表がのこっていたのだが＝註）兄から全然連絡がなかったんですよ。それで、父が、大変なことになったら困るから東京に様子を見にいってくる、といって札幌までいったんです。そしたら、途中でなんか連絡が来て、慶応に合格したと。それで、ほっとして、札幌から引き返してきたんです。

彼の卒業した夕張北高校は、北海道大学にようやく数名の合格者を出す程度の高校だった。これも現在のもので、当時の偏差値ではないが、北大の経済学部は偏差値73とある。現役で受験したとき、父親は北大を受けることを薦めたという。

このときの彼の正確な学力は不明だが、偏差値82の一橋大に挑戦するのは、これもフロンティア・スピリットのような話で未知の世界への冒険者みたいなことだったのかもしれない。

いずれにしても、三浪したわけだが、三浪してでも夕張北高から偏差値83の慶応大学の経済学部に入ったのは、彼が初めてだった。

慶応大学では、それまでの浪人生活に輪をかけて壮絶な学生生活が待っていた。

実際、ここから本当に、彼の波瀾万丈の物語、本格的シュトルム・ウント・ドランク（疾風怒濤の時代）がはじまる。ここまで、彼は大学受験というハンディキャップを背負って大都会で生きている少年だった。これは人生の障害レースみたいなものだった。もちろん、大学生になったのだから学校の授業に出て単位を取って無事に卒業するという大目的はあるのだが、それでも、身柄はこれまでに比べればずっと自由である。

そして、浪人生活以来、いつの間にかできあがった生活のスタイルがあり、親からの仕送りは彼の生活費の一部に過ぎず、アルバイトに精出して金を稼ぎ、飲酒、映画鑑賞、読書ほかの若者文化を享受して、基本、遊び回ることに忙しい日々がやってくるのである。

まず、慶応大学は彼にとって驚きの世界だったが、彼と同級生になった学生たちにとっても、彼の存在は大きな驚きだったようだ。このとき、同級生になり、［小柳］と［佐野］だから、たぶん出席簿も隣同士だったのではないかと思われるが、慶応大学の入学式の日の教室で知り合って五十有余年、親友として生涯つきあうことになった佐野功太郎はこういう。

ぼくたちは知り合ってから五十五年たつんだけど、一度もケンカしたことがないんですよ。それはなぜかというと、ボクが彼を尊敬しているからなんです。

とにかく彼は初めて出会ったときから大人で物知りで優秀だった。

ぼくたちは幼稚舎からエスカレーターで高校を卒業してそのまま、大学に入ってきていたから受験勉強なんかしていないですよ。知識もそんなにないし（人生の）経験もなかった。

まあ、幸福でバカな学生だったんですよ。そういうなかで彼は大人で、それまでにいろいろな経験をしてきていて、ちょっとしゃべっただけでスケールの大きな人だなと思いました。

人との接し方も、きちんとした間合いを感じて、好感が持てた。何年も受験勉強をしてきているし、そのほかの雑学的なことについてもよく知っていた。出会った最初から優れた人間でしたよ。

小柳昌之がさんざんに苦労した末、たどり着いた慶応大学の経済学部には、ほとんどなんの障害も抵抗もないまま、受験勉強もまったくせずに大学生になった、加山雄三《かやまゆうぞう》の映画の『若大将シリーズ』に出てくるような、非常に幸運で陽気な学生たちがたくさんいた。

彼はもうこのとき二十一歳になっていて、そういう人たちはみんな当然、現役で入ってきているから十八歳である。

子供のなかに大人がひとり迷い込んだような状態だったのではないかと思われる。

そのなかで、彼は特に佐野功太郎と仲良くなっていった。

佐野は、彼が上京して初めて下宿生活をした下板橋の近く、板橋本町（中山道の起点になる板橋宿のあった町）で大きな病院を営んでいる医者の息子で、仲間のなかでひとりだけ、一浪の留年経験があった。親たちから期待をかけられて、父親の病院のあとを継ぐ医者になるべく、医学部進学を希望して留年したが、二年目もわずかに点数が足りず、けっきょく医学部に進学できなくて、経済学部にやってきた。

佐野自身もそれなりの挫折を経験していたのである。

小柳昌之の方も、このとき、自分がたどり着いた慶應大学という場所の様子というか、そこで出会った人間たちに驚いていた。このときのことを彼はこういっている。


とにかく、みんな趣味がいいんです。とくに佐野はものすごいカッコよかった。

慶応の本流の人たちはだいたいが運動部に属していて、都会的というか、上流階級というか、考え方も健康で、彼らは当たり前のようにやっているけれど、着ているものなんかでも有名なブランドの値段の高い服とかそういうのじゃなくて、趣味のいい名前のない服を着て、ものすごいシンプルな格好をしていたり、さりげなくテーラーメイドであったり、いいものを自慢しないように気配りしながら着ているんですよ。

そして、みんな当然のようにガールフレンドはいるんだけど、女の話はまったくしないんです。

軟派なやつはいない。

そういう生活の仕方にボクも含めてだけど、みんなが影響を受けていたと思う。

はっきりとボクが覚えているのでは、入学式の日に教室でみんなと出会って、下校時、帰り道を駅に向かって何人かで歩いていたら、うしろから、爆発するような凄い音がして、フォルクスワーゲンに乗った佐野がやってきて車を止めて、運転席から「それじゃね、みんな。また明日」って声をかけてきて、そのままいっちゃった。そのワーゲンがマフラーを外したヤツでね、爆音を立てて走り去ったんですよ。それをみて、なんてカッコいいヤツなんだと思った。

このあと、佐野功太郎は彼の人生のところどころ、重要なポイントに顔を出して、彼をアシストしてくれることになる。

要するに、いわゆる純正のＫＯボーイというべきか、富裕な都市生活者の知識人階層の子弟である。佐野功太郎は系列からいったら、石原裕次郎らのいた湘南・鎌倉・葉山で遊び回っている［太陽族］みたいな若者のひとりだったのである。

石原裕次郎は昭和九年生まれで、彼らより五、六年先輩（佐野は学生時代の裕次郎の記憶があるといっている）、加山雄三は（この人も慶応だが裕次郎と同じ法学部政治学科の出身。裕次郎は大学を卒業しないまま映画界に入ってしまったが、この人は小柳らが入学する昭和六十年に入れ違いに卒業して映画に主演し芸能界デビューしている）昭和十二年生まれだから、年齢は彼らの

二、三歳年上になる。
裕次郎や加山雄三も含めて、この時代の慶応大学の学生たちはほとんどの人が、東京のカスバである池袋に集まった若者とは正反対の青春を生きている存在だった。

小柳昌之は自身がそういう世界に所属するようになり、もちろん、彼らのように恵まれた家庭に育ったわけではなく、北海道で暮らす父親が送ってくれる乏しい生活費とアルバイトで生計を立てる苦学生としての生活が始まるのだが、慶応大学でそういう人間たちと知り合ったことは、彼の人生観の間口をまた大きく広げてくれることになった。

慶応大学の教養課程は日吉校舎で受けることになっていて、彼は日吉の駅の大学と反対側の商店街のパン屋の二階に引っ越して、そこから学校に通うようになる。

浪人時代もいろいろなことがあり、何度か引っ越しを経験している。上京して浪人生活をはじめてから大学を卒業するまでの七年間に、五十回くらい引っ越している、というからこれもものすごい話である。

また、アルバイトもいろんな職種を転々としたらしい。まず、日吉の近くでアルバイトを探すことから始まった。

昼間の空いている時間と思って、隣町の綱島にできたばかりの松下通信工業の工場で働いたんです。事務仕事だったんですが、これがむこうもものすごい人手不足で、昼間、なんでもいいから毎日来てくれといわれて、学校はそっちのけで毎日働きにいくわけです。それで夜、大学のそばの同級生たちのたまり場になっている麻雀屋さんにいくと、みんなで集まって麻雀をやっている。で、夜はそこでみんなと麻雀を打って遊んでいた。ボクは麻雀は浪人時代に覚えたんですけれども、あまり負けたことがなくて、最初のうちはけっこうよかったんですよ。強かったから。それで、メシ代とタバコ代はなんとかなるという感じだった。ただ金遣いが荒くて、いつもピーピーでした。

こうして、彼の大学生活ははなばなしく始まったのだったが、彼と弟と、二人の息子を東京の大学に入れた夕張の小柳家の財政は大変だったようだ。

収入源は父親の行商人仕事だけである。このときの家の財政事情は妹の典子がよく覚えていた。

あのとき、夕張に残っている人間は両親とわたしと姉の四人だったんです。わたしは中学生から高校生になるところで。なんかが欲しいっていっても絶対に買ってもらえなかった。兄たちにいくらずつ仕送りしていたかはわたしは知らないんですけれど、とにかくわたしたちはカツカツで生活していました。それで、覚えているのでは、わたしたちがお金を盗むんですよ。というのは、商売やっているから、昔は百円札ですから、集金して家に帰ってきたときには大変な量の百円札がお財布に入っているんですよ。それを何枚かくすねるんです。

わたしは中学を卒業して、夕張南高校というところにいったんですが、お小遣いももらえなかったんですよ。四十分くらい歩いて通学したんですが、お弁当を作ってもらったことって一回もないんです。いつもパンを一個買って、それを食べて、それでお昼は終わりなの。それで、お小遣いももらえないので、いくらかはつかえるお金を持っていないと困っちゃうから、辞書買うっていうとお金くれるんですよ。それで、ウソついてもらうんだけど、それでも足りないときには、(父親が) いないときに (財布から) こっそり盗むんです。あとで、母と話をしたら、母もときどきやっていたといってました。

ウチの父は几帳面な人なので、帰ってきてかならず (売り上げの) お金を数えるんです。そして、その日のうちにその集金してきたお金を郵便局に預けるんですよ。

それで、首かしげているんです。さっきは二万円あったのに一万九千八百円しかない、みたいなことで。おかしいなあとかいって首かしげているんです。あ、バレたかなと思っていたら、母もそう思っていて、二人であとで大笑いしたことがあるんですけれども。そういうことはたまにしかやりませんでしたけど。

あのときは本当に大変で、家にあったロシアの紙幣とか勲章とか、ああいう金目のものも全部手放してお金に換えたといっていました。

ただ、兄が慶応大学に入ったという話は夕張ではワーッと広がりましたよ。(兄が卒業した夕張北高校は) 北大だって、数名しか受からない学校でしたから。兄が浪人して上京したころは、わたしは小学校五、六年生で、そこからというのはやっぱりつらいというか、それだから親を恨むとかそういうことはなかったんだけれど、かなりひもじい思いはしましたね。

東京慣れした兄と初上京の弟では生活のスタイルが全然違っていて、弟は親からの仕送りを大事に、一日いくらというように均等割して使い、地味に生活していたようだ。

しかし、兄の方は金遣いが荒かった。酒は飲む、映画も見る、本も買う。親が用意してくれるお金はあっという間になくなってしまい、そうすると、浪人時代と同じように、アルバイトを探して生活費を稼がないとやっていけないという暮らしぶりだった。

以下、本人の回想である。

まあ、ボクはかっこいい若者でいたいというようなことは考えてました。石原裕次郎のまねして、髪の毛、短く切って。着るものなんかたいしたもの買えませんから冬はもう、トレンチコート一点張り。ボクは人相が悪かったのかもしれないですね。新宿の雑踏を歩いていて、向こうから歩いて来た、子分を連れたヤクザのお兄さんがいきなり立ち止まって、ボクにバシッと敬礼したことがあった。誰かにまちがえられたんだと思うんですけれども。だから、盛り場で誰かに脅かされたというようなことはない。

最初に池袋にいたころ、あそこはまだ闇市みたいな状態で、女の子が立ちんぼしていて、通りかかると、「どっかいかない？　一杯飲もうよ」と誘われて、女の子のあとをついて行くと、二階にある小さなお店に連れて行かれて。

普通はそういうとき、たかられて高いこと吹っかけられるんです。カウンターにいつの間にかオニイサンが現れる。ボクの場合はそういうオニイサンたちがチラッとこちらを見ていなくなってしまうんです。ちゃんと帰らせてくれた。そのころから地元の雰囲気だったのかもしれませんね。

生活費の不足分を稼ぎ出すために、学校の授業はそっちのけでアルバイトに精を出した。授業に出ないかわりに、町で接触する雑学の吸収には余念がなく、新聞とか雑誌とか、書籍などもも気になったものは手当たり次第に読んでいた。

映画も好きで、気になる映画は全部見ていて、主要な女優たちの生年月日とかも諳んじていえたらしい。映画のことはなんでも知っていた。映画についてはこんな思い出がある。

映画は洋画の方が多かったけれども、日本映画もずいぶん見ましたよ。新聞なんかをチェックして、見にいっていましたから。ジョン・フォードの映画はみんな見たとかね。名作と評判の映画は必ず見るようにしていた。『天井桟敷』とかも見た。あんまり駄作的なものは見ていないんですけれども。経済学部にいながら、映画作りたいというか、映画会社に就職したいというようなことを考えたこともあるんです。いま思うと恥ずかしい話だけど、映画に出れたらいいなと思って、一回だけ黒澤明《くろさわあきら》監督のところに写真を送ったこともあるんですよ。俳優を募集していて。いま考えたら、こんな写真送っても絶対ダメだなというような写真なんだけど。もちろん、写真の審査で落とされたんですけれども。まあ、本気でなれるとは思っていませんでしたけれども。

これはたぶん、彼がいろんなふうにブレながら生きていた、ということだったのだろう。

作家になりたいと思ったこともあったという。これらの話も奥の方にいくと、どういう仕事につけばオレは世界を見にいけるようになるだろうか、という思いが背後にあった。始終、なんのために生きているんだろうというようなことを考えたらしいが、そのたびに、世界を旅して見て歩く冒険の楽しさを思った。

アルバイトで稼ぐ金は友だちとお茶を飲んだり酒を呑んで消えたが、話題の本も手当たり次第、片っぱしから読んでいた。時事問題にも精通していて、まわりからはウォーキング・ディクショナリー扱いされていて、わからないことはあいつに聞け、というような存在だったらしい。

実業界のことから財界人の消息、新しい動きのある中小企業や急成長の会社まで、細かいことまでよく知っていた。とにかく、毎日、新聞を熟読して、自分の知的緊張を維持しつづけていたようだ。このことも、彼がいつもお金がなくてピーピーしているのに、仲間内で一目置かれている大きな理由だった。

教養課程の一、二年のころはけっこうそういう感じで、アルバイトと麻雀とに入れあげて生活していたんです。アルバイトを探すのもだんだん要領が良くなってきて、何十種類というアルバイトをやりました。そのときにバイトを選んでいた基準はなにかというと、夏場は実入りのいい仕事で一日三〇〇円もらえるというとそこにいった。

これは川崎の日本石油の石油精製所にいっていろんなところに放り出しになっている空のドラム缶を転がして一カ所に集める仕事だったんですけど。三〇〇円もらえると、仕事が終わったあと、百円で一杯やってなにか食べて帰れたんですよ。家庭教師のクチが見つかると、そこに行ったりして。だけど、準備とか全然していないからそれがばれて首になったり。

最初、大学の掲示板を見たり、新聞のすみっこを見たりして、だんだんアルバイトを探すのが上手になってきて、食べることはなんとかなったんです。

こういう生活をしていて、当然のことだが、問題になったのは、先生がちゃんと単位をくれるかどうかということだった。これは具体的には大学二年の終わりに、教養課程から専門課程に無事進級できるかどうか、という問題だった。

彼（小柳昌之）は出欠にうるさくなく、あまりごちゃごちゃしたことをいわない先生を選んで科目を選択したらしい。しかし、それでも前期試験もヨレヨレで、出席日数も赤ランプ点灯状態で、進級できるかどうか、ぎりぎりのところにいた。

これはしかし、彼だけの問題ではなく、いっしょに遊び回っている仲間全体の危機だった。進級試験のための合宿である。そのときのことをこんなふうに回想している。

ボクは誰よりも授業に出ない男で、たまに授業にいくと「おう、ずいぶん久しぶりだなあ」みたいな話。

慶応というのは二年から三年になる、日吉から三田に行くときにダメなヤツを落とすんです、ある程度単位を取っていないと。ボクは担任の先生に呼び出されて、キミは危ない、このままじゃ危ないっていわれた。危ないといわれたのが五、六人いたんだけど、みんな、いっしょに遊んでいた仲間で、ボクが一番危ないっていうのはみんな知っていた。

慶応に入ってよかったと思ったのは、友だち同士の助け合いの意識がすごく強いんですよ。仲間が困っているとかならず誰かが助けた。（学部の試験が近づくと）試験のための勉強をいっしょにやったんですが、金持ちの連中がいて、それがデカイ屋敷に住んでいる。そういう家にみんなで転がり込んで、合宿するわけです。

そこで、オフクロさんが気を遣ってくれて、エサ（食事）が出て、やさしくしてくれて、みんなで集まっているから、試験の勉強しているはずが、「せっかくこうやって集まったんだから麻雀やろうか」みたいな話で、遊んじゃったり。

このときもみんなで集まって必死で勉強したんですけど、ボクの成績はボロボロ、ドイツ語なんか一年、二年と全部落としてるんですよ。よく三年生になれたと思うんです。仲間のなかでは先生から危ないっていわれていた下から三番目のヤツが落っこちた。コイツは大分の臼杵というところの酒問屋の息子だったんだけど、彼はけっきょく日吉に残されて、仲間もいなくなっちゃって、学校がおもしろくなくて、しばらくしてやめちゃった。

ボクはそんな綱渡りをなんとかこなして、綱渡りながら、けっきょく四年間で卒業するんです。

授業の単位のことでいろいろ苦労しているうちにだんだんわかってきたことは、出席率というのは試験の点数に関係していて、試験で点数がとれればなんとかなるっていうことだった。

教養課程でとれなかったドイツ語はそのときは、ほかのなにかで代替えして、ドイツ語は三年、四年で全部取りかえした。卒論もバイトで忙しくて書けなくて、なんかほかのことで卒論の単位をとって、ほんとにぎりぎりで卒業することができた。

みんな、抱えている問題はそれぞれで、一科目だけ要領がわからず単位を落としそうになっているヤツや全然授業に出ていないために全面的に留年の危機にさらされているヤツまで、いろいろだった。彼は基本的に、雑学のかたまりのような学生だったから、学校で教えられることがなんだかよくわからない、というような学生ではなかった。

授業に出れないだけで、学力はあるのである。

一度、替え玉でテストを受けてあげたことがあるんです。同期の友人に藤田博幸（現・苫小牧商工会の会頭）とか、その友だちにワイルド・ワンズのリーダーで、先日亡くなった加瀬邦彦とかいたんだけど、その仲間の福室という、型破りに豪快で自由人なヤツがいて、彼に「オレのかわりに試験を受けてくれ。オレはあれに受からないと卒業できないんだ。たのむよ」と懇願されて替え玉で試験を受けにいったんです。あの先生は、年とっていて目が悪いから大丈夫だ、絶対ばれない、とかいわれて、本当にそう思って。

学科は法学だったんですが、問題があまりに易しいのに驚いたことをおぼえてます。

まあ、替え玉受験なんていうのは絶対にやっちゃいけないし、ばれたら大変なのに頼まれたら断れない。そのころはボクらみんな、成績が悪くて、試験の点数が悪いと留年という、切羽詰まったデッド・ラインで学生をやっていたんです。

小柳昌之も授業に出ないから、成績についてはその全然ダメなクチだったのだが、さすがに落第だけはイヤで、ノートをみんなで持ち寄って誰かの家に集まった、合宿状態のなかで、わかっているヤツがわからないヤツに集中的に教える、全科目対応の試験勉強をやったらしい。

このとき、前出した板橋の佐野功太郎の家に集まったこともあったというのだが、母親は集まった息子の仲間たちに、息子と同じように暖かい母性愛を発揮して歓待してくれたらしい。

その鷹揚な対応がやがて二人を運命的な関係に結びつけていくのだが、そのことの詳細は後回しにしよう。

このころの彼の生活は、もともと蓄えがあって暮らしていたわけではないから生活費は自転車操業で、やりくりのメインはまわりの仲の良い友達への借金だった。

このことも慶応義塾ならではで、まわりの友達がみんな富裕層の子弟だったことと関係がある。仕送りしてもらったお金を貯金しておいて少しずつ使うというような発想は全くなかった。

このことについて、彼はこういっている。


おかしな話ですけれども、いつも友だちの誰かにお金を借りていたんです。

しょっちゅうアルバイトをやっているから、お金をもらえる予定がわかっていて、水曜日にお金をもらえるとわかっていたら金曜日に返すと約束してお金を借りるんです。そして、その約束をかならず守るようにしていた。そしたら、そのうちにおかしなことにお金貸してくれよと頼むと、特に佐野はなにもいわずにポケットにあるだけ、数えもせずに貸してくれるようになったんです。いつ返してくれるんだと聞かないようになった。

でも、ボクは自分が返すといった日の約束をかならずきちんと守るようにしていた。ヘンな話、お金はなかったんだけれど、友達にはすごく信用されていた。

あいつはお金にきれいだし、約束は必ず守る、と。一ヵ月後にどこかで集まろうと一度約束したらそのあと連絡もなにもしていなくても、かならずその約束の日には約束の場所へいっていた。約束を守るということは信用につながる、信用ということの大事さが、そのとき、わかっていた。

彼らとつきあっていると、しょっちゅうじゃないけど、高くていいところに遊びに連れていってくれた。それはボクはお金は払えないんだけれど、みんな知っていて、いいよ、っていってくれて。そのかわり、お茶を飲んだりしたときの払いは彼らの倍の回数くらい払っていた。高いのは払えない。

それで、あるときは、おかまバーに連れていかれて。新宿二丁目にサザエなんていう名前のお化けみたいなオカマがいたんだけど、面白くていいヤツなんです。友だちのひとりが常連で、僕らがいくとね、大サービスっていってスコッチ・ウィスキーの高いのをただで飲ませてくれるんですよ。いつもはトリスばかりですよ。

ボクらが「いいの?」って聞くと、「オタクの学校の□□先生からもらう。あのスケベ親父からもらうからオタクたちはいいのよ」って、すごくいい感じで遊ばせてくれた。そんな経験はたぶん、慶応の学生でなければできないことだったと思います。

ボクはこの仲間同士でのお金の貸し借りを経験して、約束を守るということがいかに大切かということを切実に考えるようになった。

人を裏切らない。いったことは必ず守る。いい加減なことをいわない。ウソをつかない。そういうことが生きていくうえで一番大切なんだ、そういうふうに考えるようになった。

それから、その約束が来年の約束でも、何年か先の約束でも、かならず手帳に書き込んで約束の場所にはかならず行くし、必ず守ってきた。それは、格別の理由があるわけじゃなくて、そんなこと当たり前だと思っていたんです。

親の教えかもしれない。一度人に約束したことは必ず守れということを子どものときに教え込まれていたのかもしれないですね。

やると決めたことはかならずやるんだということです。

一度だけ、大変な借金を背負わされたことがあったらしい。得意だったはずの麻雀である。

麻雀はあまり負けたことがなくて、メシ代とタバコ代をこれで稼いでいたみたいなところがあったんです。大学を卒業するまでずっとやっていましたけれども、怖いなと思った経験があって、それであんまり麻雀にのめり込まなかったんです。

というのはそれまで、勝ったり負けたりしながら、勝つことが多くて、ややプラスのことが多かった。それがあるとき、三ヵ月間勝ちつづけたんです。

それで、儲けた金で仲間を連れてメシ食いにいったりしていた。そしたら、三ヵ月目にドカーンと、一晩で、それまでの人生で経験したことのないような負け方をしたんですよ。それが、ものすごいいい手が来て、悪い手だったら勝負にいったりしないんですよ、だから守れる。あまり負けないですむんだけど、来るのが絶対勝負したくなるスゴイ手なんですよ。そして、勝負すると全部負ける。とてつもない負けなんです、とても払えないような。だけど、勝負の金だからから払わないといけない。いろいろと考えて、奨学金を借りにいって、それで負けを払った。そんなことがありました。

阿佐田哲也《あさだてつや》の『麻雀放浪記』みたいな話だが、あの時代はそういう博打もいまよりもずっと、生活のなかでリアリティを持っていた。

そのとき、一晩でいくら負けたか思い出してもらうと『十三、四万円だったと思う』という。

昭和三十年代中葉の十三、四万というのはいくらぐらいかというと、政府が発表している『行政職俸給表』という資料で調べると、昭和三十七年の大卒の上級公務員の初任給が一万五千七百円、いまの初任給を調べるとこれが平成二十六年には総合職という表現に変わっているのだが、二十万五千四百円と、約十三倍になっている。

これで計算すると、このときの小柳の負けは実に百八十万円ということになる。

率直な印象をいうと、学生のくせにいくらのレートで賭けてんだヨというような話だが、ピンでやってもテンピンでやっても、どんにな強くても、負けるときは負ける。

勝負勘がコントロールできなくなる。麻雀というのはそういうものなのだろう。この経験をしてから、彼はツキということを考えるようになった。幸運とか不運とか、人生のなかに自分の力ではどうしようもない部分があるのではないか。それは人生のなかで波のようにうねりながらやってきて、また、遠ざかっていく。そのツキというか、運を呼び込んで自分のものとして我に利するためにどうすればいいか、そういう思いである。

このときの麻雀でボクが負けた原因というのは、自分では［運］だと思っている。ツキ、まずツキだと思う。麻雀というのはツキの遊びなんですよ。本当に強い人は自分にツキを持ってきて、相手にツキをあげない。あのときはものすごくいい手が来て、それで勝負しにいくと、なぜか誰かがボクよりもっといい手を持っていて、ボクより早く上がってしまう。そういう不思議な現象が一晩つづいたんです。

麻雀についてはこんな思い出もあった。

あるとき、ボクの友だちが麻雀で負けに負けて、ニッチもサッチもいかなくなっちゃったんですよ。相手はプロ級に強い人たちで、ボクが入れかわって相手をすることになったんだけど、これはすごいヤツだなと思ったとたんにホントに集中して。集中すると頭のてっぺんが寒くなる感じがするんですよ。二回ぐらいやって、友だちの負けを取り戻したんだけれど、そのときは本当に体中のエネルギーを使いきって、グッタリした経験がります。

ボクは科学では説明できないけれど、こういうことには運気というものがあると思っている。状勢を冷静に判断しているもうひとりの自分が「おまえ、いまついていないんだから用心しなさい」といったら、ボクは極力用心する。

それはこのときの経験から始まっているんです。

それで、なにもなければ幸せだけど、運の流れというのはあると思うし、上手にやれば運というのは引き寄せられると思う。たぶん、朝うしろめたくなく、気分よく目が覚めて、まわりの人たちに優しくしていればいい運が来たときにそれを感じられるんです。

運がやってくるのは誰にとっても同じでしょうが、好運がやって来たとき、それを感じとれるかどうか、心にやましさを持っていると、それを感じとれないし、見逃してしまうはずです。

人に対する優しさというのは自分の心にマイナスを与えませんからね。それが自分の心に幸運を感じさせるような、なんかそういうようなことなんじゃないかと思っているんです。

仕事でも生き方でも、戦いには戦うべきときと決して戦ってはならないときがある、その間合いと潮のうねりを読めるようにならなければならない、この麻雀で大負けしたことは、彼にとって、生き方やビジネスに関わってそういう運命的な力を実感させた初めての出来事だった。

考えてみれば、一橋大学を目指してさんざん苦労し、苦労して浪人して、けっきょく慶応大学にたどり着いたのも、単なる偶然ではなく、浪人した三年間の生きた経験のもたらした結論だった。人生には自分で自覚しきれない天佑《てんゆう》や不覚の蹉跌《さてつ》が生じるのである。

じつはこの問題は、本書の最大のテーマの一つである。人間はどうやれば幸運を作り出せるのか。人生の幸せは自分の力で作れるのか。それは技術的に解決できる問題なのか。

彼はそのことを薄ぼんやりとだが感じながら生きるようになっていく。

そして、こういうなかでいくつか恋物語も生じている。そもそも、彼は女に好かれるタイプである。

慶応大学に通うために日吉に引っ越して、最初、商店街のパン屋さんの二階に下宿したんですよ。下宿人がボクのほかにふたりいて、そこの娘といろんな話をするようになったんですが、その子が熱くなって、ボクもなんとなく引っぱられて、その子といろんな話をしていたんです。そしたら、パン屋の親父がボクの部屋にやってきて、怒り狂って娘をひっぱたいてね、ボクはなんにもしていないのに出ていってくださいといわれた。ボクは黙ってその家を出たんです。

そしたら、その子がわたしの下宿先に訪ねてきて、すれ違いで会えなくて、でも次に会う約束をして会っていた。でも、あるとき、彼女が約束の場所に来なくて、それで縁が切れたんです。

その子はずっとあとになって、ボクが大学三年生の、銀座のバーでバーテンのアルバイトをやっているときに、どうやって探し出したのか、ボクのことを訪ねてきたんです。で、その日、帰りたがらなかったんだけれども、ボクもそういうことのカンが鈍くて、いま思えば、かわいそうなことをした。そういう経験はいくつかあるんですよ。

たとえば、バーに飲みにいって、あるとき、飲んでいたらバーの女の子が紙に「あなたみたいなタイプが好き」って書いてくれたんですよ。それをボクは〈この子はオレのこと好きなんだ〉というふうに受けとらないで、〈オレみたいなタイプってどういうタイプなんだろう〉と思いながら、そのメモ書きをくちゃくちゃにしてポイと捨てたら、その子が怒ってね。そのぐらい、ボクは女と男のことに鈍いというか、女の気持ちのなかに入っていかなかった。

別のバーでは、わたし、あなたのことを好きって口に出していう子がいて、その子とは一時ちょっとつきあって、どうやら肉体関係ってこういうものなんだということがわかったとか、ボクの場合はそんなことなんですよ。

本人の告白では、ガールフレンドはいなくなると新しい子が現れるというような、同時にふたりの子とつきあうというようなこともあったらしいが、そこそこにもてて、女友だちというのは自然にできるものだというふうに思っていたのだという。積極的に攻めてくる女の子のなかから自分の好みの子を選んでおつきあいしていた、ということらしい。

もてない男にはうらやましい限りの話である。しかし、オンナのことでホントにやばいと思った経験もあった。学生時代、五十数回の引っ越しを経験したというのだが、そういう話とも関係している。アルバイトを求めて転々としていて、あるとき、不動産屋の紹介で、住み込みで息子の家庭教師をやるという、家庭教師をやってくれれば、下宿代は只にするという、夢のような話が舞い込んだのである。

で、そこにいってみたら中学の男生徒がいて、その子はものすごく頭がよくて、狂人と天才のさかいめにいるような子だったんです。そして、ボクの頭脳をチェックする、ボクの才能を。いっしょに生活し始めたトタンに同じクラスのヤツが書いた作文をたくさん持ってきて、この人たちがどういう性格か、全員の性格分析してくれ、と。そのとき、必死になっていろいろ質問したりしながら、書体から性格判断していったら、ほとんどあたっていましたね。どうしてあたったのか、わからない。必死でした。

それで、その子を預かって家庭教師やっていたんですが、ボクもけっこう悪くて、あるとき、部屋に女の子を連れ込んでいるのを見つかって、お前、もう出ていけ、といわれたんです。

そういうとき、ボクは余計な弁解とかしないようにしているんですよ。わかりましたという話で、タクシー拾ってきて、ちょっと待っててくれと、家財道具まとめて、家財道具といってもタクシーの座席に置ける布団とかその他、コチョコチョっとしたものしかなくて、それを車に詰め込んで、どこにいこうかと考えたんです。突然訪ねていって、歓迎してくれるのはどこか、と。それで佐野功太郎のことを思いだして、板橋にいってくれって、いきなり家財道具もって彼の家を訪ねていったんです。

あのころというのは本当におおらかな時代ですね。いやあ、よく来たなあ、みたいな話で、本人から母親から歓迎してくれて、けっきょくそこに一年くらいかな、一年以上かな、住み着いちゃったんです。

食事付きですから天国です。普段は電車で通学しているんだけれど、電車でいったら間に合わない時は、ボロボロになっちゃったワーゲンを動かすんです。で、車で板橋から日吉まで飛ばしていくと授業に間に合う。佐野には感謝しています。

さんざん苦労しながら、やっとこさ教養課程を修了して、三田校舎に移ったのが、一九六二(昭和三十七)年のことである。

いつまでも友だちの家に居候しているわけにもいかず、専門課程に進級して校舎が日吉から三田に移ったところで、住処を板橋から、駿河台の弟の下宿先に移し、ここでしばらく、弟といっしょに暮らす。

明治大学の学生食堂のそばで、始終そこにいって食事していたという。

これはしかし、すぐに共同生活を解消して、駒込に近いところで新しい住処を見つけた。

というのは、かなりいい稼ぎになるアルバイト仕事を見つけたからだった。

それは、銀座のバーのバーテンだった。

バーテンの仕事はこの話は前章の268頁以下でも書いたが、一番最初、浪人時代にそのころ住んでいたアパートの近く、高円寺の駅のそばのバーで、経験者募集の張り紙を見て、それまでそんな仕事やったことなかったのに経験者だとウソをついて仕事につき、働きながら自分でもいろいろ勉強して、一人前のバーテンになってしまった経緯があった。

それで、時給にひかれて銀座のバーを訪ねる。経験者だというと、即ＯＫで、そのまま勤めることになったのである。

バーテン仕事だったら、つとめの時間は夜だし、銀座だったら三田へも山手線で近いし、銀座という街自体が慶応の大学生にとっては自分たちの遊びの縄張りみたいなものだった。

このときにやれといわれたことの一つが店の始まる前の早い時間に出ていって、店の掃除をするということだった。

店のなかをきれいにして、テーブルを拭いて、グラスもきれいに拭いた。

「グラスを丁寧に洗うのは面倒な作業だったからいい加減にやったところもあったんだけど、早くちゃんといって、店をきれいにしておくというのは、子どものときに父親からいつもきちんとしていなきゃダメなんだと教えられた言いつけを守っているような気がして気持ちがよかったですよ」

と彼はいう。本人は褒められたいとか点数を稼ぎたいというようなことではなかったのだが、そういう頼まれごとを嫌な顔一つせずにやったおかげで、彼の評判はかなりよかった。

バーテンのバイトはけっこう日銭もよく、彼にとってはありがたい仕事だったようだ。

ここで、本格的に夜の水商売を経験したことが、やがて、のちに歳月が一回りしたあと、池袋の街で活かされることになる。

銀座のクラブで働いていたころは、（浪人時代や大学の友だちとはまた別の）人たちと知り合いました。銀座のクラブに遊びに来る人のなかには、いまでも東北のゴムの会社の社長をやっている人がいましたし、それからあのころ、パイオニアという会社の松本一族で、常務で、のちに社長になった人がいるんですけれども、その人もしょっちゅう遊びに来ていた。その人はお勘定するときにかっこよくて、小切手を切って渡していました。

お客さんのひとりに三井建設の子会社だったとおもうんですけれど、太陽建設という会社があって、そこの偉い人と知り合いになって、その人はボクがまだ学生で、年齢がもういっていて、大学を卒業するときには二十五歳だということを知って「じゃあ、ウチに来ないか」といってくれたんですよ。慶応の新卒の学生でも年齢が二十五歳だと普通に大きな会社の就職試験を受けてもどこも入れてくれないから。それで、その時点では、学校を卒業したら、その太陽建設に就職して、そこから先のことを考えようと思っていたんです。

銀座のクラブというのはやっぱり、女の子が違うんです。かっこいいんですよ。銀座（の夜の世界）でもいろんな勉強をさせてもらったんだけれども、店をやめる人がママになって新橋でバーを出す、と。バーを出すときに「マネジャーがいないから、ヤギちゃん、やってくれない」と頼まれたんですよ。ボクの名字は小柳というんだけど、あだ名をつけられてみんなからはヤギちゃんて呼ばれていたんです。それで、ボクはその人にマネジャーをやってくれといわれて、大学の授業とかに差し障りのない勤め方だったんでマネジャーをやったんです。

新橋のクラブでのマネジャー仕事は長つづきしなかったようだ。

この店というのはボクと同じ慶応の出身の大先輩で、金貸しをやっている人がスポンサーだったんだけれども、その人がね、なんにもないのにママとボクのあいだを疑ったんですよ。あるとき、ちょっと来てくれといわれて理由もいわれずに辞めてくれっていわれた。ヤキモチを焼いているなってわかったんだけど、なにもいわずに、わかりました、といった。ママの方は、ボクを誘っていたのかどうなのか、しょっちゅうスキを見せていたけれど、ボクの友だちもその人と遊んだことがあった。ボクはあんまり据え膳は食べなかったですね。

これはもしかしたら、そのママがいくら誘っても相手にされなくて、腹を立ててスポンサーの男に中傷し、そのおかげでそこを辞めなければならなくなったのかもしれない。

　こういうことも夜の世界の男と女にはよくある話である。

　このころだけのことではなく、池袋のパブレストランの経営者だったころもそうだったのではないかと思うが、若いころの小柳昌之というのは、女の目から見たら、いつもフェロモンをまき散らしながら生きている男で、女のコが自然と集まってくる、あまり本人にその自覚はないのが欠点なのだが、そういうタイプの男（男の子）だったようだ。

　昼間は普通の慶応の若い学生だったが、夜の世界に入ると、独特の雰囲気を持つ、女の目から見たら陰翳のあるいい男に変貌したのである。

たぶん、それはここまでの彼のキャリア、池袋の雑踏での無頼の流れ者生活と慶応大学の何年間かの加山雄三・若大将的な部分とが混合・ミックスしてできあがったキャラクターだったのではないか。これはもしかしたらオーラと呼んでもいいような性質のものだったのかもしれない。要するに水商売の女たちは、肝の据わった知的な男が好きなのである。


　それでまあ、そんなことで水商売のアルバイトから手を引いて、四年の夏休みだったんですが、それまでとは違う、まったく新しいバイトを見つけた。

　それが、宇都宮の食品会社でフタバ食品というんですが、人間が入っていって出し入れする巨大な冷凍庫のなかのアイスクリームの管理なんです。

これがけっこう大変で、気温差が外と冷凍庫の中と七十度ぐらいあるところを行ったり来たりしていると、まず関節をやられちゃうんですよ。

真夏だと、表の気温が三十七度ぐらいあるでしょ、冷凍庫の中は出来たてのアイスクリームを急速冷凍する倉庫で、マイナス三十七度で、二十分は入っていられない。

現場に行ってみて相当危険な仕事だということがわかったんですよ。

ほとんどのアルバイトが尻込みして逃げ出すらしいんだけど、ボクはやると決めたことはやるものだと思っていたから、逃げなかったんです。これを（きちんとスケジュールを管理して）二ヵ月間ばっちりやりました。


フタバ食品というのは当時はアイスクリームの製造販売をやっている会社で、仕事はその在庫管理と注文に応じての出し入れだった。

零下三十七度の氷の世界で、厳重に防寒して入っていっても最長で二十分間ぐらいしか作業できない、極寒地獄での作業である。

一つ手違いがあると低温やけどしたり、冷凍庫の中に閉じ込められたら一時間と生きていられない、なんでもないように見えてじつはかなり危険な仕事である。

彼はここで夏の間、住み込みで働いて、かなり高い評価を得たらしい。

約束の期限、無事に働き終えて東京へと戻り、また、なにか新しいバイトを探さなければと思っているところへ、そのフタバ食品から連絡が来て、なにか新しいアルバイトを探しているんだったらウチの東京事務所で働かないか、手伝ってもらいたい仕事があるんだといわれるのである。

浅草のフタバ食品の東京営業所というところに呼び出されて、行ってみたら事務所が吉原のソープランドのど真ん中にあるんですよ。前も隣もソープランドですごいところなんです。

で、ボクを呼び出したわけを聞いたんですが、フタバ食品というのはもともと安売りのアイスクリームで商売している会社で、夏は忙しい。夏以外どうするかという問題があったんですね。

それで、当時の専務が思いついたのが蒸かしまんじゅうを大衆販売することだったんです。

店の店頭に蒸かし器をおいて、あんまんや肉まんを暖かいままで売る。

それまで大がかりな装置がないとダメだったのが、どこの商店の店先にもおけるというコンパクトな蒸かし器を作って、肉まんとあんまんを売るというのを、このときにフタバ食品が初めてやったんです。翌年、井村屋がまねするんですが、それは先の話。

それで冬が来るのにあわせて、その蒸かしまんじゅうを置いてくれる店を募集したんだけど、これが全然集まらなかった。それで、その蒸かし器を売りつける仕事をやれといってきたんです。アルバイトなのに、そういうセールスマンみたいなことをやれっていうんですよ。

誰かがあいつならできるっていったのかもしれないけど。ところがそのアイスクリームを売っている東京支店というのは契約書も作れない。それで、自分なりに考えて、まず契約書を作らなくちゃいけないと思って、アイスクリームのストッカー用の契約書があって、それを借りてきて、文面を適当に作り直してそれを使った。いま考えるとひどい代物なんだけど、そのときはそれしかない。、それで商売したんです。

アルバイトの身でありながら、新商品の開発、マーケットの開拓を任されたのである。

これはたぶん、宇都宮の本社にある冷凍庫の倉庫管理に関わった夏の二ヵ月のあいだに「あのアルバイトはおもしろいヤツだ」というようなことがあったのではないかと思う。それでなければ、あとから、東京の上手くいっていない仕事を手伝ってくれないかなどとは言ってこないだろう。

この仕事をやるようになったときに、彼が考えたのは次のようなことだった。

まず、どういう店に売るか。これはやはり、類似商品を売っているパン屋さんや菓子屋さんがいいだろう、と考えた。それも人が集まる、駅前とか、商店街の賑やかなところである。それで、すぐ近くで同じようなことをしていたら、店はいやがるだろうという話で、その店の半径五百メートルの範囲では新しい契約を取らないようにした。また、何個売れたらいくら儲かるか、何個仕入れてそれを一定期間で（たとえば一日で）売ったら一個あたりいくら儲かるか、そういうシユミユレーションをして、セールスのときに店に説明するようにした。

傍らで、蒸かし器のためにプロパンガスを使うことになるから、当時、プロパンガスの供給大手だった岩谷産業に大量に、何百軒でこういうことをやるから、安くしてくれと交渉にいく。これもいろいろと苦労があったらしいが、安く分けてくれることになった。

こういう基本戦略を立てて、白紙の契約書を用意して各営業所のセールスマンたちに指示を出した。彼がこの戦略を立てる役を割り振られたのは、東京支店の支店長や東京支店駐在の常務がというのが、宇都宮の本社で働いていた彼の評判を聞いていて［アイツにやらせてみよう］ということだったらしい。

以下、本人談の思い出語りである。

フタバ食品の東京営業所で働くことになって、このときもボクは毎朝、決められた出勤時間よりも前に出社して、事務所内を掃除していた。

そこには駐在の常務という人がいて、ボクはその人にまんじゅうを売るにはああすればいいこうすればいいというような話をしていたんだけれども、この人も朝早くに会社に出てくる人で、だいたいボクと同じくらいの時間に出社する。

ボクは常務に負けちゃいかんと思って、常務より早く出社するようになった。事務所の床を掃いてから、外に出て道路もキレイにする、それは当たり前のことだと思っていたんです。

ボクは東京事務所で事務の手伝いをしていたんだけれど、いよいよ冬の売り出しが近づいてくると、大きな問題があることがわかってきたんです。というのはフタバ食品の東京支店には営業所が四カ所、浅草、世田谷、横浜、戸田橋とあったんですよ。どこの営業所もそこそこの契約数をとっていたんだけど、戸田橋営業所だけ全然契約が取れていなかった。

戸田橋営業所の管轄というのは、東京では池袋、赤羽、それから埼玉なんです。そこだけが全然ダメ。「あそこはゼロに近いからお前いってなんとかしてこい」っていわれて、いってみたら、ヨボヨボの人がいて、その人は（人柄は）すごくいい人だったんですけれど、人柄がいいだけじゃ無理なんですよ。どうしてそんな人がそこの所長をやっていたかというと、あとでわかったんですが、常務のお兄さんだったんです。

で、その弟の常務から「お前に全権を与えるからいけ」といわれて、スバルのサンバーっていう車があるんですけど、あの小さい車に乗せてもらって、まず、一番最初にいかなきゃいけないのは池袋だ、と。池袋の西口に田島屋っていう、大きな古い店があって、まわりはみんなバラックなのにそこだけちゃんとした店構えで。まず、そこに飛び込んで、売り込んだんですけどＯＫじゃないんですよ。東武線や西武線の沿線の、多くの駅前の店をずっと回って、いろんなところにパンフレット配って。

そのときはどこもウンとはいってくれなくて、パンフレットを受け取ってくれるだけ。

そのうちに寒くなってきて、実際にまんじゅうを売り出したんです。それで知ったのは、パン屋って横の連絡を取りながら商売しているんだな、ということ。

どこかで売れ行きがいいって聞いたんでしょうね。それまでパンフレットを置いてきたところからどんどん電話がかかってきて、オー、来てくれ来てくれ、と。けっきょくね、七十店くらい、ボクは自分で選んで訪ねていっているからいい店ばかりなんですよ。みんなものすごい売り上げで、田島屋なんか特にすごい売り上げなんです。そんなことでボクのとこ（戸田橋営業所）が七十軒で、ほかの店は世田谷が百二十軒、横浜が百四十軒、浅草は六十軒くらいだったんですけど、ほかのところは員数合わせみたいなことやってて、大して売れないかもしれないというような店にも売らせている。それで、売り上げは七十軒のウチと百四十軒の横浜が競っていた。それで、ボクはよくやったと褒めてもらって、アルバイトなのに何十万というボーナスをもらった。そして、「学校を卒業したらぜひウチに来てくれないか」という話になっていったんです。

気がついてみたら、大学を卒業するときが近づいていた。

前にも書いたが、このときには彼はある現実というのを知っていた。

というのは、慶応大学の経済学部だったら、就職先もよりどりみどりでどんな有名企業にでも入れるだろうと思うかもしれないが、それは大間違いだった。

そういう企業は現役や一浪くらいまでなら歓迎してくれるが、三浪となると、縁故や内部に推薦人でもいればまた別の問題だったのかもしれないが、それだけでNGを出したのである。

それが現実だった。そのことについての彼の思いはこうだった。

就職するといっても、三年浪人していると、大きな会社には入れてもらえないんですよ。一年くらいの浪人ならまだしも、三浪だから最初からそういう会社には入れないということはわかっていた。

ボクはそもそも慶応の経済だって、そこで経済学を勉強してどこかの企業に就職してそこで出世するというようなことを考えて入ったわけじゃありませんから。

そもそも［世界を見てみたい］という夢があった。そのときに思っていたことは最初から大きな会社に入ったら独立できない、サラリーマンでは世界旅行できないだろうということでした。それで、絶対に独立できるところじゃなきゃダメだと思っていた。

銀座でバーテンをやっていたころに太陽建設という会社に入れてもらえるという話があったんだけれど、その会社に入ってなにをやるのかというのが見えていなかったし、この時点でフタバ食品はボクを高く買ってくれていた。それで、卒業したらフタバ食品に就職すると決めたんです。

高校を卒業したあと、普通だったら四年間で終わらせる最終学歴を彼は七年かけてやり終えた。彼、本人にとってこのことの意味は大きかった。

彼が所属していたのは就職に有利この上ないといわれていた大学の一番就職しやすい学部だったはずだが、七年間かけて最終学歴を終わらせたという現実は、彼にそれを許さなかった。

要するに、大企業のエリートサラリーマンにはどっちに転んでもなれないのである。

そのことがかえって、彼が子どものときから持ち続けていた「ボクは大人になったら世界を旅していたい」という夢を忘れさせなかった。

あるいは、その夢があるおかげで、自分の人生について劣等意識を持ったり、他人と比較して自分の環境を惨めだと思ったりしなくてすんだのかもしれない。これも運がよかったと書いてもいいことのひとつかも知れない。

上京してから大学を卒業するまでの七年間のあいだに、四年間を普通に過ごして卒論を書いて卒業する学生生活では絶対に経験できない出来事、見られない様々の情景、喧噪の盛り場、雑踏に身を張って生きるギラギラした人生、そういう生を生きるものたちになんの違和感もなく身を寄せることのできる人間性、浪人を重ねることで身にしみた孤独感と疎外感、慶応大学では学問の尊さ、働くことの大変さと、日本のブルジョワジー（昔ながらの富裕な知識人層）の生活観と生活感覚を知り、夜の銀座も知ったのである。

それらの経験はこのあと、彼が普通の人間として、普通に暮らし、普通に働いて生きていくのであれば、あまり役に立たないことばかりだった。

しかし、彼が自分の、オレは世界の果てまでいってみるんだという密やかな野望を捨てない限りにおいて、いろいろな形で役立つ教訓を内裡に含んだ経験ばかりだった。

彼にとって、オレはなぜ生きているのだろうと自問することはそれらの経験の記憶のなかから、人生の真実を探し出そうとする作業でもあった。

このことはのちに彼の人生に大きなプラスになって還っていくのである。

【註】

（1）『東京女子大学社会学年報第1号』二〇一三年刊　［都市下位文化理論の再検討］田村公人著　P・19

（2）blog.livedoor.jp/miotron/archives/52320791.html［佐藤龍一の流星オーバードライブ 東京流れ者］参照

第七章　フタバ食品　弁当販売人

小柳昌之が昭和三十九年に新卒就職したフタバ食品という会社はいまも存在している。本社は栃木県の宇都宮で、現在の社員数は二百七十五名、年商（売上高）は百七十億円とある。これは同社のホームページのなかにあった平成二十六年度の業績だが、ネットのなかの同社を紹介する頁には二〇〇五年、いまからちょうど十年ほど前の数字が記載されていて、従業員数三百十四名、年商は百七十五億円とある。資本金は四億九千万円余と変わらない。

単純な比較になるが、十年前といまと、社員の数が三十九名減と一割以上の減少に対して、年商は五億円減っただけだから、「がんばっている」と書いてもいい数字ではないかと思うが、ここのところ、大きなヒット商品が出ていないということも推測できる。

ホームページに簡単な社史がついているのだが、この会社は元々が一九四五（昭和二十）年、たぶん、戦争が終わってすぐに栃木食料品工業という社名の有限会社として発足し、このとき、鉄道弘済会食品工場を設置した、とあるから、最初から国鉄の駅で売る食品を作り出したということだと思う。

基本的に、フタバ食品は人が戸外で食べる食品を生産・提供することを生業とする会社である。フタバ食品の地元である宇都宮は、いまは餃子で有名だが、この当時、人口三十万人を擁する（現在は五十万人）北関東最大の都市だった。宇都宮は日光連山の山裾が平野部になる境界域の丘陵地帯の市域に鬼怒川、田川、釜川、新川、姿川などが流れる町である。

小柳昌之はこの会社を「アイスクリームを作るトコ」といっているが、アイスクリームについては、一九五一（昭和二十六）年の項に「乳製品の製造施設を完成、県下唯一の許可工場となりアイスクリームの生産を開始」という記述がある。現在も主生産物はアイスクリームだから戦後の風雪の七十年をアイスクリームをひたすら作りつづけてきた企業だということがわかる。

現在のフタバ食品のホームページを見ると、社長の挨拶からしてアイスクリームに賭けた意気込みというか、やる気がヒタヒタと伝わってくるが、昭和三十年代の末、彼がこの会社で働き始めたころのフタバ食品というのは、こんな会社だった。彼はこのとき、大学四年生だったが、すでに二十五歳になっている。小柳昌之の回想である。

（昭和三十八年の）夏休みに二ヵ月間、宇都宮のフタバ食品の本社の冷凍庫でアルバイトをやったあと、東京に戻ってすぐに東京支店に呼び出されて、頼まれて秋口から冬にかけてまんじゅうの蒸かし器を売ったんです。昼夜を問わずに働いて、（身分はバイトだったけど）そこで一仕事する。それで、いっぺんに会社に気に入られて「学校を卒業したらウチに来ないか」といってくれたんです。

当時のフタバはどんぶり勘定で、その時その場まかせの会社だったんですけれど、ボクは〈この会社、なんにもないから逆にいろんなコトができるかもしれないな、面白いかもしれないいな〉と思って、「いいですよ」っていったんです。

そのとき、宇都宮の本社で誰からも恐れられていた総務担当の常務から電話があって「大学を卒業しなければ入社させないからな」ということだったという。

これはいろんな受け取り方ができるが、ぜんぜん大学の授業を受けに行かないで、アルバイトにばかり精を出している彼の学業の行く末を個人的に心配したということもあると思う。

大学を卒業しなかったら、親御さんはものいりだし、さぞがっかりするだろうというわけである。それと、この常務だったという人の細かな履歴はわからないが、学歴というものが社会的に持っている意味というのをよく弁えていたのだと思う。

大学は、どんな大学でも卒業していれば、大卒なのである。

たぶん、慶応大学中退と慶応大学卒業では、本人がどういう人間かはまた別の問題だが、そのあと十年、二十年たって企業の一員として仕事をしているときの背中に背負う旗というか、のれんの意味というのが全然違ってくる、社会に出ると、たとえ形だけのことでも学歴の有無は雲泥の差として扱われることがあるのだ。

世間の常識からいうと、中退はたとえ名門大学の中退でも、作家とかそういう職業であれば別だが、実業の世界ではたとえ、B級の大学でも卒業の学歴にかなわない。常務というのはそういうことの意味がわかっている人だったのだろう。

こういう配慮は、自身が満足な教育を受けさせてもらえないで社会に出て苦労した人に多い。

学歴というのは基本、本人の意識の問題で、あれば当たり前でストレスになることもないが、ないと気になってしょうがなくなるようなところがあるのだ。

それで、彼が働くことになったころのフタバ食品だが、記憶では工場の従業員も含めて社員が何百人もいて、年商もこのころすでに七、八十億円あったという。

一九六〇年代から七〇年代にかけての年商八十億円は少ない金額ではないだろう。ラーメンが一杯五十円〜百円で、電車の初乗り運賃が二十円〜五十円の時代である。


そのころのフタバ食品というのは、アイスクリームの二流メーカーだったんです。あの時代というのは、アイスクリームは、大手の雪印だとか明治、森永なんか、ロッテはまだなかったんですが、そういうところは自分の品揃えを店に提供するだけで、それだけじゃ商品数が少ないんですよ。それに対して、アイスクリームの問屋は（お菓子屋とかパン屋とかアイスクリームを置いてもおかしくない）小売店がいっぱいあるんだけれど、彼らは雪印のアイスクリームとか売ってもあまり儲からないんですよ。

当時のフタバは品物は雪印なんかと似たり寄ったりで、そういうのより仕入れ値が全然安い商品をたくさん用意して、商売していたんですよ。薬でいうと、ジェネリックみたいな感じでした。


社史を見ると、小柳昌之が正式に社員として入社する前年、つまり、宇都宮の本社で冷凍庫のアルバイトを初めて経験した一九六三（昭和三十八）年の事項にこういう記載がある。

資本金5千475万円に増資。社名を株式会社栃食に変更、本社を宇都宮市中川原1002番地に移転。同年12月双葉食品興業と合併、社名をフタバ食品株式会社に変更。資本金1億4千万円に増資。

この記載から推測すると、事業内容は栃食、社名は双葉食品興業から受け継いだ形になるのだが、この合併で資本金が八千五百万円増えているのだから、もしかしたら、一種のM&A（企業買収）のようなものがあったのかもしれない。また、資本金の増え方を調べると、一九七六（昭和五十一）年に三億五二五〇万円になり、その三年後の七十九（昭和五十四）年に現在の四億九千二百万になっている。これ以後、三十六年間、増資はおこなわれていない。

けっきょく、小柳昌之はフタバ食品に一九六四（昭和三十九）年から一九七四（昭和四十九）年までの十年間、勤めることになる。

この十年は、この時代を生きた人たちが自ら［昭和元禄］と歌い上げた（特に、昭和四十年代の前半の時代は当時こう呼ばれた。確かいい出したのは政治家の福田赳夫《ふくだたけお》だったと思う）騒然とした繁栄の時代だった。

そして、この時代は国内市場（つまり内需）もどんどん拡大していて、企業もどんどん大きくなりつづけて、一生懸命に働けば働くほど報われる、そういう時代だったのである。

彼のフタバ食品への入社は、一種の鳴り物入りで、「アルバイトなのに蒸かしまんじゅうのプロジェクトを一年目から黒字にしちゃったヤツ」として、会社の希望の星扱いで始まった。

このときの彼の心のどこか、というよりも思いのなかのかなり重要な部分に、〈この会社だったらいつでも辞められる。世界を見て回るためにどうすればいいか、それがわかるまで、この会社に勤めているのでもいいのかも知れない〉というような思いもあったようだ。

いずれにしても、彼は大学の新卒なのに評判のやり手として将来を嘱望されて入社したのである。

このころのフタバ食品は日本の農家と同じで、繁忙期と閑暇期とにはっきり分かれるような状態で商売していた。春から夏にかけては主力のアイスクリームの商売で忙しいのだが、秋と冬は駅弁を作るくらいであまりやることがない、というバランスの悪い商売が経営の実情だった。

このときの彼なりの思いからすれば、春から夏にかけてはアイスクリームのセットを売って、秋から冬にかけて蒸かしまんじゅうのセットをアイスクリームと同じくらいの規模で売る、これが商売の両輪として順調に回っていけば、フタバ食品は盤石の経営基盤が作れるのではないかということだった。

ところが、張り切って東京営業所に入社して、一生懸命にアルバイト時代からの継続で、セールス活動をつづけていたら、とんでもないことがおこる。

蒸かしまんじゅうの売り込みが二年目に入ったところで、たぶん儲かる商売だということを聞きつけたんだと思うんですが、アイスクリームの問屋さんが、夏はお前のとこの商品を売ってやっているんだから、冬の仕事があるんだったら俺たちに回してほしい、といい出すんです。

もともとフタバ食品というのは、頭を下げて自分のところの商品を扱ってもらうという姿勢でやってますから、問屋さんの圧力に弱いんです。これは本当に（新規の事業なのに）何百万円と儲かっていたんです。

わたしの計算では初年度で三百万円くらい儲かったんですが、問屋さんからそういうふうにいわれて、せっかくつくり上げた蒸かしまんじゅうのネットワークを全部、いろいろな問屋さんに渡すことになってしまった。

ボクは猛反対したんだけどダメで。もめたんだけど、そのとき、会社から「お前、本社にいけ」といわれたんです。それで、宇都宮に引っ越していって、本社勤務ということになった。

本社でやらされたことはいわゆる日常的な業務ばかりであんまりやることないんですよ。

本社で彼がやれといわれた仕事は、要するに在庫管理だった。

本社の人たちも小柳昌之がどういう人間なのか、あらためて見てみたくなったのかもしれない。なにしろ、田舎の食品会社に慶応大学の経済学部卒業のインテリな若者が就職したのである。

在庫管理というのはこの時期にアイスクリームの注文がいくつあって、在庫がどのくらいあり、注文分を出荷すると残りはこういう状態だから、どれをいくつ追加でいつごろまでに生産しなければならないというような見込みを立てるデスクワークだった。

たぶん、この仕事はそのときのフタバ食品にとっては最も重要な基本の仕事だったのである。

それはそれで会社にとっては必要な作業だったし、その気になって販売の傾向を分析すれば、もっとたくさんのアイスクリームを売るためのヒントが隠れているのかもしれなかったが、この作業をやらされている本人は面白くもなんともなくて退屈だった。

問題は夏の商売ではなくて、冬、どうするかということではなかったのか。

言葉は悪いが、ここのところで彼は成長できない企業というのはどこがどうダメで、大きくなっていけないのかということを少しずつ学んでいったのではないかと思う。営業の企画書を出すと、こんなのはどこでもやっていていっぱいあるからダメといわれる。あるいはどこもやっていないから危険すぎて許可できないといわれる。要するに、新機軸に挑む気概というものがまるでないのである。

これらのことの背後には、企業の、それまで未経験だった事柄への恐れがある。

じつはわたしもこういうことを出版社に勤めていたころ、何度も経験している。

現場でさまざまの経験を積み重ねながら、思いついた新商品の企画やアイディア等々に対して、会社としてどう反応するのか。ダメな会社はほとんど現場の意志を否定して、いろいろと理由をつけていつも安全な路線を選ぼうとする。

もちろん、現場のその人間がどのくらい優秀か、ということに関係があるのだが、優れた人間ほどいろいろなことを思いつくものなのだ。

成功するアイディアを生じさせるのにも人間的能力が関係していて、そういうことにふさわしい知性的な就業環境というか、企業風土が必要なのだと思うが、たぶん、その企業の成長の萌芽やきっかけは現場の最先端の営業や販売で苦労している人間の経験や着想のなかにしかないのである。

わたしの経験では、やる気のある社員のやる気をそぐ抵抗勢力は、まずだいたい、会議の形をとって押し寄せてくる。

懸案は会議にかけられて、議題にされてああでもないこうでもないと論じられて、うまくいかない可能性についてさんざんに議論され、それでだいたい、担当者のやる気がそがれ、エネルギーも萎縮していくのである。

そして、いくらかの成功の可能性のある新企画や新商品開発はそのために努力したくない人たちのために押し潰されて、同時に会社の未来も発展の可能性を狭めて、会社は衰退していくのである。たぶん、これは人材の問題であり、もうひとつは経営者がそのときの社会の様子を見て、自社の発展や事業拡大をどういう広さの視野のなかにとらえていたかという問題だったのではないかと思う。

ここで、フタバ食品入社後の、本社勤務を命じられた小柳昌之のところにもどろう。

本社にいたころというのは、要するに在庫のアイスクリームを問屋さんに渡すだけですからたいしたことをやるチャンスはなかったというか、わたしのやる仕事はないんですよ。そんななかで、会社自体もマロングラッセのための小さな子会社を作って、とかやっているんですけれども、将来的な展望がなにもなくて、わたし自身もなにをやったらいいかわからなかった。

なにかやらなきゃと思って、いくつかアイディアを出すんだけど、通らないんです。

たとえば、いまでも覚えているのでは、アイスクリームの会議に出て、アイスクリームというのはソフトクリームタイプの方が美味しいと思うんだけど、ソフトクリームなんか保存性がきかないからダメだというんです。でも、けっきょく、あとになってソフトクリームタイプのアイスクリームが他社から市場に出てくることになる。すごく売れていた。

会社自身に、新しい市場を開拓しようとか新しいジャンルの新商品を発売してそれをヒットさせたいとか、そういうふうに考える体質もない。

本社ではこんな経験もしている。

本社にいったら、ひとり、ものすごいかっこいい女の子がいたんですよ。腰の位置が高くてスタイルがよくて。そのコに声かけて、つきあい始めたんですよ。そしたら、いま考えると、本社の女子社員たちはけっこうボクを見ていたんですね。どういうことかというと、女の子たちと目が合うたびに、反応があるんですよ。

それで、ぼくはそのかっこいい女のコとつきあうことにしたんですけれども、そしたら、あるとき、会社の専務から電話がかかってきて、「あなたは□□さんと付きあっていますね。わたしの耳に入っています。そういうことはやめなさい」といわれた。専務はすごい頭脳と権限を持っている人で、ボクはシュンとなった。


その女性とのつきあいはそれで終了した。

銀座のクラブや赤坂のナイトクラブなどでは、従業員同士の恋愛は絶対禁止で、だからこそ、ホステスと男の従業員たちの恋愛は、こっそりとだが激しく燃えたらしい。

客と恋愛しろ、というのがこういうところの経営者の考え方だったのかもしれないが、色恋沙汰というのは場所や時間を選ばないのである。

客との恋愛にはお金が絡んでくることが多いが、恋愛というのは本質的にそういう利害関係を排除するような、人間を純粋にしていく力を持っている。

昔の会社はみんな、こうだったのだろうか。

個人的な思い出話を書くと、わたしが大学を出て勤めた出版社（平凡出版→マガジンハウス）はむしろ社内結婚や職場結婚を奨励するような会社だった。同僚の女子社員と結婚した独身男社員もたくさんいたし、女優や女性タレントと結婚した人もけっこうな数いた。

昼間、写真を撮ってもらった女優がおむすびを作って夜中にわたしたちが原稿書きをしている編集部に魔法瓶に入れた熱いお茶や手製の夜食を持って遊びに来るのである。

そのころは、社長が音頭をとって、社内の結婚話の仲人を一手に引き受けて、「みんなでどんどん恋愛しよう」というようなことをいい、社長自身も本妻公認の愛人を作って、幸福な恋愛の数が社の明るい未来を作り出していくのだと明言していたような会社だった。

そして、その考え方は確かに、そのころのあの会社の上昇のためのエネルギーになっていたと思う。

それにしても、このころの彼は、この会社に入ったはいいが、ここから先、なにをやっていけばいいのか、かなり悩んだようだ。そういうなかで、［弁当］というテーマにぶつかるのである。

これはフタバ食品がアイスクリームとは別に、黒磯駅で駅弁を売るという形で一九五七（昭和三十二）年から手がけてきた事業だった。

弁当というのはもともと、黒磯の駅で売っていた駅弁で、あそこに駅弁部というのがあったんです。新宿の京王百貨店だったんですが、駅弁まつりをやろうという話になって、富山のマス寿司とか、高崎のダルマ弁当とか、そういうのといっしょにすごく大がかりな駅弁大会を開催した。

これが大当たりで、ものすごい売れ行きだったんです。それからいろいろなデパートで駅弁祭りが始まった。それで、会社は東京に弁当事業部というのを作ろうといい出したんです。

黒磯は現在は那須塩原市の一部だが、そもそもは那珂川と東北本線が交差するところにできた鉄道の町である。黒磯駅の駅弁はマニアのあいだでは有名だった。

インターネットの『駅弁資料館』ではそのころ、フタバ食品が作っていた「きじ焼栗めし」、「あつあつ釜めし」、「九尾《きゅうび》釜めし」の三種類の駅弁を次のように説明している。

［きじ焼きめし］

経木の栗型容器に割箸とおしぼりを添えて紙ひもで縛り、駅弁名を書いたボール紙の枠にはめる。中身は笹の葉一枚を敷いて茶飯を敷き詰め、その上に鶏肉きじ焼と焼栗に山菜などをのせるもの。栗飯ではなく栗入り鶏飯で、そのすべてに自然な高品質を感じずにいられない秀作。

［九尾釜めし］

1950年の登場か。本体に駅弁名を、フタに九尾の狐を描いた益子焼きの釜飯容器に、やはり駅弁名と九尾の狐を描いた掛紙をして紙ひもでしばる。おしぼりと割り箸は別添。中身は茶飯の上に鶏肉、ごぼう、椎茸、うずらの卵、栗2個、錦糸卵、紅生姜、ラッキョウなどをのせる、内容としては普通の釜飯駅弁。（略）しかし蓋の向き、ゴムで広がりを押さえた掛紙の見せ方、紙ひもの縛り具合、長目の割箸に大きめのナプキンと、調製シールの張り方を除き釜飯駅弁としての外観の整然さは日本一級かと。そういう周辺部分のつくりも、また味を出す。

［あつあつ釜めし］

1990年代に登場したと思われる、九尾釜めしの加熱式版。円形の加熱機能付き容器をボール紙のパッケージに収める。中身は九尾釜めしと同様、茶飯の上に鶏肉、ごぼう、椎茸、うずらの卵、栗、錦糸卵、紅生姜、ラッキョウなどをのせる。

飯も具も加熱式駅弁としては多めな感じで、発熱機構の熱量が不足しアツアツにはならなかったが、ホカホカでもよい風味を出すし、具が大きいので見栄えもよい。（1）

弁当名として出てくる［九尾］は、日本史のなかの古い伝説から名前を取ったものだった。

簡単に説明しておくと、［九尾の狐］というのがいて、これは妖怪になった狐の最終形態で、平安時代に玉藻前《たまものまえ》という美女に化けて鳥羽上皇《とばじょうこう》につかえて寵愛されるのだが、その正体を陰陽師の安倍晴明《あべのせいめい》に見抜かれ、狐の姿にもどって行方をくらまし、那須野にやってくる。

そして、那須野で婦女子を拐かすなどの悪事を働いたため、宮廷は八万の討伐軍を遣わし、壮絶な戦いを繰り広げる。九尾の狐は追い詰められ、ついに討ち取られる。

狐は絶命の直後に巨大な毒石に変化し、近づく人間や動物の命を奪うようになった。

これが殺生石《さっしょうせき》である、というのが伝説の概要で、実際に那須の湯本温泉近くに溶岩があり、ここは箱根の大涌谷などと同様に始終、硫化水素や亜硫酸ガスなどの有毒ガスが噴出していて、殺生石の名前の由来は「鳥獣がこれに近づけばその命が奪われる」というところから来ている。

九尾の狐は日本の妖怪説話のなかでも、室町時代から江戸時代にかけて、能や浄瑠璃《じょうるり》、歌舞伎や読み本などの格好の題材として取り上げられた、最も有名な説話のひとつだった。そして、この地方の象徴的な存在だった。それを駅弁の名前に使ったのである。

インターネットのなかには［もう一度食べてみたい 昭和天皇も愛した幻の駅弁 黒磯駅 九尾すし 復活］という小見出しのページがあり、写真が掲載されていて、そばに「昭和天皇も愛された、黒磯駅名物駅弁九尾すし。2005年11月限りで撤退した。宇都宮駅でも売られていた」というキャプションがついている。

後出するが、高速道路の東北自動車道に上河内サービス・エリアというのがあり、これはフタバ時代に小柳昌之が手がけた最後の仕事になった場所である。

東北自動車道のサービスエリアをガイドしているブログには「国鉄時代から東北線黒磯駅（那須塩原市）で人気の駅弁だった『九尾釜めし』。フタバ食品は平成17年、駅弁事業から撤退したが、東北自動車道下り線の上河内サービスエリア（SA）で昨秋、復活した」と書かれている。

蛇足の話だが、産経新聞の二〇一四（平成二十六）年二月十日付けの紙面に［「九尾釜めし」限定復活］の小見出し付きで、次のような記事を掲載している。

JR黒磯駅、那須塩原駅で平成17年まで販売されていた人気の駅弁「九尾釜めし」が今春、期間限定で〝復活〟販売される。ＪＲ東日本が栃木の観光をＰＲするキャンペーンの中で、大宮駅4月15～18日、那須塩原駅5月3～6日に開かれる産直市で販売される。９３０円。ＪＲ東日本大宮支社によると、復活を望む声が多かったという。

「九尾釜めし」は国鉄時代から人気の駅弁だった。那須に伝わる「九尾の狐」の伝説が商品名の由来。特に黒磯駅は東北新幹線開通以前、多くの特急、急行列車が停車し、多くの駅弁の中でも人気商品だった。製造するフタバ食品が17年に駅弁事業から撤退したが、24年秋、同社が売店やレストランを運営している東北自動車下り線の上河内サービスエリア（ＳＡ）で復活、販売されている。（２）

序の章にも登場したが、現在、小柳昌之のあとを継いでＨＡＢＡ研究所の社長を務めている末広栄二は一九六一（昭和三十六）年の生まれで、まさしく九尾の狐の地元、黒磯で育った人なのだが、昭和の、小柳が弁当事業に関わっていた時期に黒磯駅で売られていた九尾の駅弁について、「自分たちの生活のなかにある、最もおしゃれで高級な食べ物でした。駅弁を食べることは黒磯の子供たちにとっては最高の贅沢だったんです」といっている。

考えてみると、ファミリーレストランもハンバーガーショップなどの外食系のレストランもなかった時代のことである。

先日もＢＳのテレビ番組だが、『武田鉄矢《たけだてつや》の昭和は輝いていた！』という番組で駅弁を特集していたのだが、駅弁の第一号は明治十八年に宇都宮の旅館が作って売ったおむすびセットだという。宇都宮に本拠地を置くフタバ食品にとっては駅弁商売はそれほど違和感のあるものではなかったのではないか。

この番組は「昭和三十年代なってからの国鉄の路線の充実と拡大、そして日本人全体の旅行ブームによって駅弁の市場が確立した」と分析している。背景にそういう状況があり、売り出すと爆発的に売れる、これを日常的に売りつづけることはできないものかということが、このとき、経営者たちが考えたことだった。そのための戦略の中心人物として、彼に白羽の矢を立てたのである。

つまり、会社が彼に命じた仕事はこの駅弁＝弁当をアイスクリームと並ぶ会社の二本柱にできないか、という命題だった。とにかく、デパートなどで販売会をやると、一日に何千個と売れて、売り子は立ちづめで息をつく暇もないくらいに忙しい目に遭うのである。

新しい事業部門を立ち上げたい、と。黒磯の駅に駅弁部門というのがあって、そこの駅弁を東京に持っていって売るとすごく売れるんだというんですよ。だから、その部門を拡大して東京に営業所を出していろんなことをやりたいんだといわれたんです。それで、駅弁のことを研究するために黒磯にいってくれ、と。そういわれて黒磯にいったんです。半年ほどいて、一通り黒磯の駅で売っている駅弁の作り方をマスターしました。

黒磯へは弁当の勉強をしにいったのだが、それと同時に、結果としてだが、男と女のこともかなり研究することになったらしい。

これは仕事の話ではなく、黒磯の工場の上に、宴会場と会議室があって、その横に宿泊所があって、ボクはそこに寝泊まりしていたんです。そしたら、黒磯というのは、そういうことがすごく進んだところで、弁当工場というのは女子社員がほとんどなんです。で、いろんな人がいたんだけれど、あるときね、出戻り娘に夜這いをかけられて、なるほど、男と女というのはそういうものなのかという経験をしました。

フタバ食品も本社の人間たちは恋愛は仕事の邪魔というふうに考えていたが、末端というか先端というか、弁当調製の現場ではそうでもなく、かなり情愛のこもった人間的な世界だったことがわかる。それはそうでなければ、美味しい弁当なんか作れないだろう。

そんなことがあって、黒磯での弁当研究の時期が終わって、いよいよ東京支店に転勤になったんです。それで、そこでいわれたのは、いまから弁当事業部の東京営業所を作るからそこの所長をお前がやれ、ということだった。

社内の扱いは所長代理で、給料もそういう形でしかくれないんだけれど、でも、対外的には所長ということでやれ、と。それが会社に入って二年目のことなんです。

それで、そのとき、もう最初の女房になった人と付きあっていたんですが、東京支店の支店長から、「社長がお前を自分の娘とお見合いさせるっていっているんだけど、お前、どうなんだよ」といわれるんですよ。ボクは、「いやあ、勘弁してくださいよ」っていって、見合い写真も見ないで断ったんですよ。写真見たら断れないし、会って断ったらこの会社にいられなくなるし、ということも思ったんですね。

このとき、彼が考えていたのは、どんな会社に勤めても、そこに勤めつづけたら、世界を見て回ることなんか決してできないだろう、ということだった。ある程度の時期、社会勉強したら、自分ひとりでもいいからなにか商売を始めて、どんなに小さくてもいいから一国一城の主にならなきゃダメだ、という想いがあった。

世界の海を旅するために、自分の船をどう作ればいいのかという問題だった。

この見合い話があり、彼は自分の意志をはっきり表明しておかなければと考えたこともあって、急いで、そのころつきあい始めた、社員旅行にいった先の熱海で知り合った女性と結婚する。これが最初に奥さんになった人である。

彼女とのあいだにはやがて子供ができて、彼は父親になる。これが一九七〇（昭和四十五）年のこと、娘が生まれた。一粒種になる小柳東子である。

ボクの最初の女房というのは大変に料理の上手な人で、けっこうコロコロした体型の女性だったんですけれども、けっきょく太るのがイヤでお茶漬けとかそういうものばかりを食べていたんです。それでそういう体型をしていた。

一方、そのころのボクはおかず食いで、ご飯は食べないけど、ビール飲んだりお酒を飲んだりしながら、おかずを山ほど、十品目ぐらい食べていた。おしんことか冷や奴とか、魚を焼くとか手のかかる炒め物とか、女房の作ってくれた美味しい料理を食べていた。

女房はそれに付きあって、ボクと同じ料理を食べるようになったんです。

そしたら、体重が減って、すっかりスマートになっちゃった。要するにこれは、ボクに合わせた食事をしているウチに栄養のバランスがよくなったからだったんです。

これはいまでいうと糖質制限ダイエットみたいなものなんだけれど、メシ食いからオカズ食いに変わった女房がやせ始めた、このことはボクが食べ物の世界って面白いなと思いはじめるきっかけになりました。

それで、いずれにしても問題は弁当事業部の東京営業所である。

新入社員なのに、新規に作られた事業部の東京営業所の所長に任命されて、どこかに弁当工場が必要だということになる。「工場をどこに作ろうか」と訊かれて、「どこでもいいです」と答えたら、吉原の東京支店＝弁当事業部の東京営業所に調理機械を持ち込んで、そのまま、弁当工場になった。それで、ソープランドのど真ん中に職人が集まってひたすら弁当を作るという、ものすごい就労環境になった。

どっちにしてもそれまで事務所に使っていたところを調理場に改造しただけだから、極狭のスペースである。そして、この、駅弁を毎日大量に売りたいという発想にはそもそも無理というか矛盾があった。このときのことを、彼はこういう。

駅弁大会で一日何百何千食はいいんだけど、駅弁大会というのは一年のウチの三週間だけなんですよ。その三週間のために東京に工場を作ったらあとはどうなるんだという問題にみんな気がついていない。毎日、同じようには売れないわけです。それでよその会社も同じようなことを考えて東京に出て来るんだけれども、みんな壁にぶつかって、途中で撤退してしまう。

それは、ボクが出ていっても同じことで、なにもしないでいたら駅弁大会以外には弁当は全然売れないわけです。売れなくても工場の従業員は雇いつづけて、弁当も作りつづけなきゃならない。そして、儲けるためにはそれを売りさばかなければならない。

これはちょっと大変でした。ここからボクの地獄のようにきつい日々が始まる。

弁当はもともと注文が多い日と極端に少ない日とがあったんです。ボク自身もこれをやれといわれていっただけのことで、どうしてもやりたいと思って始めた仕事じゃないんです。

少しでもヒマなときはみんなを早く帰してやったり、みんなで食事しますから、儲かっているときはもうちょっといいおかずを食べられるだろう、とか。ほとんど臨機応変でいろんなコトに対応しなきゃならない。安定的にどこかに売り場があってほおっておいても売れる、というのではない。


工場を一年間フル稼働させて、弁当を作りつづけて、それを思いつく、あらゆるところに売り込んで商売をする、これは大変だったらしい。フタバ食品の経営陣は東京工場を常設にして、弁当を量産すれば、それはそのままそれほど苦労しなくてもどこかそのへんで売れる、「あいつ」ならそういう営業力を持っていると考えて、小柳昌之を戦場に放り込んだわけである。

そもそも、弁当作りというのは機械化しようのない手作業、マニファクチャーなもので量産しようと思うと、多数の人間を雇わなければならず、そのことはコストのなかで削りようのない人件費として、採算点に大きな影響を与えるのだ。

注文が少ないからといって、調製する弁当の数を減らしても、材料費は多少のこと逓減するが、人件費は作る個数に関係なく、かかるものはかかるのである。

黒磯にいるあいだは、駅なかでの商売だから一日にだいたい何個という経験則からくる読みもきいて、作る弁当の数も予定できたが、東京ではそういうわけにいかない。

商売の規模を大きくしようとして作る弁当の数を増やせば増やすほど、その弁当をどこでどうやって売るのか、という問題がついて回った。

まず、弁当の需要は、その所在がわからなかった。

東京での販売経験がないのだから、どこでどういうふうにすれば売れるのかという読みもほとんどできなかった。

どこに安定的に弁当が売れる場所があるのか、いつもここに持っていけばこのくらい売れるという推測がほとんどできなかった。それで、彼は「どうやって安定したマーケットを作るか」というところでモーレツな苦労をさせられるのである。

商売の規模が大きくなっていくときに必要なのは、潜在的にでもいいから確実に需要が存在している、ということだと思うが、このときの彼のいろんな話を聞くと、本人は相当の獅子《しし》奮迅《ふんじん》状態でがんばっているのだが、決定的に不足しているものがあった。

それは、どこにいけばどういう客がどのくらいの数いるか、そういう情報はどうすればつかめるのかという問題だった。

いまでもコンビニエンス・ストアなどでは、たとえばどういう弁当の需要がどのくらいあるのか、ポスティングシステム（レジで販売動向を調べて、それをパソコンでつなげて全体的な動きを把握する）などの技術を使って、近未来、明日、明後日の動向を何とか把握しようとしている。

それでも、ある確率で、商品が不足して客の注文に応じられなかったり、たくさん作りすぎて在庫がだぶついて、せっかく作った弁当を廃棄処分にしたりして、苦労している。

コンビニのように大々的に需要の存在を把握、それに対応することのできるネットワーク的な供給網ができあがっているところでもそうなのである。

つまり、お弁当のような、販売期間が極端に限定的な商品（食品）の潜在的な需要を安定した形で探し当てることは至難の業なのである。

大量に弁当が必要なところはどこか。

いろいろに知恵を絞って、彼がまず思いついたのは修学旅行である。

修学旅行の大手、ＪＴＢに営業をかけ受注に成功する。何月何日、どこの中学校、高校が何百何十人分、値段はこのくらいの弁当を、どこどこの駅の列車に届けるように、という注文を受ける。そして、それを、期日の生徒たちが出発する時刻、場所にあわせて、だいたい上野駅とか、東京駅なのだが、最寄りの駅まで持っていって列車に積み込むのである。

これは言葉で手順を書くのはなんでもないのだが、実際にやろうと思うと、大変だった。小柳昌之は回想する。


修学旅行といえば、まず上野駅で、あのころ、団体でドーンとやって来るんですが、それにあわせて（弁当を）積み込むんですよ。

東京駅だったり、浅草駅だったりしたこともあったけれど、基本は上野駅から。それから旅行代理店を通してＪＴＢの団体とか、一生懸命にセールスして、あそこの弁当は美味しいっていう評判をとって、そのうちにものすごい数の注文が来るようになったんです。

弁当の数が多いときなんか、考えていたような時間でできあがらなくて、届ける予定の修学旅行列車の出発時間に間に合わなくなって、列車を車で追いかけて先回りして、横浜駅で待っていて到着した列車に積み込むみたいなことまでしました。

自動車で東名高速を走って、小田原の駅とかで配達するとかね、綱渡りのようなことをしていました。あのころはまだまだ道が空いていたんですね。運転のうまい男がひとりいて、助かった。

忙しくなったのはよかったが、こういう個別の大口注文は毎日あるというわけではなく、平均にならすわけにもいかない。作る弁当の数は安定しなかった。

調製のキャパシティの上限を超える注文が入ることもあり、そんなときはもう、みんなで徹夜の突貫作業だった。

小売店の卸先を見つけていろんなところに売っていたんだけど、なかなか十分な売り上げがない。だから、昼間は営業に飛び回るわけです。

ところが、団体の注文というのは配達時間が朝、早いんです。五時何分とか、六時何分に上野駅に届けなければならない。そうすると、（弁当作りを）夜中にやるわけです。数が多いと、夜中というより、前の日からやるわけです。それで、弁当事業部では、忙しくてたくさんの弁当を作らなきゃならないときにはわたし自身も最大の戦力なんです。

お弁当にごはんを詰めるのでも四隅をピッピッとやってパッパッと手際よく詰める。弁当にごはんを早く詰められると、仕上がりも早い。上半身裸になって、バーッとやる。仕事っていっしょに働いている職人の人たちがいるんだけど、そういうみんなといっしょにやらないとダメだと思うんですよ。

ボクはそういうことでの抵抗は全然なかった。これは、ボクがいずれ将来独立するんだということをいつも考えつづけていたっていうことでもあるんです。弁当作りで独立しようとは思っていませんでしたけど。

それで、駅弁大会が開かれるというと、それは稼ぎどきだっていうんで、東京は売り子の人手もあるし、いいんですけれども、関西まで行ったんですよ。

大阪の高島屋の駅弁大会とか、一日に何千コと売れた。これは一日中ほとんどたちっぱなしで、夜、終わってようやく寝て、寝られたと思ったら朝で、起きてまた、立ちづめでまたやるんですけれども、これをやると体重がいっぺんに落ちるんです。

落ちるんだけれども、こういう働き方をしなかったら、弁当工場はやっていけなかった。

なぜそこまでやったのかといわれても、やっぱり、負けるものか、ということだったんだと思います。

小柳昌之はそういうなかで、夜は弁当作りの現場に立ち会い、やれることをやって手伝い、朝、約束の駅まで、何百コ分かの弁当を届け、午後からは新しい注文を取るために動き回るのである。

一日に千本、二千本という大口の注文がとれ始めると、吉原の工場だけじゃ狭いからという話で、西船橋にも弁当工場が作られて、そこの管理も彼の責任ということになる。

ここは一日、一万本ぐらいの注文をこなすことのできる大きな工場だった。

このときの給料について、彼はこういっている。

給料はほとんど上がりませんでしたね。会社を辞めるころ（一九七四年ころ）には二十万近くもらっていましたけれど、調理師より少なかったですよ。

美味しい弁当を作るためには腕のいい調理師を入れなきゃいけない。それで、これはまた本社に、みんなが怖がっている常務がいるんだけれど、その人に相談したんですよ。

そのとき、「その人にそんなにたくさん給料やったらお前より高くなっちゃうじゃないか」といわれたんだけど、「いや、ボクより高くても美味しい弁当のためには必要な人ですからあげてください」と。ボクが使っていた調理師はボクより給料の高い人だったんですよ。

（ボクにとっては）それは当たり前だった。その人がいてくれたから、どこにも負けない美味しい弁当が作れた。

調理の現場にも立ち会い、配達もやり、営業もやるというのでは身体が保つわけがない。

こういうことが重なって、それで、もうちょっと、はっきりした予定が立てられる、朝早い配達ではない、それでいてある程度確実な数がさばけるような場所はないかと思い巡らし、思いついたのが武道館だった。

武道館にはコンサートのある日など、何千人という人が集まるのである。

彼は武道館の弁当の納入のシステムを調べてみた。


そのころの日本武道館の館内の飲食料というのはどっかが一括入札してそこが仕切ることになっていた、たしかそのときは雪印系のどこかが仕切っていたんです。それで、そこと話をして大きな催し物があるという日にあわせて弁当をドーンと持って行くようになった。

それから、東武鉄道浅草駅の売店を押さえた。

それから、電車の中刷りを見ていたら立正佼成会のポスターがあって、あそこは毎日、何百何千人という人が全国からお参りにやって来て、これを仕切っていたのが読売旅行社だったんですが。それを見て、立正佼正会を訪ねていった。

そしたら、そういう話を受け付ける子会社があって、（対応してくれた人は）なかなか太っ腹な人だったんだけど、図々しいヤツだなという話で、「お前ナア、ウチの信者じゃないだろ。信者じやない業者ははじめてだ」と。

こっちは、「でもまあ、これ見てください」と。いろんな弁当を持って通いはじめた。あるとき、ボクが見せたのはおにぎり弁当で、これはものすごく美味しかった。向こうはそれをすごく気に入ってくれて、納入がはじまる。話がまとまるまで一年くらいワアワアやっていましたね。

こうして、うまく立正佼正会に弁当を納めることができるようになり、また、一回り商売の規模が大きくなる。いろいろな種類の弁当を納入するようになる。一日、七百とか八百という数字で注文が入るのである。それも佼正会が買い取ってくれて、信者たちに与えるのである。

そこで、大変なことがおこる。食中毒である。これは主力のおにぎり弁当ではなくて、何種類かある折り詰めの弁当のおかずが原因だった。このときの思い出である。

弁当のおかずに入れていた魚のミンチみたいのを揚げたヤツをそのまま熱を加えて使用していて、あれが原因だと思うんだです。というのは指をケガしてみたいなことで入ったサルモネラ菌とかブドウ球菌なら数十名程度しか発生しないはずなで、原料になにかが混じり込んでいたんだと思うんですが、七百四十人くらいの人が腹痛を起こしたんです。

それでボクは急いですっ飛んで会社に帰って、みんなになにが起こったかを説明して、大変なことになったから、これは新聞にも出るし、いろんなところにやられるぞ、と。保健所もくると思うから、（調理の従業員に）お前たち、調理場きれいにして、徹底的に清潔にしておいてくれ、といったんです。

そしたら、非常に幸運なことにひどい下痢というのはなかった。あんまりひどい食中毒じゃなかったんです。本部から有り難くいただいている弁当なんだというのがあって、あまり騒ぎ立てなかった。それで、表沙汰にならずにすんだ。

これはお詫びにいかなきゃいけないということで、ふたりで千葉県の各支部を菓子折を持って謝りにまわって、保健所にいく人を間一髪でおさえたこともあった。謝りに謝って許してもらえた。あれも本当に幸運だった。

もしかして、このころの彼が辛抱強く、地道な営業を積み重ねつづけて、このままやっていけば、毎日何万食という弁当を安定供給することのできる、巨大な弁当マーケットができあがったのかもしれないが、それにはちょっと時代が早すぎた。と書くより、彼が若すぎたと書いた方がいいかもしれない。

ちなみにいまの形のホカホカ弁当（ほっかほっか亭の）が誕生して、フランチャイズ化していくのは一九七〇年代の後半のことである。三十数年前にこの話を取材したことがあるのだが、確か一番最初は茨城県から始まったと聞いた記憶がある。

彼の心の中には弁当を何とかしてやろうという意地のようなものもあったが、こんな仕事はオレが本当にやりたいと思っていた仕事じゃない、という思いも強くあった。忙しい仕事の合間に、ポツリと〈オレの人生、どうなんだろう。弁当を売るために生まれてきたわけじゃないんだけどなあ〉と、商売がうまくいけばいくほど、そのことを考えるのである。

そういうときに、非常に刺激的なニュースにぶつかるのだ。

一九六八（昭和四十三）年のことである。

ボクはわりあい、どういうことでも新しい情報というのを気にする方で、いつも電車の中吊りとか気になって、気になった記事とかがあると、週刊誌を買って読んだりしていたんです。

それで、週刊新潮だったか、どの週刊誌だったか忘れちゃいましたが、ワーッと何ページにもわたって「大森実《おおもりみのる》が洋上大学をやる」と、学生を募集していてどうのこうのという特集記事が載っていて、もちろんボクはそのとき、サラリーマンだったわけだけれど、これを見た瞬間に、この洋上大学に絶対いく、と決めたんですよ。お金もないのに。

それで、思い出したのは板橋のわたしの友人で、大学時代から仲が良くて往き来していた佐野功太郎で、彼はお金があって余裕がある男なので、「オレはこういうのがあって、アメリカにいってみようと思うんだけど、お前どうする？ いっしょにいかないか」と相談したんですよ。

そしたら「お前がいくんならオレもいく」と即答してくれたんですよ。それで、二人で参加することになった。

佐野功太郎は大学を卒業して日本フェルトという会社に就職したが、すぐに辞めて、自分でビジネスを始めていた。小柳昌之とはときどき連絡を取り合って、酒を飲んだり食事したり、あれこれおしゃべりして、近況を報告し合う仲だった。

このときの佐野は、勤め先から独立したあと、アメリカのゲーム機を輸入する商売を始めて大当たりをとっていた。アメリカで買った五万円のゲーム機が日本に持ってくると八十万円とか五十万円とかで売れて、大もうけしていた。

それはボロ儲けの商売だったが、佐野本人のなかにもこんなバブルな商売、いつまでもつづかないだろう、おれもちゃんとアメリカを見て、いまの若いモンと知り合いになって、もうちょっと落ち着いたビジネスをやんなきゃいけない、という思いもあったようだ。

渡りに船のような話だった。佐野功太郎の同意を得た彼はさっそく太平洋大学に参加するための算段を開始する。フタバ食品のエライ人に相談したのである。

会社に電話して、「申し訳ないけど、一ヵ月休みをくれないか」と。それと、三十万円貸してくれないか、と。三十万円といったんですよ。そしたら、どういうことなんだと訊くから、こうこうこういうことだといったら、「お前、いつも金がなくて借金ばかりしているのに、(三十万円を)

借金したって返せないだろう。社長に相談したんだけど、奨学金制度を作ってやるから、奨学生としていってこい」といってくれたんですよ。それはやっぱり、弁当部のことをちゃんとやっていたから、会社はボクのわがままを聞き入れてくれたんだと思うんですよ。それで、晴れて、フタバ食品の奨学生ということで、(太平洋大学に)参加することができたんです。

大宅文庫で当時の雑誌、週刊誌を調べると、太平洋大学のことを特集で大々的に、一番早く取り上げたのは『週刊新潮』ではなく、『週刊サンケイ』だった。「太平洋大学で若い国際人を〜大森実」という記事だ。

二番手が『週刊現代』で、「地球を包む大森実の大風呂敷」という記事だった。『週刊現代』の記事は六月二十七日号に掲載されていている。六月二十七日号ということは実際に発売になったのは、一週間前の六月二十日ころだと思う。太平洋大学の晴海出港が七月四日だから、記事を読んですぐ申し込めば十分間に合う。

小柳昌之が急いで買った週刊誌というのは『週刊サンケイ』か『週刊現代』だと思う。

この旅は、彼にとっては初めての海外旅行である。三十万円というのは、後段の362頁の引用に当時の大学新卒の初任給が二万六、七千円とあるからけして少ない金額ではない。わたしは一九六七(昭和四十二)年に大学二年生でフジテレビで番組のADのアルバイトを経験したのだが、このときの日給が千円だった。

フジテレビの新入社員の初任給は三万円で、これは少ない金額ではなかった。だから、当時の若者にとっては三十万円という金額のお金は尋常の額ではなかった。

そして、ここで大森実について、書いておかなければなるまい。

手元に『大森実ものがたり』という、大森本人の没後、二〇一二（平成二十四）年に有志の編纂委員会が出版した書籍がある。これによれば、こういう略歴の人である。

大森実（一九二二〜二〇一〇）

神戸生まれ。神戸高商を卒業。一九四五年、毎日新聞大阪本社に入社。ニューヨーク支局長、ワシントン支局長を経て、六二年、外信部長。六六年、退社後、大森実国際問題研究所設立、週刊新聞「東京オブザーバー」を創刊。七〇年、同紙を休刊後、フリージャーナリストとして活躍しながら本の執筆に専念。七五年、拠点を米国に移した後、ＵＣＩ（カリフォルニア大学アーパイン校）の医学部常任理事と歴史学部リジェンツ・プロフェッサーを勤めた。

国連加盟についての記事でＵＣＬＡ国際ジャーナリズム賞、アイゼンハワー米国大統領同行記でボーン・上田記念国際記者賞、ベトナム報道「泥と炎のインドネシア」で日本新聞協会賞、テレビ東京「星からの国際情報〜大森実・ロス衛星中継」で八二年度ギャラクシー賞などを受賞。

著書には、『国際事件記者』（中央公論社）、『石に書く』（潮出版）、『戦後秘史』（全十巻、講談社）、『人物現代史』（全十三巻、講談社）、『ザ・アメリカ勝者の歴史』（全十巻、講談社）、『エンピツ一本』

（全三巻、講談社）、『恐慌が迫る』（講談社）、『日本はなぜ戦争に二度負けたか』（中央公論社）、『わが闘争わが闘病』（講談社）、『激動の現代史五十年』（小学館）など多数。（3）

二〇世紀のジャーナリズムの荒野を疾走するように走りつづけて、さまざまの仕事をした人物という印象である。わたしも大騒ぎになったのを覚えているが、この人はベトナム戦争が始まったとき、日本人記者でハノイに一番で乗り込み、［大森実特電、ハノイ発］の報道で毎日新聞の一面をにぎわした外信部長として有名だった。米軍の北爆によるライ病院爆撃報道でときの駐日大使ライシャワーが毎日新聞に強烈に抗議、このことがきっかけで大森実は毎日新聞をやめることになる。

毎日新聞退社後、電通などの肝いりで週刊新聞の『東京オブザーバー』を創刊する。

大森が太平洋大学を構想、計画したのは、この『東京オブザーバー』発行中のことだった。

このころの大森実はジャーナリストだが、講演もおこない、プロデューサー的な一面もある人だった。

わたしもこの人の本は、この時代に何冊か読んだが、書き手の熱さがそのまま伝わってくるような作品が多かった。特に『泥と炎のインドネシア』と『石に書く』は活火山の噴火口から持ち帰った溶岩のような熱っぽい本だった。

右の略歴を見るとわかるが、彼が太平洋大学を発想した一九六八年というのは、世の中も大学紛争、ベトナム戦争、全共闘運動などで世情騒然としていた時代だった。

この時点で彼はまだ四十六歳であり、働き盛りではあったが、大森自身も毎日新聞の記者時代の延長線上でモノを考えていて、自分はどういう形で仕事をしていくのが一番いいのか、そのことを必死で模索していた時期だったのである。

彼は、前出、『東京オブザーバー』という、週刊新聞という新しい形態のメディアに挑戦しようとして、さんざん悪戦苦闘して、けっきょく失敗に終わる、太平洋大学はそのさなかに計画され、実行に移されたイベント＝プロジェクトだった。この経緯については次章でふれよう。

太平洋大学の概略は次のようなものだった。当時の大森実国際問題研究所の所員だった竹下正美の記録である。

太平洋大学は大森さん自らが学長を務め、名誉学長に大宅壮一《おおやそういち》氏、学監に草柳大蔵《くさやなぎだいぞう》氏（評論家・大宅マスコミ塾塾長）と秋山ちえ子氏（評論家）が就任。講師陣は多士済々、東京大学教授中屋健一《なかやけんいち》、早稲田大学教授堀江忠男《ほりえただお》、法政大学教授力石定一《ちからいしさだかず》、作家で参加したのは、梶山季之《かじやまとしゆき》、藤島泰輔《ふじしまたいすけ》、尾崎秀樹《おざきほつき》、ジャーナリスト青地晨《あおちしん》、柴田剣太郎《しばたけんたろう》、軍事評論家小山内宏《おさないひろし》、建築設計家の柴田寛二《しばたかんじ》、映画評論家荻昌弘《おぎまさひろ》、作詞・作曲家浜口庫之助《はまぐちくらのすけ》らに外国人英会話教師陣が加わるという手厚さであった。（略）運営組織は理事会を編成、理事長に八幡製鉄（現新日鐵住金）の藤井丙午《ふじいへいご》氏が就任し、多くの財界人が太平洋大学に賛同してくれた。

太平洋大学の一、二回は、一万トン余のギリシャの客船「マルガリータ号」による東京とロスアンゼルス（第一回）、サンフランシスコ（第二回）を往復（ハワイも訪問）する期間一ヵ月の洋上セミナーである。船体には太平洋大学と大画き、事前には日比谷公会堂でガイダンスを開くなど、大森さんの洋上セミナーへの思いのほどが知らされた。

船上でのカリキュラムは、国際政治・経済問題、アメリカの歴史、文化・教養講座、英会話教室などが組まれ、アメリカの風土・文化を理解できるような映画会も用意されていた。

現地ではUCLA等大学を訪問するプログラムに観光、自由時間による市内探訪があった。

参加費は、船室によって四クラスに分かれたが、十九〜三十五万の間に設定された。当時の大卒初任給は二万六千、七千円ほどで、日本人の旅行者は年間三十四万人余り（ちなみに平成二十二年は一千六百六十四万人）の時代であった。

参加者募集を始めてみると、その反響に事務局は驚かされることになる。一開催八百人の募集に対して、わたしなどは六百人程度の応募者であろうかとみていたが、問い合わせは締め切り後も続き、なかには電話の向こうで「参加したい」と泣く人もいて、結局、参加者は一船につき九百人を優に超えていた。参加者の船室に不足はなかったが、その結果、事務局員は船室の床にまでふとんを並べることになる始末であった。（4）

電子ブックに『太平洋大学絵日記』というのがあって、そこでは　こんなふうに書かれている。

1968年夏、東京晴海埠頭から800人の青年と各界講師陣を乗せたギリシャ船マルガリータ号は、船体を5度傾けたまま時速14ノットでアメリカに向かう。ペンキの匂いと太陽直射の甲板の上で、三々五々、アメリカの歴史や英会話教室、作曲家浜口庫之助さんの生歌があったり、評論家大宅壮一名誉学長、国際ジャーナリスト大森実学長の『太陽を射よう』の講演があったり…。

1ドル360円の時代、ロスアンジェルス、ハワイを経由する35日間の太平洋の船旅。8人部屋の船室でのドミトリー生活で潮騒に身を焼いた（5）

この文章は、どうも太平洋大学をかなり美化して書いたもののようだ。

後からわかった実情は騒然としたモノだった。その話も次章にまわそう。

この旅の正体というのはセミナーの機能をそなえた東京とアメリカ西海岸の往復の船旅だったのだが、ほとんどの人が外国旅行は初めてで、太平洋大学の第一回目と第二回目の航海は大森実本人をはじめとして、ひと目アメリカを見てみたいという熱い連中ばかりが集まって、高揚した旅を経験した。

大盛況だが、同時に学生や大森本人にとっては大変な苦難を伴った旅だったようだ。

まず、小柳昌之の話を聞こう。

彼にとっては、太平洋大学は「世界を見てみたい」という少年時代からの願望をある程度、叶えてくれた刺激的な、有意義な旅だった。この旅の思い出を彼はこんなふうに話している。

むこう（船のなか）で、特に秋山ちえ子さんと仲良くなった。二人とも（小柳昌之と佐野功太郎）アメリカでは、秋山ちえ子さんが降りるとＪＡＬかなんかの偉い人が迎えに来ていて、サンフランシスコとかいっていろいろと案内してもらうというような話で、じゃ、われわれもサンフランシスコにいきます、と。

彼女はほんとにくると思っていなかったらしいんですけれど、ボクらホントにＪＡＬの事務所を訪ねていったら彼女がいて、けっきょく、彼女といっしょに（ＪＡＬの）支店長にあちこち連れていってもらって、思っていた以上にあちこち見て回っているんです。

わかったことはアメリカではわたしの英語はまったく通じないということ。ところが佐野の英語は通じるんですよ。ボキャブラリーはわたしの方が彼の十倍ぐらい持っているんだけれども、ボクは発音を習ったことがなかった。

夕張の高校の先生は発音が全然できなかった。彼の方は中学高校と慶応の付属で正しい発音のできる先生に英語を教わっているから、英語の発音というのをちゃんとわかっている。ボキャブラリーは少ないけど、ちゃんと通じる英語を話せるんです。

それで、そのとき、ボクはこれはどこかでちゃんと英語を勉強しなくちゃいけないなと思いました。というのは、比較的ですけれども、アメリカの西海岸というのは日本人にも優しいし、発音も易しい。日本人にわかりやすい。ああ、これだったら、アメリカも怖がることないなという感覚を持ちました。東部へいくほど発音は難しく早くてきびしいですけれど。

そして、あのころの大森さんというのはちょっとものごとを風呂敷を広げるようにいうところがあって、あのとき、太平洋大学のことも第一船を発表しながら、同時に第二船も発表した。着実に堅実に、というのではない。そのことについて、いまでも覚えていることがあるんです。大宅さん（大宅壮一）がいっしょに乗っていて、ボクたちにこういったんですよ。

「とにかく、大森実がやるといった、第一号の船に乗った。お前たちはその第一号というのが偉いんだ。普通は第一船の結果を見て、第二船に乗ってみようと思うものだ。だから、お前たちが、エイヤッと一番最初の太平洋大学に乗り込んできたのはホントに偉いんだ」と。

あの旅では、当時の一流の文化人からいろんなことを教わった。

浜口庫之助さんは、恋愛談義をしてくれた。お前たち、女と別れるときは一番残酷なことをいって別れろ、と。オレはお前のことをホントは好きなんだみたいなことをいったら女がかわいそうだ、と。女と別れるときは冷たいことをいって別れろ、と教えてもらった。これは実行はできませんでした。

じつはこの大森実がやった「太平洋大学」についての、きちんとまとまった、細かな記録というものが存在しない。なんとなく新書版などのテーマに良さそうだが、そういう本にもなっていない。どこにどういう史料があるかもわかっていない。

後出するが、太平洋大学を企画立案したきっかけについて、大森実は「分母矯正」という言葉を使って説明している。

これはつまり、若い人（乗船者の五分の三くらいが学生だったという）たちが、たとえば「ベトナム戦争反対！」というとき、そのスローガン自体は正しいが、大方の若者たちの基本的な世界認識は経験不足や勉強不足もあって、かなり底が浅く、ゆがんでいるというのである。「反対！」と叫んで、そのあとどうするか、ちゃんとした現実把握がないから、現実に変化を与えるような運動ができない。学生たちはそのことをちゃんと認識しなければダメだというのが彼の考えだった。

日本には日本の現実があり、世界にも世界の現実というものがある。

自分たちの浅薄な世界認識を矯正するためには、まず、アメリカやソ連や東南アジアの現実を自分の目で見るところから始めるのが一番いい。だいたい現場を見れば、分子としての「ベトナム戦争反対！」というスローガンもニュアンスが変わってきて、学生たちがいま現在、声高に叫んでいるような「いますぐ日本に革命を！」などという乱暴な話にはならないだろう、というのが彼の考えだった。

【註】

(1) kfm.sakura.ne.jp/ekiben/09tochigi_kuro.htm黒磯駅の駅弁（ウェブサイト駅弁資料館）
(2)『産経新聞』二〇一四年二月十日付け　紙面
(3)『大森実ものがたり』二〇一二年刊　街から舎　大森実ものがたり編纂委員会　奥付
(4)『大森実ものがたり』　P・106
(5)『ヤン・ケン太平洋らくが記 [Kindle版]』二〇一四年刊　Yanken Doodle（版元）柳原謙一著

第八章　太平洋大学　波高し

小柳昌之は［太平洋大学］で初めてアメリカを見ることができ、それまで知らなかった著名な文化人たちと知り合いになり、異文化と直接に接触した。

それらのことは、彼が将来のことを考えるきっかけになったが、さまざまのことを含めて、彼の弁当の売り込みに腐心して暮らす、現実の生活が変わったわけではなかった。

このころの彼は、会社の出世競争でもトップを走っていて、社長たちも娘と結婚するしないに関係なく、会社の将来を託すべき人間と考えるようになっていた。なにかと特別扱いされて、居心地が悪いわけではなかったが、アメリカ旅行を体験したことは、彼のなかでさまざまの思いを振り切ってでも、［人生を賭けた夢のためには、いずれこの会社を辞めよう］という想いを深くさせたようだ。

彼にとっては、この旅の経験は、子どものころからの夢だった、世界を見てみたいという願望をある程度は満足させてくれるものだった。

それと同時に、彼の生活のなかのフタバ食品の弁当事業部の現実と少年時代から持ちつづけていたロマンチズムの隔たりをあらためて、痛烈に自覚させた。

いろいろなところに弁当を売り込む仕事に明け暮れながら、心の中ではいつも、やっぱり世界がどんなところなのか、それをもっともっと自分の目で見てみたい、ということを強烈に思いつづけていたのだという。

そして、その思いの傍らというか、根底には、これもこれまで同じことを前段で書いているが、

「この仕事はオレが本当にやりたい仕事じゃないな」という意識があった。「これがお前の本当にやりたいことなのか、そうじゃないだろ、お前が本当にやりたい仕事というのはなんなんだ」という自問があった。

さんざんに思案するのだが、世界で仕事をするためにはどうすればいいか、それはわからない。しかし、少なくともフタバ食品にずるずる居つづけてもしょうがないだろうというのが、この時点での彼の結論だった。

彼はここから、自分の会社を辞める形というのを模索し始める。

そしてなのだが、彼の［太平洋大学］もまだぜんぜん終わっていなかった。

［太平洋大学］については、国会図書館や大宅文庫で検索機能を使って調べると、いろいろな雑誌のなかでばらばらに情報（記事）が羅列されていることだけは確認できるのだが、一つにまとめた体裁の資料というものが存在しない。

本書で記述している三回も含めて、前後で五回、この催しがおこなわれたと書いた記事もある。参加費用が一人十九万円～三十万円というのは、当時の海外旅行の費用としては安いが、必ずしも少ない金額ではない。

大森実としては世界で通用する国際人を育てたいという表向きの看板のほかに、いくらかでもお金を儲けて、日常的に赤字垂れ流し状態になっている自分の経営している週刊新聞の『東京オブザーバー』の黒字化の一助にしたいというような、営利を目的にした思惑もあったのである。

いずれにしても第一回、第二回は合計で二千名近くの人が参加していて、かなり大きな利益が出たのではないかと推測できるのだが…。

太平洋大学は、図らずも、当時の若者たちの外国旅行願望を大量にすくい取った形になった。

後年、大森実本人が執筆した自伝的回想記の『エンピツ一本』のなかにこんな記述がある。

太平洋大学の発表は記者会見を開いて行った。その日の中にTVやラジオ、各紙夕刊がニュースとして報道してくれたので、予想を超える大反響があった。

電話による申し込み第一号は俳優の芦田伸介《あしだしんすけ》で、「大森さん。娘がね、行きたいといっているんだが」といってきた。応募者は本当に物凄い殺到ぶりで、翌日は早朝からD・Sビル内の事務局はごったがえす始末。私は嬉しい悲鳴を上げた。結果的なことになるが、太平洋大学の船が東京港を出港する前に、応募を締め切っても二千名を遙かに越える状態（だった）。（1）

この計画を発表したとき、大森本人はホンネのところでは、希望者が五、六百人集まれば上出来、と思っていたらしい。ところが、フタを開けてみたら二千人を超える応募者が集まったのである。太平洋大学はさまざまの障害、妨害を乗り越えて実現したプロジェクトだった。

それにしても一九六八年夏の二度のアメリカ行きの太平洋大学は、当時、船が日本に戻ってきたあとで週刊誌などに特集された記事などを読むと、大きな事故や誰かが怪我したりというようなことはなかったが、かなり大変な、難儀な船旅だったことがわかる。

以下、第二回の太平洋大学に講師として招かれた作家の夏堀正元《なつぼりまさもと》が書いたレポートである。

学生に、ぼくら講師はまず便所のことで閉口させられた。ものすごく汚すのだ。なにしろ、腰をおろす黒いビニールの枠をあげずに小用を足し、枠の上に飛沫を飛び散らかして平気なのだ。水を流さない者もいる。ひどいのは、大便をしてそのままでいく不作法者もいる。

「なんて奴らだ。これが国際感覚をつけるという目的で、この船に乗りこんだ大学生のやることか」ぼくと同室の村上兵衛《むらかみひょうえ》講師も憤然としていた。そうして、あまりのことに耐えかねた元近衛連隊旗手の謹厳な実行派の村上氏は、率先してせっせと便所掃除をして手本を示したが、その効果も一向にはかばかしくない。子供のできることさえやらないこうした大学生を、ぼくらは理解に苦しんだ。

「結局は親が子供に甘すぎて、家庭のしつけがなっちゃいないからだろう」と親に八ツ当たりしたものの、それで便所がきれいになるわけのものではない。「これじゃまるで、太平洋駅弁大学じゃなくて、太平洋フンベン大学だ」などと、ぼくはトイレの汚れを紙で拭きとりながら、幾度となくぼやいたものである。（略）カイコ棚のような狭い船室に閉じ込められたぼくら講師は、トイレは学生と共用なので、まったく往生した。

実際、ぼくら講師の船室はひどいものだった。息苦しいまでに狭い部屋には机も椅子もない。

ベッドは小さな二段ベッドで、下に寝たぼくは膝をたてて脚を組むと、上に膝小僧がぶつかるほどだ。したがって、船室はただ眠るためだけのもので、書斎で仕事することが生活の軸になっているぼくには、この居住性のなさが一番こたえた。用意してきた原稿はついに一枚も書けなかった。

大体、この船は客船の常識を破っていた。一等、二等、三等の区別が厳然としてあるのが普通だが、ここではまったくその区別はない。それは、この船が一九四五年、アメリカで二十日間で一隻ずつ造られたリバティ型の急造復員船だったからだ。

それが戦後ギリシャに売られて、メッカへ巡礼をはこぶすし詰めの悪名高い巡礼船として使われていたのである。だから、トン数の割にぎゅうぎゅう人を詰めこむようにできており、最低の居住性すら最初から無視されているのだった。

船底のドミトリーには、一部屋に四十八人もの学生がつめこまれていたが、ここは蒸し風呂の暑さで、多くの学生が毛布を持って固い甲板でゴロ寝していた。が、なんといっても往復三食付き、授業料付きで十九万円の安さである。文句をいえるわけでもなかった。

「思ったよりひどくて、まあ奴隷船といったところだけど、アメリカがひと目見たくてやってきたんだ。しかたないさ」と彼らの多くは割りきっていた。(2)

怒りが収まらぬまま、原稿書きをしている、という感じである。

船はなんと、イスラム教徒がメッカ巡礼のために使っていた船だというのである。相当ひどい目に遭ったと思っている。しかし、ひどい目はじつは学生も同じだった。夏堀正元は、十九万円でもアメリカ往復だったら格安、と書いている。

曖昧な記憶だが、当時、ハワイにいくだけでも、ひとり三十万とか四十万とかかかったのではないかと思う。わたしはじつは新婚旅行はハワイで、結婚したのは一九七五（昭和五十）年のことで、ＪＡＬパックで一週間くらいの旅行をしたのだが、このときでさえも二人で五十万とか、六十万円払った記憶がある。だから、十九万円の船旅は、当時の相場から、行き先がアメリカ本土だったことを考えると、かなり格安だったのではないかと思う。

夏堀のレポートは第二回のサンフランシスコへの航海を報告したものだが、第一回目の、つまり、小柳たちが参加した太平洋大学の内実もかなりひどかったようだ。

船のなかで学生たちが全学連ならぬ、船学連を結成して、主催者の大森実をつるし上げたというのだ。『週刊新潮』の特集記事がある。

講師の藤島泰輔氏がいう。「講師として呼ばれたほとんどの人は、船ではユウウツな顔をしていましたよ。船は豪華船だというフレコミだったんで、私なんかタキシードを持って行こうと思ったくらいだったんです。ところが、なんですか、あの船は。第二次世界大戦の時、ヨーロッパにいたアメリカ兵の復員船に使われたギリシャ船でしょ。私は中屋健一さん（註＝講師・東大教授）

と二人部屋に押し込まれました。二段ベッドで一人が起きていた時には、一人は寝ていなきゃならん。それに食事のまずいこと。あれはメシじゃないな。一日千円のメシだなんていうけど、あれじゃあ、一日百二十円ですよ。便所も故障するし、まったくひどいものでした」

また船内全学連の一人と目された下田陽久君（二三）＝都内某大学＝は――「何よりも腹が立ったのは、船内で売っているウィスキーが、ストックがなくなるにつれて値上がりしたことですよ。サントリー・オールドが、二千円から二千四百円になったりするんです。大学当局が不当にもうけているとしか思えない……」

このウィスキーの値上がりについては、大宅壮一名誉学長も大森学長を呼びつけて烈火のごとくシカったそうだ。大宅名誉学長、その時のことをふり返る。「大森君を呼びつけてドナったよ。船の中で、よそに買いに行けない人間の足元につけ込んで、ウィスキーなんかの値を上げるとは何事だってね」（略）最後に大宅名誉学長が総評を下した。「大森旅行社としては大成功だな。これで、彼のやっている『東京オブザーバー』も息を吹き返すだろ。しかし、大森君のようなやり方はとてもぼくにはマネができんね。一銭も金がないのに、こんな太平洋大学なんて実行するんだから」（3）

一方、大森実の方はこのとき、なにを考えていたのだろうか。

大森の著書『ラグナビーチより愛をこめて』のなかに、当時をふり返った一節があるのだが、ここで彼はこんなことを書いている。

キャビンという密室のなかに、あのころの学生を閉じこめて一往復三十八日間、彼らの思考内にあった分母矯正を目的に、アメリカを見せてやろうと考えた私の挑戦は、決してなまやさしいものではなかった。シケの船酔いから覚醒した彼らは、「船学連」を編成した。船の設備と食事が悪いので受講料を半減せよ、と要求した彼らは、毎夜のように（略）私を悩ませた。連日連夜、入れ替わりとっ替わり、学長室に押しかけ、座りこんだ幾組もの男女学生グループは、午前三時、四時ごろまで、私を相手に団交を続けて、眠らせてくれなかった。

「トリ肉料理が出すぎるが、船倉に鶏を飼っているという話は本当か」

「ギリシャ船員が持っている梅毒は、サラミソーセージを食べても感染する、とある講師が言ったが、学長はなぜサラミソーセージを禁止しないのか」

「この船は、戦時中にアメリカが粗製濫造したリバティ・シップの改造船で、とても太平洋など渡れる船ではない。船体が真っ二つに割れたらどうしてくれるか」

「教務課と学生課のスタッフを勧めている東京オブザーバーの記者たちは生意気だ。彼らには船のボーイ精神を徹底させよ」

ギリシャ人の船長からはこんな抗議がきた。

「日本人学生は、ヨーロッパ学生の三倍の水を使う。東京湾を出るとき、普通より二倍の水を積んだが、三分の二の航海でゼロになりそうだ。プールに入る前と出てからのシャワーは一分以内にしてもらいたい」

第二回目の帰路の航程で台風十四号にぶつかりそうになったのは、船がハワイ西方にさしかかったときであった。このときも、ギリシャ人船長は、こんな注文をつけてきた。

「ヨーロッパ学生を乗せて大西洋でハリケーンに遭ったことがあるので、太平洋の台風も突破できるが、私は日本人の学生には自信が持てない。学長のあなたに、つぎのことだけはやって欲しい。トランク、荷物の類は、二段ベッド、三段ベッドの下に縛りつける。船が台風のなかに入ったら、学生をベッド上に縛れ。学生が手足を折って怪我をするのは、彼らがベッドから出て、キャビン内で逃げまどうからだ」

米西海岸からの帰路の船上で、土産に買ったマスカレード・マスク（仮装用のゴムの面）をつけた男子学生が、甲板側の丸窓から、女子学生のキャビンをのぞいていたのを見て、「この船には幽霊が出る」と本気で泣きじゃくる大騒動が発生したのだから、ギリシャ船長に信用されなくても、それは反論のしようのないことであった。

日本の学生は、欧米の学生にくらべて、甘やかされていた。ショウベン臭すぎた。（4）

当初、和やかだった船内の雰囲気は食事、待遇、設備の劣悪さなどが原因で、航海が始まるとまたたく間に険悪な雰囲気が立ちこめるようになった。学生たちが待遇を不満として一触即発の風雲をはらんだ状態になっていった。事務局の局員は『東京オブザーバー』の記者たちだったというのだが、彼らの学生たちに対する新聞記者的な高飛車な対応も周囲を刺激した。

このときのことを、大森実の人となりについての彼の感想も含めて、小柳昌之に話をしてもらおう。


佐野（小柳といっしょに太平洋大学に参加した友人の佐野功太郎）は大森さんの磊落な人となりに感激したみたいだった。でも、ボクはこの人、新聞記者としては優秀かもしれないけれど、人間的にはかなり気まぐれな性格の人だなと思いましたね。いうことは朝令暮改だし、外人記者なんかと記者会見しているときに、まわりに学生がたくさんいるなかでブーッと屁をたれながら平気で話をしている、傍若無人というか、人を人と思わない傲岸なところもあるんです。それで、なんというか、約束を守らないところがあるんです。それを学生たちが怒った。

船に乗っていたのは比較的学生が多かったんです。社会人が三割くらいで、あと、学生だったのかな。で、学生が、航海の最中に大森さんを海にたたき込むとか、プールへ放り込むとかいって騒いでるんですよ。

なにがあったのか、ボクはわからないんですけれども、そんなメチャクチャなことはするな、と。佐野功太郎というのは身長が百八十センチ以上あって、ごつい顔していたんですよ。それで、（ボクも体格がよかったから）二人並んで船内を着物を着て闊歩するとみんなに怖がられるわけです。船内の特別な存在のようでした。

大森実のそういう杜撰さは、最終的に太平洋大学をビジネスとして成功させなかった。もちろん運の悪さもあるが、運の善し悪しも、人間性に関係のある問題である。太平洋大学が大盛況でありながら、最後の最後で赤字に転落してしまった経緯について、大森本人はこんな書き方をして説明している。

(第二回目の太平洋大学のアメリカからの帰路で) マルガリータ号が、北進してきた台風十四号とまもなく遭遇しそうになったとき、学長室の洋服ダンスが右側の壁から左の壁に移動したので、私は学科区をしてくれていた由良巌《ゆらいわお》君 (元代議士秘書=註) を招いた。夜十時ごろだった。(略)

「由良君、いよいよだが、学生は大丈夫だな」

「どんなことがあってもベッドから出るな。と命じてありますが、私の意見を述べさせていただきます。私は元予備学生の海軍中尉で、駆逐艦に乗船して台風を二回突破しました。(略) (マルガリータ号は) 台風と正面からぶつかったとき、船体が二つに裂けないか、それが心配ですので、焼津のマグロ漁船の連中の意見を聞きたいのです」

アメリカの海洋法は、航海の安全保安員の資格保有者の乗船を条件づけていたが、日本にはこの資格保有者は少なかった。

由良君の奔走で、焼津港を根拠地とするマグロ漁船水夫の資格保有者十二名を乗船させていた。

深夜、学長室に呼集した焼津の水夫長三名は、サンダルをひっかけ、モモヒキのようなズボンに白シャツ、頭にねじり鉢巻きという勇ましい姿で現れると、腰にぶち込んだ皮鞘のなかからコンパスを、あいくちを引き抜くように引き出した。海図の上でコンパスを走らせながら、「いけませんな。あと三十分で、バッツリ正面衝突ですぜ。ギリシャ人の奴らに、やれるかな。あっしらなら、やりますが。学長の胸一つだな」と言った。

午前零時過ぎ、私はずぶ濡れになりながら、甲板づたいにブリッジまで行った。

波にさらわれたらおしまい、必死に手すりを握りながら、命がけだった。

ブリッジの船長室に入り、船長が出してくれたコーヒー・カップが机上を離れ、キャビンの壁に当たって粉々に砕けるのを見た私は反射的に、「キャプテン、船を引き戻せ！」とさけんでいた。

船を一回引き戻してコースを東南にとると、次に東京港に船首を向け直したときには、最低四日間のロスとなる。

チャーター料、燃料、食事代、人件費等々、約三千万円近い経費過多となってしまったのであるが、それでも、学生たちは東京港帰着直前になって、学長団交を申し入れてきた。

「学長は（船の）コースを誤り、予定を遅らせて我々に迷惑をかけたので、受講料の二五パーセントを払い戻せ」（5）

引用がまた長くなってしまったが、大森本人の回想である。

これを読んだわたしの感想だが、あまり小説仕立ての文章運びにこだわらず、正確にどういうことがあったたか、もっと率直で説明的な文章を書いた方が、なにが起こったか正確に伝わって、みんなにわかりやすいと思うのだが、どんなものだろう。

この文章は『「太平洋大学」の思い出』という見出しのついた章のなかの一節だが、この『ラグナビーチより愛をこめて』という書籍は一九八九（平成元）年、いまからもう二十五年前に出版された本で、『エンピツ一本』も一九九二（平成四）年に書かれた本である。

太平洋大学の時代からもう二十年以上の歳月が経過している。

彼にとっては太平洋大学は、人からは大もうけしたように見えるかもしれないが、じつは大赤字を出してしまった苦い思い出なのである。

太平洋大学に関してはそういう皮肉な結果になったが、さらにもうひとつ、彼が半ば意地で出しつづけていた『東京オブザーバー』も慢性的に赤字の状態だった。

そういう苦しいなかで、翌一九六九（昭和四十四）年の年が明けるのである。

三月にはベトナムに向かう第三回の太平洋大学が出港する予定になっていた。

小柳昌之は最初、世界を一周するから手伝ってくれと、佐野を通して要望され、世界一周だったら、小柳がずっと夢に見てきたことだったからとＯＫして、手伝いをはじめた。そしたら、いつの間にか、世界一周が東南アジア一周という話に変わっていたのである。そして、これがまた大変なことになるのだ。

まず、乗船までの経緯を説明しなければならない。

いま、わたしの手元に一冊の大判の写真集がある。

『PACIFIC UNIVERSITY 1969』というタイトルがついた、第三回太平洋大学の参加者たちが作った記念アルバムである。扉のページに［1969 THE 3RD PACIFIC UNIVERSITY］、［POST VIETNAM SEMINAR／TRIP FOR SOUTHEAST ASIA］というタイトルがついている。

扉をめくった次の見開きページに学長（PRESIDENT）の挨拶の言葉が載っている。


ベトナム戦後、日本がアジアで果たすべき役割は大きい。多くの若い日本人は意外にアジアを知らない。船がアジアの港に着けば諸君は多くの意外性を発見するだろう。

意外に近くて遠い国だ。「百聞は一見にしかず」という。活字や電波媒体を通して訴えるジャーナリズムより、太平洋大学の現地セミナーは、ずっと強力な成果をもたらすと信じる。


つづいて、［FACULTY］（大学教員）のページがあり、ここに青地晨、小山内宏、秋山ちえ子、浜口庫之助ほか、合計十一名の日本人教師と、ページを改めて同じく［FACULTY］、［Foreign Assistants］の表題のついたページがあり、ここにPETER MILWARD（ピーター・ミルワード）ほか、教員七名、アシスタント十一名の外国人が載っている。

ピーター・ミルワードというのはロンドン生まれのイギリス人で一九二五年生まれだからこのとき、四十五歳。オックスフォード大学で古典と英文学を修めて、一九五四年来日。六十年司祭叙階。上智大学教授、専門はシェイクスピア研究という人物である。

残りの人たちをパソコンで検索したが、それらしき人の情報は見つからなかった。

そして、——。

次に、［MAINTENANCE STAFF］(事務局スタッフ)のページがあり、先頭に小柳昌之が事務局長として紹介されている。隣の写真スペースに、第一回、第二回目の航海で学監を勤めた由良巌（380頁の台風と遭遇する場面で登場した）が総務として紹介されていて、隣のページには佐野功太郎が学監として紹介されている。スタッフの紹介は四ページにわたっていて、次の見開きの右ページに、このあと、大森実と結婚して一生つきそうことになる伊藤恢子《いとうひろこ》（のちの大森恢子）の写真が載っている。

なんと小柳昌之と佐野功太郎の二人は、いきなり太平洋大学のスタッフに起用されたのだ。

この経緯について、彼はこういう。

ボクはむしろ、秋山ちえ子さんと親しくなったんです。

佐野は大森さんにすごく気に入られていた。大森さんは三回目の太平洋大学では、事務局のスタッフに自分のところの新聞記者を使うのは止めようと考えたんです。

そして、一回目、二回目の太平洋大学の経験者から人間を選んでスタッフとして働いてもらおうということになるんです。

そういうことがあって、前回とは逆に、佐野がボクのところに次の太平洋大学にオレといっしょに参加してくれないかという話を持ってくるんです。

「大森さんが今度の太平洋大学には、どうしてもお前に参加して欲しいっていっているんだ」というんです。大森さんから直接、世界一周旅行をやろうといわれた。

そして、キミに今度の旅行の事務局長をやってもらえないかと思っているんだと直接頼まれて、「全面的に協力します」という話になっていったんです。

最初、佐野が事務局長をやってくれないかと頼まれたらしいんですが、とんでもない、と。佐野は「ボクは管理能力はぜんぜんありません。それができるのは小柳です」といったらしいんです。で、その話がボクのところに回ってきたんです。

大森さんから「小柳君、頼むよ」と直接いわれて、佐野からも「小柳、お前ナア、大森さんの手伝いしなきゃ男じゃないぞ」なんていうことを言われた。

ボクも今度の旅行はスタッフとして参加するんだからはお金は取られないし、世界一周というのは面白そうだし、『冒険ダン吉』じゃないけど、最終の目的地はベトナムだという話だったし、南の海で海賊として冒険するのとちょっと似てるなと思って、「わかりました。やります」という話になった。

話が、世界一周は無理で、東南アジア一周に変わったときにも、それじゃあもうやめるというわけにはいかなかった。それで、そのときの一番の問題は会社がまた、一ヵ月の休みを取らせてくれるか、ということになったんです。

彼はつい何ヵ月か前に、ひと月以上の休みを取って、しかも会社に奨学金まで出してもらって、アメリカ旅行にいっているのである。

二年連続で太平洋大学に参加する会社的な理由がたたない。さすがに、もう一度いかせてくれとは頼みにくかったようだ。それで、思案をすることになる。

それと並行した話なのだが、このころ、彼は大口の弁当の注文をとろうとして後楽園球場をひそかに狙っていた。じつは弁当の市場というのは、アイスクリームとは逆に夏場が一番注文が少なく、暇な時期なのである。これは、経営的な見地からいえば、夏はアイスクリームでもうけて、冬は弁当でもうけるという話だから釣り合いがとれているのだが、それぞれの部門の責任者にとっては、それぞれ夏場や冬場に売り上げが落ちる、という話になるのである。

一番いいのは同じ工場が夏はアイスクリームをたくさん作って、冬は弁当を中心に作るというコトなのだが、それぞれ技術もあり、作るものもまったくちがうのだから、そういうわけにはいかない。

けっきょく、アイスクリームの担当者は冬場、売り上げが落ちる時期をどうするかという話になり、弁当の責任者は夏、最も売れる弁当のマーケットはないかと探し回るのである。

そして、弁当事業部の責任者だった彼が見つけたのが、真夏の夜の巨人戦ナイターで大いに盛り上がる後楽園球場だった。それで、実際に後楽園球場の納入契約を取る話と太平洋大学のために休暇を取らなければならないことを混ぜ合わせて、会社に掛け合うのである。


いろいろと考えて、思いついて本社にいったのは、今度の太平洋大学にいかせてくれたら、ある人に紹介してもらえて、後楽園の弁当売り場でウチの弁当を扱ってもらえるようになる、そのために今度の旅行に参加するんだから、休みを取らせてくれないか、ということだったんです。これは太平洋大学の事務局に後楽園球場に強いコネのある人がいるから、その人と仲良くなればなんとかなる、みたいなことをいったんです。実際には、由良巌が強いコネがあるからオレが入れてやる、といっていたんだけれど、これが口先だけの話だった。

コネなんかなにもないと、これはあとでわかったことです。

ただ休暇をくれという話では会社もなかなかウンといわないし、ボクもそれじゃあ会社を辞めます、みたいなことをいわざるをえなくなっていく。それで、まあ、太平洋大学から戻ってきたら、どうでも後楽園球場の契約を取ってやろうと思っていた。それで、会社はボクのいうことを信じてくれて、お前がそこまでいうんだったら、いってこいと送り出してくれたんです。

そして、ここでアルバムの写真の話にもどるのだが、小柳昌之はこのなかで、かなり精悍な風貌で写真に写っている。眼光の鋭い、怒らせたら怖いヤツ、というところだ。

そのスタッフ紹介のページのあと、［THE DEPARTURE FROM KOBE］というタイトルの書かれた見開きがあり、そこにこんなことが書いてある。

１９６9年3月12日午後4時30分第3回太平洋大学の一行約５００名を乗せたソ連船イリッチ号は小雨降る神戸港第5突堤を静かに出帆した。天候の不順で3月中旬というのに裏六甲には雪が降るという寒さのなかを見送りの人々のいつまでも手を振る姿が印象的であった。

ここから、このあと船内でのお別れパーティーが四月の八日におこなわれているから、おそらく約一ヵ月間の東南アジアへの船旅がスタートしたのである。

前回の苦い経験があり、今回は船もソ連のちゃんとした客船、参加者もアメリカにいったときより少なく五百名、前回不評だった新聞記者たちを事務局のスタッフに入れず、小柳らの社会人に運営を頼んだことで、船旅はかなり順調にしっかり機能していた。

毎朝、小柳が中心になって事務局員三十名くらいを集めて打ち合わせをする。そのことを船内放送でみんなに伝えた。

前回と大違いで、参加者にはまずまず快適な船旅だった。船旅は最初、北ベトナムを目指していたが、戦争中ということで上陸許可がおりず、隣国のカンボジアに入国した。

これは印象深い滞在になった。シアヌーク殿下を尊敬する、平和で素朴な国民に旗を振って歓迎され、自然のままのアンコールワットを見にいった。クメール・ルージュによって何百万人という人たちが殺されるのは、この数年後のことである。

旅の参加者は愉しい船旅だったが、じつはスタッフはそういうわけにいかなかった。最初のウチは良かったのだが、スケジュールが進行するのにつれ、それがだんだんと雲行きが怪しくなっていく。周囲には気付かれなかったが、旅の内実はとても平穏無事ではなかったのだ。

船旅がつづくにつれて、だんだんと内部のお寒い事情が明らかになっていく。

そして、当然のことだが、彼もこの混乱にまき込まれていくことになる。

このときのことを思い出して、小柳昌之はこういう。


シンガポールからマレーシアにバスで見学にいくということが、旅行日程のなかに書かれていた。それで、税関を通過するのにひとり一ドルとか二ドルとか入管料をとられるんです。

一人一ドルでも五百人いれば五百ドルかかるんですよ。バスが待っていて、その責任者もお金が必要だという。「お金を」といったそのときに、大森さんは「オレ金ないんだよ」っていったまんま、姿を消しちゃったんです。

彼は逃げてしまった。秘書役の伊藤恢子が残っていて、心配そうにわたしを見ていた。

彼がなぜこんなに苦労しなければならなかったのか、その背後の事情をわかる限りで書いておこう。大森恢子（のちに大森実と結婚する。当時は大森実が主催する大森実国際問題研究所の職員、伊藤恢子だった）の痛切な回顧談がある。


満席にはなりませんでしたが、第三回太平洋大学「東南アジア・セミナー」がチャーターしたソ連船イーリッチ号は、予定通り一九六九年三月、神戸港を出港。ところが、出発間もなく、学長である所長から突然、

「キミ、寄港地の経費、どこに保管しているのか？」

「え？」

そんなお金預かってもいなければ、聞いてもいません。学長はそれから毎日のように日本へ電報です。寄港地に送金しておけ！

カンボジアのシアヌークビルを皮切りにマレーシアのクアラルンプール、シンガポール、香港。内心、現地でお金の顔を見るまではきっと不安な日々が続いたことと思います。（6）


当初、目的地をベトナムにして出発した旅だったが、戦争の真っ最中ということで、外務省の渡航許可が下りず、船はけっきょく、大森実が懇意にしていたシアヌーク殿下のいるカンボジア

になる。

このころのカンボジアはベトナムに比べれば、ずっと平和だった。

カンボジアでは大歓迎を受けるのだが、この、太平洋大学にお金が一銭もないことは、大森実の絶対にまわりに知られてはならない秘密だった。東京からいつ、いくら送金があったかの記録はない。小柳昌之が大学が金欠病だという事実を大森実からはっきりと告げられるのはシンガポールでのことだった。大森はこのことを白状したあと、どこかに姿を隠してしまうのである。

この問題はこういう形になっていく。


船のなかで事務局長の権限は非常に大きい。大森実がいなければ、事務局長の小柳が決断しなければならない。

とにかく情報を集めようという話になって、現地の旅行代理店とか日本大使館とかに連絡を入れて、情報を集めたんです。

そしたら日本大使館が、いや、最近の話だけれども、あの入管税はなくなったはずだというんですよ。この国は連絡がいい加減だから、なくなったという話がまだ、末端まで浸透していないかもしれない、というんです。

その話を聞いて、なくなったんだったら、現場でなにかいわれてもそれを主張すれば通れるはずだ、と。それで、じゃもうなにかいわれても「払いません」ということでいこう、と。そう決めて、予定通りにバスを仕立ててワッと押しかけたんです。

ただ、それにしてもなにかあったときに、こっちでなにかやらなきゃいけないことが出てくると困る。それで、ボク一人だけが船に残って留守を守るということになった。みんなが帰ってくるまで、桟橋の端にすわってずっと待っていた。

みんなには「失敗したらオレが責任とるから、お金なしでいってくれ」と。

このとき、ボクはこれから先の自分の人生のことを考えていた。あそこはボクの人生のターニング・ポイントだったと思う。そうしたらバスは、無事に帰ってきた。あのときはホントにホッとしました。

太平洋大学のさらに詳しい内部事情は『エンピツ一本』の下巻のなかに書かれている。

この本のなかには、出港の期日が迫るなか、契約を済ませていた東洋汽船の客船が、集客が好調だということを知っていきなりチャーター代の値上げを要求してきた横井英樹《よこいひでき》（東洋汽船の社長。銭ゲバで有名だった）と交渉決裂して使用できなくなり、やむを得ず、ギリシャの船会社の元大西洋の復員船だった老朽艦を使わざるを得なかった事情など、過酷な船旅にならざるを得なかった内幕、興味深いエピソードが記録されている。（7）

けっきょく、大森実は太平洋大学の赤字も『東京オブザーバー』の失敗の責任も、全部一人で背負ったわけだが、たぶん、大森はこのことの責任の取り方に、自分のジャーナリストとしての将来がかかっていることをよく理解していた。

彼は筆一本で勝負するときが一番強い、そういうタイプの人だった。

優れたジャーナリストはおおかた誰でもそうだが、同時にコーディネーターやフィクサーとして有能という人はあまりいない。

小柳昌之は、大森実と自分を比較してこんなことをいっている。

あるとき、大森さんから、お前の尊敬する人物は誰だ、と聞かれたんですよ。それで、ボクはゼネラル・モータースの中興の祖といわれたアルフレッド・スローンだといったんです。この人が書いた『GMとともに』というビジネス書があるんですが、この本は値段が高くて、学生のときにものすごく無理して買って、むさぼりつくように読んだ本だったんですよ。

経営者としてはアメリカでは最も有名な人の一人だったんですが、大森さんはスローンの名前を知らなかった。でも、政界の人だったら、知っていたでしょうね。

人生はどうやったら成功するか、どうやったら失敗するか、ボクはそのことをずっと知りたいと思いながら勉強をしていた。だから、大森さんとは基本的なところでちがう人間だったんだと思います。

大森実も彼の答えを聞いて、〈これはオレとは別の世界の人間だな〉と考えたのだと思う。

このころの小柳は、仕事は弁当の売り込みだが、日常的に雑学でもなんでも知識を吸収しつづけてきていて、時事問題にも精通していて、しかも実業の世界にも詳しいという、一種の百科全書的な人間になっている。大森実にあこがれて、新聞記者になりたいといって集まってくる若者たちとはわけがちがうのである。

ちなみにアルフレッド・スローンはこういう人物で、『GMとともに』はこんな本である。

アルフレッド・P・スローン・Jr　1875年生まれ。1923年のCEO就任以来、56年に会長を辞するまで、30年以上もの間トップの地位にあった。20年代初めに経営危機に陥ったGMを短期間に立て直したばかりでなく、事業部制や業績評価など、彼が打ち出したマネジメントの基本原則は現代の企業経営にも大きな影響を与えている。

GMでの経営を振り返り、63年にアメリカで著した本書『GMとともに』は瞬く間にベストセラーとなった。スローンは3年後の66年に没したが、本書はいまなお読み継がれ、『20世紀最高の経営書』と称されている。（8）

わたしはこの本を二〇〇三（平成十五）年に有賀裕子《あるがゆうこ》が翻訳した、ダイヤモンド社から出た新訳本で読んでいる。

わたしたちがどこかで聞いたことのあるような気がする「失敗を気にしていては革新はできな

い。打率三割といえば強打者と呼ばれるが、それはつまるところ、十回のうち七回は失敗だったということだ」とか、「なんの過ちもおかさない人は、なにもしない人たちである」という箴言はこの人の言葉だ。

スローンの『GMとともに』はアメリカで爆発的な評判を呼んだビジネス書だったが、大森実はそれを知らなかった。専門の分野がちがうといえば、それまでの話だが、小柳昌之はちょっとがっかりしたのである。

そういうことがあって、小柳昌之は大森実のことを国際情勢を取材、レポートするジャーナリストとしてはすごいかもしれないが、ビジネスマンとしてはダメだな、と思ったに違いない。そして、大森実の方も彼がそう感じたことをなんとなく分かったのではないかと思う。

小柳は太平洋大学の講師のなかでは秋山ちえ子が彼を非常に高く評価してくれたというのだが、日常的なそういう知識に対する認識という面では、彼女の方が大森実よりもはるかに敏感に反応できたのではないかと思う。このころになると、彼の特質ともいうべき「この人は信用できそうだ」というような人間性が、大人の人格に付属しているような形がだんだんに出来あがろうとしていたのだろう。

正義や真実の報道と金銭の平衡感覚とはなかなかに両立、共存しがたいものなのかもしれない。

そして、東南アジアからもどって、フタバ食品の営業の現場に復帰したあとの彼を待ち受けていたのは、会社にたいして約束した「かならず後楽園球場の弁当売り場の契約を取る」という、切羽詰まって振りだした空手形だった。強いコネがあるというのはウソで、知り合いがいるという程度の話だった。ここからまた、彼の獅子奮迅の活躍が始まる。小柳昌之の述懐である。

それで、とにかく相手を知らなくてはと思って、何度か後楽園球場を訪ねていったんですよ。そして、話を聞きまわっていたら、なんと驚いたことに、(後楽園球場に弁当を納入したいという弁当業者が)十何社、順番待ちをしているんです。新規参入は日本一きびしい状況といえたでしょう。どこも入れてもらえない。そのときに球場で売られていたのは値段の割にはまずい弁当ばかりだったから、ぼくらが作っている弁当と食べ比べてもらえればなんとかなるんじゃないかと思っていたんだけれど、問題はそれ以前のことだったんです。

後楽園球場の現場の権力を持っている担当者は課長と係長だったんです。

それで、その両者が毎日なにをやっているかというと麻雀やっている、野球が終わってから弁当業者相手に。しかも後楽園球場の弁当業者とのその取引条件というのが売り上げの三十何パーセントを黙って持っていって、なおかつ、雨が降ったら全部返品するんです。

これは大変だな、業者は新旧みんな、麻雀をやって人間関係をつくっているんだと思ったんだけれど、とにかくまあ、ひたすら「掛け率、分かっていますから、なんとかウチの弁当もお願いします」とかなんとかいって。それで弁当の原価を低くして、その掛け率でも儲けが出るように作って、頭を下げつづけていた。

巨人人気もあって、いつも満員で、なにしろ日本で一番弁当が売れる場所だった。

後楽園球場の提示している弁当納入・販売の条件は非常に厳しいものだった。定価の六十五掛け（千円のものなら卸値六百五十円）で、雨が降ったら返品で、売れ残った分も返品なのである。それでいて、数が足りないと弁当業者が始末書を書かされるのだ。

なんとかしなきゃと考えて煮詰まっていたのは、後楽園球場への弁当納入を名目にして太平洋大学にいってきた小柳昌之だった。彼にとってはこのことは男は約束、メンツの問題だった。

しかし、熱心な売り込みにも拘わらず、夏のあいだ後楽園球場からはなんの連絡もなかった。

彼は、競争相手も多いし、売り込みにいってからも日が浅い、二年はかかるかも知れないと、長期戦を覚悟していた。

ところが、なんとですよ。その秋、弁当を納入しろという連絡が来た。それは幕の内弁当。それが、正式の業者として毎日「幕の内を入れてくれ」という話でした。

そのとき、なんの説明もなかったんだけれど、たぶん、あそこの弁当は値段の割にはあまり美味しくない、という評判が立ったんだと思うんですよ。お客さんのクレームが球場の役員クラスのところに届いて、怒られて「お前、なんとかしろ」といわれたんだと思っています。

ボクが持っていった幕の内弁当が美味しかったので、上役の要望に答えるためにあそこの弁当を入れようという話になったんだと思うんです。弁当のなかでは、幕の内が一番売れる。その注文がドーンと入るようになってて、ボクは自分のいい加減な話の穴埋めができて、メンツが立ったんです。

これが、一九六九（昭和四十四）年のことである。小柳昌之はいう。

後楽園球場がフタバ食品の弁当を扱ってくれることになって、会社的にキチッと挨拶をしておかなくちゃと、フタバの本社の社長が乗り出して、浅草の一流の料亭で芸者を呼んで、後楽園の担当の課長と係長と現場の人を三人くらい呼んで、キチッと接待したので、その後は一目置かれるようになったと思います。

そして、翌四十五年の十月に長女の東子が生まれて、彼は父親になる。

あいかわらず、彼の日常は弁当の営業で忙しかったが、このころ、しばらくは平和な生活がつづいた。

そして、太平洋大学の延長線上にあるのような話だが、この後、フタバの社内に正規のシステムとして海外留学制度ができるのである。

これは、ほかの社員から「アイツばかり海外旅行していてずるい。オレたちだって外国にいきたい」という不満の声が上がったためだったらしい。

会社は、そういうことが励みになるんだったら、制度として取り入れてみよう、と思ったのである。それで、希望者を社内で募集した。

ボクが太平洋大学で東南アジアにいってきたあと、しばらくして海外に勉強しにいってきてもいいよ、という社員の留学生制度が始まったんですよ。誰でも応募できる、試験を受けて成績の優秀だったヤツがアメリカにいって、ホームステイできる、という話だったんです。

それで、わたしもまた手を上げたんです。そしたら、お前、もう二回いったじゃないかっていわれたんだけど、イヤ、アメリカ内陸部や東部はいっていませんからといって、また他の人といっしょに試験を受けたんです。

そしたら、わたしが一番成績が良かったそうで、それでまた、ボクは六〜七週間ぐらいホームステイでアメリカにいって来たんです。それを経験して、ますます会社辞めなくちゃな、と思いはじめた。やはり世界は広いし魅力的だと。

彼は事務局長を務めた第三回の太平洋大学でいったシンガポールの港の桟橋で、バスで出かけていった人たちの帰りを待ちながら、「そろそろ会社を辞めよう」という覚悟を決めていたらしい。ただ、辞めてどうするかということである。もっとよく世界をみたいという願望はあったが、じゃあ、どうすればいいかというと、そこまでは分からなかった。とにかく、いくら若くして東京営業所所長といっても、このまま、栃木に本社がある、田舎の会社に居つづけても自分の描いた夢は実現しないだろう、ということだけは分かった。また、結婚して家庭を持ったわけだから、独身時代のように、気楽に、気に入らなかったらその日に辞めちゃうというようにふるまうわけにもいかなかった。

そのことは、太平洋大学にもいっしょにいって、日本にもどったあとも日常的に行き来して、いっしょに酒を飲んだり、遊び回ったりしていた佐野功太郎にも分かっていた。

そして、ある日、彼は佐野からこんな相談を持ちかけられる。

佐野功太郎は「病院時代、喫茶室に使っていたところに空きができたから、お前、なんかに使わないか」というのである。

前述したが、佐野の家はもともと大きな病院でそこのあととり息子で、両親は慶応で医学部にいかせようとしたのだが、点数が足りなくて進学できず、医者になることができなかった、という経緯があった。その後、佐野の父親が亡くなり、病院だった建物を倉庫業に使っていた。

彼はもちろん、小柳昌之が現在の勤め先をいずれ辞めようと考えていることもよくわかっていたし、弁当を売る商売で苦労していることも知っていた。そんな彼を見て、サラリーマンを辞めるんだったら、辞めても困らないように副業でもやっておいたらどうかと考えて「お前、あそこ使ってみないか」とアドバイスしたのだった。

昔の病院の角を喫茶店として貸していたんですけれども、その喫茶店がやたらゴキブリが出る喫茶店で、バルサンをたくと最初の三ヵ月くらいはゴキブリ見ないんだけど、すぐにまた出てくるんです。

それが出過ぎるくらいたくさんいて、喫茶店の経営者がイヤになって店を出てしまった。

彼は「何年か先に、あそこを建て直す計画があるんだけれど、お前だったら出ていってくれって頼んだときに出てくれるし、よその人に貸して、（建て替えのときに）出ないといわれると困るから、お前がなにかに使ってくれるのが一番安心なんだ」というんです。

「でも、ゴキブリがいっぱい出るから従業員が怖がってすぐ辞めちゃうんだよ」というんですよ。

ボクはすぐそれを借りることにしたんだけれど、そのとき、頭のなかにあったのはゴキブリの消毒会社ができたという最新の新聞記事だったんですよ。電話帳で、その「三共消毒」（だったと思う）というところの連絡番号を調べて電話すると、二年保証というのがあって、二年間はゴキブリが出ない、と。その二年保証というのをやってもらって、まったくゴキブリが出なくなったんです。

このことも、ボクがいつも雑学でも何でも興味を持って、ものを調べたり知ろうとして新聞や広告チラシをちゃんと読んでいたから持っていた知識だったんです。知っていて助かったことの一つだった。ゴキブリも耐性を持ってくるので、この保証期間は一年、半年と短くなっていったんです。

これと同じようなことをこのあとも何度も経験するんだけれども、あのとき、ボクが三共消毒のことを思い出したのも、そのときにボクが持っていた強運のなせる技だったと思うんです。そのことがあったから、よし、お店をやってみようと即断できた。

そして、その店を借りることにして、店のなかを手作りでお金をかけずにいろいろと工夫して、いまでいう深夜営業のカフェ・テラスを開店したんですよ。現場は（最初の）女房が中心になってやってくれたんだけれど、夜中まで食事したり、お茶が飲めるお店を、そのときに初めて経営しました。


この店の名前は「アダモ」といった。フランスのシャンソン歌手で日本でも『雪は降る』のヒットで知られている歌手の名前だった。アダモは要するに、深夜営業のスナックで、ちゃんとした食べ物も用意していたから深夜営業のレストランといってもいいお店だった。そして、この店についても、じつは経験になっていることがひとつあった。それは自分で出資して始めた店ではなかったが、これ以前にもフタバ食品の弁当部で実験的に同様のレストランを経営していたのである。客商売の基本はそこである程度、身につけていた。

浅草の吉原で弁当部門をやっていたとき、向ヶ丘遊園にダイエーの最新のショッピングセンターができて、そのなかにカフェ・レストランを出したことがあるんですよ。弁当事業部だけでは夢がないんで。ボクは会社に多様な可能性を探りたいんだといって、店を出してもいいですかって聞いたら、出していいよといわれた。その経験があった。

その店はすごくおしゃれなお店で、ある程度の利益は出していたんです。ですから、そのときの出店のノウハウを使って、自分のお店を作ってみようと思ったわけです。

提供する商品は食べ物だから、弁当の延長線上にあるのだが、こちらは注文をとって納品するという可動的な商売形態ではなく、店を構えて、お客様に来てもらうという、普通のやり方で、営業して回る必要はあまりない、弁当を売ることに比べればはるかに楽な商売だった。

『アダモ』は地味で小さな存在だったが、安定した常連客があり、小柳家に毎月、幾ばくかの副収入をもたらすようになっていく。この店の上がりを蓄えたお金が、彼がこの先のことを考えて行動していく、軍資金になるのである。

こうして、準備おさおさ怠りなく、本当にフタバ食品を退社する日が来ようとしていた。

ここで、もうそろそろ、この本の本当のテーマについて直接的に論じ始めてもいいかもしれないと思う。それは、「人生で成功するためには本当はなにが一番重要か」という問題である。

そして、それは言い方を変えれば、人生で成功するためにはどんなふうに生きていけばいいのか、ということである。まず、人生を思ったように生きるために、どういうことが必要なのだろうか。幸運や努力はすぐに思いつく言葉だ。才能もなければならない。

小柳昌之の人生を振り返って細かく調べると、彼がさまざまの出来事に遭遇する一つ一つの場面で、ロールプレイングゲームの主人公のようにのちの運命を切り開いていくための鍵になる、さまざまの幸運のアイテムを手に入れているのがわかる。それは知識だったり、具体的な技術だったり、あるいは明確な形をしたモノだったり、頼りになる人間だったりしているのだが、それらはまぎれもなく、そのあと、何らかの形で窮地に立つ彼を、危ういところで救っているのである。

本書の冒頭で、彼は、人生は船に乗って旅する旅に似ている、といった。これは太平洋大学での経験が、自分の人生そのものと重なり合っている、という意味かもしれない。

人生の最初、誕生のときにあるのは、生命の泉から勇噴した、山奥の小さな沢の源流である。彼にとってそれは、美唄川であり、夕張川だった。

彼はその川の流れのなかでは流れに翻弄される小さな笹舟のような存在だったが、そのなかで、自分の意志を固め始め、自分の夢を作り出し、小さいながらも推進用のエンジンを手に入れて、人生の日々を生き始めたのである。

そして、彼の川は板橋を流れる石神井川となり、池袋を流れていた谷端川となり、隅田川となった。慶応大学に入って、日吉校舎に通うことになったときには多摩川の鉄橋を越え、フタバ食品に勤め始めて、鬼怒川と那珂川を知った。そして、太平洋大学に参加して、初めての海外旅行を経験して、川が河となって流れ込む海がどういうものかも知ったのである。

最初、彼にあったのは素朴な夢だけだった。それが意志を持ち、ものを考える力を養い、放蕩や無頼を経験し、苦労を重ねるなかで、運命を切り開く力を涵養していったのである。

わたしは彼の人生をなぞりながら、彼が出会った人生の艱難辛苦を逐一、報告してきたつもりだが、ここでわたしがいま感じているのは、彼がいつもなにかと、多くの場合、自分のなかの自分、そこのところで満足して、戦うのを止めようとする自分と葛藤してきたのだということだ。そういうとき、運命というか、幸運がいつも彼を助けてくれた。

そして、いくつかの幸運は知識からやって来た。

その事例は、ここで終わったわけではなく、この後も連続的に生起している。

これはたぶん、わたしたちの用語でいうと、［シンクロニシティ＝Synchronicity］の連鎖であると書くことができるのではないかと思う。そのときの自分に利する偶然の出来事の連続的な発生である。

わたし個人の卑近な例を挙げると、なにかいいことないかなあとぼんやり考えて街を歩いている最中に誰かとばったり出会って、食事をご馳走になったり、こちらがフトコロが寂しくて困っているときにあわせて、いまはあまり付きあっていない出版社で二年も三年も前に出した本の増刷が決まって予期せぬ印税が入ってきたり、なんとなく運命の女神が自分を助けてくれているような気分になることがある。

じつは、わたしも何度もそういう経験をして、ここまで来ている。わたしはこれをたぶんシンクロニシティに該当するのではないかと思っているのだが、このことをその言葉を使わずに普通の日本語で文章で表現すると、強運の持ち主ということだろうか。

その強運というのはどこからやってくるのだろう。これがシンクロニシティということを考えるときの最大のポイントである。

それぞれの一つ一つの出来事は必然の結果として存在しているのだが、同時にそのことは多義的な意味を持っていて、［いま、オレは金がない］という状況と、別の場所に存在している［三年ほど前に某出版社から上梓した『昭和の美人女優』という本が売れ続けていて増刷がかかって、印税が生じた］という事項が結びつくと、［思わぬ実入りがあり、おかげさまでのんびりした正月が過ごせる］という、新しい事態を招き寄せてくれるのである。

これは考えてみると、必然なのだが、塩澤幸登の生活にとっては偶然なのである。

セコい事例かもしれないが、たぶん、これはシンクロニシティの一種ではないかと思う。

このことは、あいつはしぶといヤツだとか、星巡りのいい人だ、というような言い方、あるいは、守護霊が自分を守っていてくれるのではないか、というような言い方のできることなのだろうと思う。

偶然におこる出来事が（じつは偶然ではなく因果論的には必然なのだが）わたしたちの生活・

人生にプラスになったり、阻害要因になったりする、そういう力である（阻害要因の場合は、ただ当たり前に「運が悪い」というだけで、シンクロニシティとはいわないのかもしれない）。

小柳昌之の人生を細かく調べてみて、一番印象深いのは、彼の人生のなかで起きた小さなシンクロニシティ（幸運・僥倖）が細かく積み上げられ、それぞれの時代の微細なステージで一つずつ作られたモノが、複雑に組み合わさっていって［偶然の一致・製造マシン］のようなモノができあがって、ある一定の努力をすることによって、周囲の人びとにも影響を及ぼすが、なによりもまずこのマシンが作動して、彼の人生を成功に導いたのではないか、ということである。

これは、彼が言っているように、［背後霊が見守っていてくれて、いつもボクを導いてくれる、ボクはそれを信じているんですよ］ということなのかもしれない。

小柳昌之の人生を検証する限りで、彼の人生がかなりの幸運の連鎖によってここのところまで作られつづけてきていると思うから、こういうことを書いているのだが、たぶん、それは偶然が乱造されているわけではなく、彼の根源的な生き方のところで、そういうものを招来する能力のようなモノが蓄積されてある種の力を乗じさせるメカニズムが形成されていった、彼はそのマシンが持つ機能によって、最終的に人生を成功させることができた、というふうに解読できるような気がして仕方がない。

根元のところで、人知の及ばない、何らかの力が作動している、そういう気がして仕方がないのである。だとしたら、その［人生の幸運を招き寄せる力を持つマシン］の作り方の秘訣・要諦は彼の人生のキャリアそのもののなかにある、と書くことができる。

話を一九七三（昭和四十八）年、三十四歳になったばかりの小柳昌之の現実にもどそう。

彼がもうそろそろ辞表を出そうかと考えていたその年の春、社内にひとつの噂が流れた。八月の東北自動車道の開通にあわせて、上河内にサービス・エリアが作られることになり、そのレストランと売店をフタバ食品が請け負うことになったというのである。

彼は、この話を聞いたとき、悪い予感がしたのだという。

この話を聞いたとき、ア、ヤバイな、と。この話、おそらくオレのところに回ってくるな、と思ったんです。

本社の幹部たちを思い浮かべてみて、本当にそういうことがわかるヤツというのはボク以外いなかったんです。それで、栃木の山のなかでしょ、三年以上はその専従になるな、と。

それで、ボクは会社に辞表を出したんです。そしたら、いきなり社長に呼ばれて、ちょっと待ってくれ、と。この話はお前がやってくれなきゃ困るんだ、と。お前にやってもらうつもりでこの話をまとめたんだっていうんですよ。

それで、ボクは自分にはやりたいことがあるんだ、と。その夢を実現するためにこの会社を辞めるんです、といったら、社長は、お前に大きな夢があるのは分かっていた、だから、辞めるなとはいわないから、この仕事だけでいいからやってくれないか、といわれた。ボクも会社にそこまでいわれたら、断れなくて、高速道路のサービス・エリアを立ち上げる作業をやるんですよ。それがいまでもある、上河内のＳＡなんです。

それでいろいろと考えて、建物のなかに滝を作って、樹木の緑を持ちこんで、おしゃれなヤツを作って、そこが無事、サービス・エリアの役目を果たすのを確認してから辞めたんです。この仕事は一年半かかりました。

フタバ食品はボクのワガママを本当によく聞いてくれたんです。心から感謝しています。

果物が熟して、枝から離れるような感じで、フタバ食品を辞めることになった。

たぶん、彼は自分の能力を全面的に認めて、精いっぱいの待遇で迎え入れてくれたこの会社に対して、自分からも恩返しではないが、できる限りのことをした。そして、会社からは功罪善悪諾否あわせて、教わることはすべて教わった。この会社を、社会勉強をするための学校として考えたら、ここで経験したこと、経験から学んだことはすべて身についたということだった。

そして、卒業するときが来た、ということだった。

海外旅行に何度も出かけ、視野も見聞も広がっているのに、栃木の山奥のＳＡ（サービス・エリア）の責任者をやれといわれるのは、せっかく作った人脈から何年も離れることになるのでさすがに耐えられなかった。上河内の仕事は確かに大きな店作りで面白かったが、東京や外国の情報はほとんどテレビや新聞でしか入ってこなくなってしまい、それによって自分が時代の流れから取りのこされてしまうのが見えていた。

しかし、この時点で、将来こうしようというはっきりとした目標が決まっているわけではなかった。


なにをやるか、将来のことをはっきり決められないままで会社を辞めたんですよ。それで、なにかをやらないと食べていけないわけです。そのとき、銀座でバーテンのアルバイトの経験があるので、まあ、居酒屋でも屋台でもなんでもいいからやってみようと思って、本格的に動き出したんです。

そのとき、たまたま、さっき話に出てきた板橋でかみさんにやってもらっていたスナックで貯めたお金が少しあった。それで、そのころはもう銀行との取引も始まっていた。信用組合だったんですけど、多少のこと融通が利くようになっていたんです。場所はやっぱり、それまでいろんなことがあって知り尽くしている池袋の西口がいいだろうと思って、そのつもりになって場所を探した。

それで、池袋の西口というところは面白いところで、ロサ会館があって、あそこからこっちは繁華街で家賃もむちゃくちゃ高い。で、その脇の通り（劇場通りという。まっすぐにいくと、川越街道にぶつかる）を隔てたこっち側は、一本裏通りに入ると、ガターンと下がるんです。そこを探せば、安いところがあるんじゃないかと見当をつけて、歩き回って探したんです。そしたら、地下に降りていくんだけど、天井の高い、三十坪くらいのかなりの広さの、家賃も安い物件を見つけた。天井が高いから地下室の圧迫感もない。それで、通りひとつ隔てているっていったってロサ会館から五十メートルくらいしか離れていないんですからね。すてきな店にすれば、みんな億劫がらずに来てくれるだろうと思った。それで、そこにパブ・レストランを出店することにしたんです。

それで、このときにボクを助けてくれたのが、太平洋大学で知り合っていろいろと応援してくれていた秋山ちえ子さんだった。あの人はボクのいうことを信用してくれた。それで、彼女に直接借金をしたわけではないんですが、銀行を紹介してくれて、開店資金は銀行に借りたんですけれど、彼女がその借金の保証人になってくれた。

いつもいい音楽が流れている店にしよう、そのためにグランドピアノを入れようと考えて、秋山ちえ子さんに相談したら、ソニーの大賀典雄《おおがのりお》さんを紹介してくれたんです。そして、大賀さんの意見を聞いて、グランドピアノ型の大きなテーブルにエレクトーンを入れることにした。

そして、この店が開店して割合すぐ軌道に乗って、ボクの本格的な水商売が始まったんです。

なにか目を引く目印が欲しいと思い、ある人の知恵を借りて、店の入り口の階段脇に大きな壺を置いて、『壺の家』と名乗ることにした。おしゃれな店内にして、深夜まで営業していて、しかも美味しいものを食べられる店にした。
こうして、池袋西口の夜の世界で、十年に及ぶ彼のレストラン・オーナー生活が始まった。

【註】

（1）『エンピツ一本』一九九二年刊　講談社　大森実著　P・252
（2）『漫画読本』一九六八年十一月号　P・113　「太平洋の波は不穏」夏堀正元
（3）『週刊新潮』一九六八年八月十七日号　P・132　「太平洋大学が運んだスキャンダル的風聞」
（4）『ラグナビーチより愛をこめて』一九八九年刊　学研　大森実著　P・254
（5）『ラグナビーチより愛をこめて』　P・257
（6）『大森実ものがたり』　P・159
（7）『エンピツ一本』　P・253
（8）『GMとともに』二〇〇三年刊　ダイヤモンド社　アルフレッド・P・スローン・Jr著　有賀裕子訳　奥付

第九章　池袋　夜の河

けっきょく、彼は池袋にもどってきた。

一九七四（昭和四十九）年のことである。

これまでのさまざまのキャリア、学生時代に銀座でバーテンとして修業したこと、池袋での蒸かしまんじゅうの営業活動、弁当作りで知ったさまざまの料理の知恵、そして、向ヶ丘遊園のスーパーマーケットでやった喫茶店や板橋で始めたカフェテラスでの客あしらいの要領、これらのことすべてを頭のなかに入れて勘案し、池袋の西口に当時流行りだったパブ・レストランを出店することに決めるのである。

もちろん、これが長年考えていた、本当にやりたい仕事というわけではなかった。

しかし、人間は生活して、生きていかねばならない。そして、なにか新しいことをやろうと決めた以上、それを全知全能をかけて成功させなければならない。

『壺の家』は彼のそれまでの人生のすべてを賭した戦いの場だった。


店の営業時間は夕方から始めて、朝までだったんですが、調理師は一人だったんです。大変だったと思います。いっしょに仕事をすることになったときに、ボクは彼に、まず六十品目出してくれ、といったんですよ。自分で考えろ、と。すぐ出せるもの、塩辛は作り置きしておけばすぐ出せるだろう、と。冷や奴もすぐ出せるだろう。酢の物、お新香、レーズンバター、そういうのを全部入れて六十品目。そういう基本の話から始まって、メニューを作って、やってもらったんです。

この男は料理の上手な男で、がんばってくれた。どの食べ物もみんな美味しくて、すごく良かったんです。壺の家はそのころにしてはかなりしゃれたお店でした。それで、噂を聞いて遊びに来てくれるお客さんが増えて、友だちが友だちを連れて遊びに来てくれるようになって、色んな人が来て、エレクトーン奏者がいて、歌手がいて、お客も歌ったり。

ボクは店が流行り出すのに合わせて、いわゆるテーブル・チャージみたいのをどんどん安くしていって、メニューもどんどん安くしていったんです。この店は十年間ぐらいつづけたのですが、そんなやり方をしていたから最盛期には金、土曜日はいつも満員で、お客さんが入れないくらいでした。だから、そこではそんなに大金をメチャクチャ儲けたというわけではないんだけど、着実に儲けることができた。

ボクという人間は、性格もあるのかもしれないけれど、麻雀をやっているときも守り強かった。将棋も自分の態勢を作って、相手に攻められても受けつぶしちゃうことが多かった。

勝負事も、いつも攻めるより守る方からやっているんです。

商品を作るときでも、受注があるのを確認するとか、色んなところで、そういう慎重なところが顔を出すんですよ。

結論的にいうと、お客さんが「この店、高くてイヤだよな」という店は絶対にイヤなんですよ。やっぱり、「ここっていつでも来れて、カジュアルだけど美味いなあ」といってもらえる店を作りたかったんです。

店は、場所的にいうと、西口の繁華街の外れ、通りから一本筋を違えた狭い路地にあった。当時はしゃれた店などなにもなかった場所である。

実際にいってみると分かるが、いまでもおしゃれな店は見つけにくい場所である。

彼は頭のなかで理屈で考えて店を作ったわけではなく、繁華街の中心から少し離れている暗くて狭い路地に、こんな明るいしゃれた、食べ物が美味しい店があったら、自分がお客さんだったら絶対にいきたいなと思って、そういう店を作ったのだという。

盛り場のはずれにあったから、親しい仲間でみんなで誘いあっていくような、また、わけありの男と女がしのび逢って二人だけで食事をするのにもぴったりの雰囲気の店だった。緻密なコスト計算もしていたようだ。

ボクは子どものころから算数が得意だった。だから、頭のなかで大雑把な計算はしている。なには元値がいくらで、それがどのくらいの期間に何個売れたらいくら儲かっているな、というような計算はしているんです。

利幅は薄くてもいいな、というのはありましたね。それからね、コストはヤマ勘ですよ。それはなぜかというと、それを細かくやったって、百個売れたときと三百個売れたときと、千個売れたときでは全然違ってくる。材料費はこのくらいだけど、職人の労賃は、数たくさん作れば作るほど、安くなっていくわけですからね。やっぱり一番重要なのは、全体でこのくらい経費がかかって、何人くらいの人を傭っているのか、というような大づかみの数字なんです。頭のなかで概略をザッとひねるんです。

こうして、壺の家はうまく商売の軌道に乗っていった。

そういうなかで、今度は家庭が壊れそうになっていく。

この話を書くのはつらいが、書かねば話が前に進まないところがある。

そのころの生活というのは、住まいが板橋にあって、会社はさっきいったように吉原のど真ん中にあったんです。で、板橋の家からちょっと離れたところで、スナックを始めたわけです。ボクはそのときの勤め先（フタバ食品）をいずれ辞めるつもりでいたんですが、昼間はそのつとめがありますから、スナックは女房に中心になってやってもらったんです。そうしたら、彼女はそういうことが上手で、この店も割とスムーズにお客さんが来てくれるようになって、たちまち黒字になった。

毎月、十何万円かの、十分な副収入になっていったんです。女房が稼いでいてくれるおかげで、ボクはフタバ食品を辞めて、新しい商売を探す余裕もできたんです。

ボクが辞めるといったとき、まあ、会社のお金を使って何度も海外旅行をしておいて、それで強引に辞めてしまったということもあったんですが、退職金も満足にくれませんでしたからね。

フタバ食品にしたら、あんまりのやり方じゃないか、と思ったのではないか。

日頃の言動でいずれ会社を辞めるかもしれないという危惧はあったかもしれないが、社内で自分の付加価値を高めるためにそういっているだけのことだと思っている人もいたのである。まさか、本当に会社を辞めてしまうとは思わずにいて、本人をやりたいようにやらせて、いきたいところにいかせていた。なんとなくフタバの側の落胆と失意が伝わってくる。

フタバ食品についていうと、小柳がアルバイトで入社して、蒸かしまんじゅうのセット販売を成功させた一九六三年に資本金が一億五千万円になり、入社十年後の一九七四年に彼が退社するわけだが、その後、五年後の一九七九年に資本金を四億九千万円余に引き上げたあと、企業としての成長は止まっている。資本金はその三十五年後の現在も変わらない。

小柳本人がフタバ食品の企業としての成長のキーマンだったかどうかは別の問題だが、彼が営業で駆け回っていた頃のフタバ食品がさまざまの可能性にあふれた活気のある企業だったことは間違いないだろう。もしかしたら、小柳の退社はこの会社にとって、この時代に決定的な意味を持つ出来事の一つだったのかもしれない。

新天地で生きてみたい、それは志を立てて、それを守りつづけようとする人間の業のようなものだったのかもしれない。そして、これはもしかして、残酷な言い方になるが、その後に経験する離婚も、彼がフタバ食品を辞め、新しいビジネスを求めて池袋の夜の世界へ飛び込んで、事業を始めたことで、平和だった家庭が崩壊したというい方になるのかもしれない。

板橋ではじめたスナックは、夫婦で、というよりは奥さんが中心になってやっていた店だったらしいが、ここの売り上げのなかから毎月、十万円以上の儲けがあって、フタバ食品を辞めて、毎月の給料がもらえなくなった彼らの生活をなにがしかで支えてくれたというのである。

生活が変わっていくなかで。人間が変わることはあるが、その変化がそれまであった生活の形をゆがめてしまう、ということがよくある。この問題はそういうふうに考えていかなければならないのかもしれない。

そのときのかれらの生活の形は一種の夫婦共稼ぎなのだが、妻がお店を始めたことで、それまで家庭に注いでいた時間を店のために使うようになる。

家には一粒種の娘の東子がいた。夕張で暮らしていた父親が上京したのもこのころのことである。父の文太郎はもう、七十歳を過ぎていた。

この時点で、家族は夕張を引き払い、母親のキクヨは病気がちだったために妹の典子の世話になって、清瀬で生活していた。東子は昭和四十五年の生まれというから、このとき、二、三歳である。妻はこの子を上京して同居しはじめた文太郎に預けて、スナックのママとして勤めに出たのだった。

小柳東子の話では、彼女の人生の受難は一歳のときに背中にお餅を背負わされて、重くてイヤだったので怒ったらみんなに笑われた、そこから始まったのだという。

幼年時代のことを娘の東子はうっすらと記憶していて、それをメモにしてくれている。

一歳の誕生日に重いお餅を背負わされた記憶があります。そのころは田端に住んでいたと聞いています。その後、板橋へ引っ越し。平屋の大きな家で、庭に砂場があったのを覚えています。このとき、父方の祖父も一緒に住んでいました。父と母がカフェバーを経営していて、夜は二人とも店に出かけてしまうので、目が覚めたら母がいなくて、よく泣いていました。そのあいだは、祖父が子守をしてくれたのを覚えています。ほどなくして父と母が別居。たぶん、二歳ころだと思います。

妻が働かなければ、彼は独立することができなかった。それは確かだったという。

妻は自分がやっていることが、お金儲けという意味を持ち始めたことで、生活そのものを変化させていった。それは必然的に起こったことだったと書かざるをえないのかもしれない。

妻の生き方の変化が、二人の家庭が壊れていく直接的な原因になった。

それは具体的にはこういうことだった。小柳昌之の苦い思い出である。

あるときから、女房が朝方、遅く帰ってくるようになったんですよ。それはなにかというと、麻雀に夢中になってしまったんです。店の常連たちに誘われて、徹夜麻雀をやるようになって、朝まで家に帰ってこなくなってしまった。大事なお客さんとの付きあいだから、というんですよ。それで、話をしてもコントロールできなくなっていて、これは無理かもしれないと思ったんです。頭に来て、男のメンツもあって、もうダメだとボクが家を出たんです。

男と女のことだから、理屈で割りきってものごとを運べるわけでもないだろうし、説明できないような夫婦の機微に触れる話もあるのに違いない。別れた奥さんにはいまも、彼女なりの生活があるから、聞いた話をなんでもあからさまに書いていいというわけにもいかない。

もしかしたら、奥さんにとっては、彼が持ちつづけていた［いずれ世界へ］、［もっと世界をみたい］という夢が自分たちにはどうやっても手が届かない、子供っぽい妄想に思えはじめたのかもしれない。つまり、根底に、夫のいったりやったりすることを信じなくなってしまった妻、というのがいたのかもしれない。

別居して、東子のことも考えて、正式に離婚するのはずっとあと、十年以上あとのことだが、彼の話では、持っていた駒込のマンションを彼女に与え、どちらかが死ぬまでという約束で、いまでも毎月、生活に困らないだけの仕送りはしているのだという。

奥さんは、彼が家を出た後、まわりの人（お姉さん）は彼女が自殺するのではないかと心配したというほど思い詰めたというが、覆水《ふくすい》は盆に返らなかった。

夫婦が離婚するとき、犠牲になるのはいつも子供で、東子ちゃんはこのあと、こういうふうに生活していくことになる。

父と母が別居したあと、わたしは堀切に住む母の姉夫婦のところへ預けられ、そこから保育園に行きました。そして、わたしが四歳の時、叔母夫婦に娘の信子が誕生。それまではわたしを可愛がってくれていた叔父が、自分の娘が生まれてからわたしへの態度が激変し、それが原因で叔母と叔父の喧嘩が絶えなくなり、ある夜、叔母がわたしを連れて母の住む駒込へ逃げました。（父と別居してから母は駒込でスナックを経営していました）。そこから小学校に上がるまで、特に保育園等は行かずに過ごしました。

小柳東子は父親の疾風怒濤を一身に受け止めるような、さまざまの受難を一手に引き受けるような人生を過ごして、現在にいたっている（現在はＨＡＢＡ研究所のデザイン・ディレクターとして、自社製品の多様なデザインの責任者を務めている）。聞けば、その生き方は父親とはまた別の物語になるほど若い娘なりの波瀾万丈でたくましいのだが、その話はまた、別段で場所を構えて記することにして、話を池袋にもどそう。

池袋という街について、この街の夜の世界でしたたかに生き抜いた経験を持つ小柳昌之は、この町は［男の街］だという。それは確かにそうだろう。しかし、［男の街］ということは、男たちが女たちに自分の男を見せて暮らす街だという意味でもあった。

池袋でも、第五章の256頁以下でも書いたが、特に［西口の要町通りから右半分］はいまでも雑然とした喧噪の巷と書いていい混沌とした場所だと思うが、ここは戦後を通じて、ずっと男のための歓楽街だった。どうしてこうなったかというと、戦後、かなり長い間、闇市があって、整理が進んでいなかったことと関係がある。闇市ということはアナーキーで無秩序な場所、公的な権力が及ばない極私の世界という意味である。

男の享楽の街という意味では、たとえば、西口のメトロポリタンの周辺など、いまだに周囲を予備校に囲まれて、一軒だけぽつんとソープランドがある。昔は大々的に［ソープランド］と書いた看板を掲げていたが、先日、前を通ったときに、表の店構えをみたら、さすがにその一語は看板から消えていて［シークレット・スタイル＝Secret Style］という名前の店になっていた。脇に小さく、特殊浴場と表示したプレートが貼ってあるから、いまもソープランドである。

受験浪人たちに配慮したのだろうか。

わたしはそこにそれがあってはいけないと思って、これを書いているわけではないのだが、善し悪しは別にして、この店がいつまでたってもなくならないということは黒字経営、つまり、お客さんもいるし、そこで働きたいというホステス（ホステスという呼び名ではないかも）さんもいるということである。

そして、［西口の要町通りから右半分］のさらに右側半分、線路沿いの道を境界線にする、いわゆる北口は、いまや［新・中華街］と書いていいほど中国人だらけの、無国籍でアナーキーな場所である。

記憶に新しいところだが、先日、危険ドラッグを吸引した男が自動車を運転して三菱東京UFJ銀行の前で若い女の子をはねて、ひき殺し電話ボックスに衝突したのだが、その可哀想な女性も中国から出稼ぎ働きに来ている女性だった。

池袋のすごいところは、つい先日、北口からの地下通路を出たところの東口北の駅前の交差点、横断歩道でも同じような事故が起きたことだ。衣料品店のZARAの前である。そのときも女性がひとり犠牲になっているが、彼女は日本人女性だった。

中国人たちの店はいまのところ、北口の周辺に集中しているが、駅からちょっと離れると、飲食店に混じってソープランドやラブホテルが乱立、凝集していて、古びた焼き肉屋などもあり、在日朝鮮人の人たちの店がある。これはたぶん、在日朝鮮人の人たちが多く住んでいた街に中国から来た人たちが大挙して定住した、という意味だと思う。

いろいろな意味で、池袋の西口は東京のなかでもっともアジアに近い街、東京のど真ん中にあるが、日本文化的にいうと辺境の街なのである。

ついで書きすると、小柳が壺の家をたたんで、一九八四（昭和五十九）年にＨＡＢＡを創業したとき、最初に事務所を作ったのは、大塚の方にいくＪＲ山手線の線路沿いにある二軒のソープランドに挟まれた建物だった。なにしろ家賃が安くて便利だから借りたのだという。このソープランドはいま現在、三十年の歳月が経過したあとも元気で営業中だ。

小柳昌之はフタバ食品で働いていたときも、勤め先になった東京営業所は浅草の吉原のソープランド街のど真ん中にあったというし、たぶん、これらのことも彼がＨＡＢＡを創業し、軌道に乗せて引っ越しするまで（新しい引っ越し先はなんと、劇場通りのつき当たりの池袋警察の向かい側の建物だった）の彼の社会的な立ち位置を象徴しているような話なのではないかと思う。

要するに、彼は実業の世界での、自分の考え方以外に行動の基準を持たない、まじめに働くアウトローであったのだ。

池袋の西口のもうひとつの問題は、［日本の大衆文化の辺境］ということと関係があるのだが、ここは底辺の世界というか、正真のアウトローたちの街でもあったということだった。

さまざまの力の流れを交錯させている裏社会の人たちの街、という意味である。

生きる場所に池袋の西口を選ぶということは、必然的に裏社会と関わらざるをえない、ということだった。

セールスマンとして、居場所を決めず、神出鬼没に営業活動をやっていればあまり関係のない話だが、店を構えて拠点で活動していれば、その街の地回りたち、暴力団員との接触は避けられない。

これもたぶん、日常的なきちんとした対応が大事で、おそらく彼らはヤクザものだということに過剰に反応したり、特別扱いして忌み嫌ったり、蔑んだり、逆に持ち上げたりするのにつけいるのである。

こういう人たちへの対応は、夜の盛り場で働く男たちの腕の見せどころだった。

自分の勘定を只にさせるために、食べ物のなかにゴキブリを入れて文句を言い出すヤツとか、いろんな人がいたらしい。

小柳昌之は、夜のこういう世界に投げ込むと、慶応仕込みといったらいいのか、それとも十代のころ、堀之内でヤクザな男たちといっしょに無頼の生活を送った経験があったからなのか、それとも前職の東京営業所長の肩書きで大量の責任を背負って働いてきたキャリアからか、妙に度胸が据わっていて、昼間の日常的な世界とは別人に見える迫力を漂わせていたようだ。

いま現在の話をすると、正確なことは分からないが、池袋の主要な部分は板橋区の大山に本部を置く幸平一家の縄張りだという。

[幸平一家]は池袋だけでなく、上板橋、高田馬場、椎名町、江古田、沼袋、中野、落合、早稲田、雑司ヶ谷、牛込、神楽坂、中井、目白、井草、など広大な縄張りを持つ、指定暴力団住吉会の二次団体である。構成員数三百人、準構成員も含めると九百人いるという。

由縁は古く、幕末、江古田に本拠地を置いた侠客藤沢幸平が結成したものだ。構成員三百人というのは、昭和の時代に比較すると、ずいぶん数が減っている。

小柳昌之が池袋西口で壺の家を経営していた当時、池袋を仕切っていた、幸平一家の下部組織だった池田烈《いけだれつ》率いる池田会は五百人の構成員を要していた。

組員一千人と書いている資料もある。東京では最強の武闘派集団だった。

こういうアウトローの世界で生きている男たちの間にも、組織のなかで偉くなるのは学歴もあり、知識もある人が多く、そういう人たちにとっては、小柳の「あの人は慶応出身らしい」という噂（実際にそうだったのだが）と、なんでもよく知っていて、どんな客のどんな話にも、話を合わせることのできる該博な知識の持ち主だった。ということは、一目置くようになる存在だったということだ。

ものごとの裏側に知識の裏打ちがあれば、いうこととやることに暴力とはまた別の迫力が生じるのである。ちゃんとした渡世人たちだったらきちんとした店でヘンなことはしない。

このことに関しては、彼はこんなふうに語っている。

ヤクザものというのは、自分が気に入らないと、なんにでもいちゃもんをつけるんですよ。帰るときに料金を只にしろといいはじめて、さっき、あの料理のなかにこれが入っていたと、勘定する途中にかならず席に戻っていく。出した料理のなかになんかを入れにいくんですよ。やろうと思えば、いくらでもそういうことができる。

だから、本当にまともな商売をやりながら店を守っていくのは大変だったです。どんなことがあっても料金はキチッと払ってもらうことがなによりも大切なポイントなんです。

店に遊びに来る人はみんな、基本的にその店の接客を楽しみに来る。そのことを忘れないようにしないといけない。要するに大事なのはいいお客さんにたくさん来てもらうことなのだ。

店のなかで威張って我が物顔にふるまうのは裏の世界ではたいしたことのない人で、ホントにエラい親分とか組長というのはできるだけ普通の人に見えるようにふるまう。それをうまく裁けるかどうかは店を切り盛りする男の器量の問題である。

そして、あれこれ調べると、暴力団の親分や幹部というのは案外、大学卒業や中退者が多い。それも名前は有名だが偏差値は余り高くない大学が多いのである。

こういう文章がある。作家中野《なかの》ジローの書いた『裏社会 噂の真相』という本の一節である。

実は私の元親分も大学卒の学士様だった。それもヤクザ業界では不良のエリートとされる、K大学の出身者だったのだ。（略）

かの大学は剣道や柔道などの武道に秀でた学校で、数々の大会では優秀な成績を収めている体育会系の大学である。今ではだいぶ雰囲気も変わったが、かつてKといえば系列の高校と併せて、不良の世界では名門中の名門だった。

もともとが、国を守る若者を育成するために作られた学校だったので、教育方針は学問より武道や精神鍛錬が第一。腕っ節が強い者も多く、名を上げるためにケンカ自慢が続々と全国各地から集まった。とくに系列の高校は有名で、徒党を組んで暴走族を結成する者もいれば、数百人の暴走族の群れに一人で突っ込むような強者までいた。（略）

実は親分の上部団体となる一家の総長も、同じK大学の出身者だった。大学時代から拳法や剣道の達人として知られ、数々の武勇伝説を作り上げたカリスマ的な人物だった。ただ強いだけではなく勉強面でも優秀で、高校は地元で一番の進学校を卒業しているという。

また総長の上にあたる御方は、C大学法学部の空手部出身であった。御年70歳を超え、現在では隠居生活を送っているが、現役当時と変わらず矍鑠としておられると聞く。（1）

この、最後の人物が池田烈である。池田烈と小柳昌之は奇妙な因縁の糸で繋がっている。

ちなみに、中野ジローというのは、同書の奥付の著者略歴によれば、彼自身は中野の区立中学卒業というのが最終学歴で、元はヤクザ組織の構成員だが、文章を書く面白さに目覚め、独学で刻苦勉励して作家になった人で、ネットのなかでの人物紹介には元・住吉会系幸平一家系組員（旧池田会出身）に二十八年間所属して、二〇〇五年から物書きの世界に入った人とある。

ネットの略歴と著書の奥付のデータを付きあわせると、中野ジローは二十八年間のうちの十七年間を収監され服役していたことになる。また、Kと目される大学の偏差値は法学部は48、C大法学部と書かれているのは、調べたところでは（別の資料に池田烈の学歴は中大法学部中退とあり、C大は中央大学である。）偏差値76で早慶、上智とともにSグループ（SはたぶんSpecial＝特別）に入っている。もしかしたら、もと池田烈の子分だったということは、ヤクザものの世界ではいまや、勲章の一つになっているかもしれない。

池田烈は紛れもない、池袋の街が生み出した、最強の、本物の極道者だった。

それでいて、話題が豊富でジョークがうまい。そして、なによりも武闘派なのに頭がいい。金儲けがうまくて資金がいくらでもあるから組織も急拡大していく。おそらく、金融関係で大儲けしていたのだと思う。

小柳昌之の話にもどるが、そのころの彼の写真を見ると、ステージの上で『ついて来るかい』を歌っているときの小林旭と『ウソ』を歌っていたときの中条《なかじょう》きよしを足して二で割ったような、ダブルのスーツがよく似合う、夜の水商売の世界の女たちにもてるだろうなというような渋い雰囲気の二枚目の顔をしている。

けっきょくね、壺の家をやっていたときというのは、経営者ですし、お客さんで来る女性はみんな、上下《かみしも》を脱いでやってくる。そして、ホンネでものをいうんです。じつはこういうところで働いている男というのは、女性が積極的に男を選ぶので、普通より十倍くらい女性にもてる。経営者だったらもっともてる。それまで、女の経験がないような若いヤツをアルバイトで採用して使ったら、お客さんが来て、デパートに勤めている女性だったですけれど、その日に誘われてその日に初体験した、とかね。その一回だけで捨てられた、とかね。女たちが大人になった気分で遊びに来るところだったんです。

そういう場所だったから、ファンはたくさんいるわけです。でも、ボクはそういうところで、ダボハゼ的に遊んだことというのは全然なかった。ただ、前の女房と別れた後、一年くらい何人かと遊びの恋愛はしましたけど。

池袋というのは、じつはヤクザの本拠地みたいな街なんだけれども、当時、池袋には高級クラブといわれているところが何軒かあって、そういう場所で池袋の三大美人といわれていた女性のひとり、これはわたしがフタバ食品に勤めていたときは浅草のクラブにいた人だったんですけれども、彼女が池袋の高級クラブに移ってきた。そのとき、短期間だけれども、彼女と恋愛関係にあった。

そのコはたまたま生まれが夕張で、ものすごい美人で、気っぷが良くて男のような気性だった。

彼女はジローと名乗っていた。

意気を看板にした辰巳芸者は太郎とか次郎という男の名前を使う人が多いというが、彼女も男っぽい威勢のいい人だった。

彼は、その恋愛の顛末をしんみりとした口調で語った。

あるとき、深夜にふたりで池袋の裏通りを歩いていたんです。そのとき、ボクは酔っぱらってフラフラしていた。そしたら、うしろから何人かの男たちがなにか揶揄するようなことをいったんです。彼女はそのとき、着物を着ていたんですが、ボクを自分で背中で守るようにしながら、よく通る声で、「あんたら、どこの男か知らないけれど、ナメるンじゃないよ。話をつけてやるから名乗んな！」と、啖呵を切ったんですよ。そのタンカを聞いて、男たちも姿を消したし、ボクも酔いが醒めた。

彼女には男の子がひとりいて、堅気で、やはり子連れの男と結婚の約束をしているという話で、わたしの方は別居中ではあるけれど、離婚を口にする時期ではなかった。つき合う期間は限られているということも刺激になり、逢える時間も限られていたから、ボクはその分余計に熱くなっていったんですけれども、そういう彼女が、池田烈に惚れられてしまった。

毎日のように夜遅くに店にやってきていた彼女の店に来る回数が減りはじめた。

事情を聞くと、池田烈が彼女の勤務時間すべてを指名で独占している、とのことだった。池田はいつも子分やらなにやら複数のとりまきを連れてその店にやってきて高いボトルを開けていたというから、とてつもない金額を使っていたことになる。

そういうお客さんとは、閉店後、食事や六本木のクラブに一緒したりというつきあいが生じる。

クラブが終わってから、ジローと池田グループが壺の家に来たことも数度あった。

ジローはあるときから、店にまったく来なくなり、勤めていた店もやめたと聞いた。そして、一年以上経って、彼女から電話があって会いたいといってきた。指定の場所に車で出かけたんです。彼女はボクの車に乗り込んでで、どこか人気のないところへといってというんです。ボクたちは神宮の森の人のいない場所に車を止めたんです。そうしたら、彼女は上半身裸になって「見て」といって、背中を向けたんです。

彼女の背中には全面にみごとな、あざやかな弁天様の彫り物があった。

これだけの大きな入れ墨を彫るのには一年以上の時間がかかる。

そのあと、彼女はなにもいわなかったという。

彼は、「わかった」とだけいったのだという。

それは彼女なりの、かつて愛しあい、いっしょに暮らすことを夢見た男への決別の宣言だった。「わたしはヤクザの女になりました。そうなった以上、もう後戻りしません」という、彼女らしい、無言の、覚悟に満ちた告白だった。

池田烈というのは、金をたっぷりと持った、最強の男で本物の極道だったですよ。それが、ボクに対してすごいヤキモチを焼いたこともありました。

最終的には彼女は婚約者とも別れ、池田烈と結婚して、彼の奥さんになるんです。

そして、これには後日談がある。


二〇〇三（平成十五）年にＨＡＢＡを株式公開したあと、人のすすめもあって、三年間ほどでしたがマル暴上がりの元刑事さんとボディガード契約していたことがあるんです。その人は現役の刑事時代、あらゆる暴力団の親分と顔見知りだったというんです。あるとき、たまたま池田烈の話になって、つい最近、彼の家へいってきたというんです。

ボクが「きれいな奥さんがいるでしょう」というと「そうなんですよ、すごいベッピンの奥さんかいましたよ」と答えた。「男の子がいるでしょう」と聞くと「立派な若者がいます」というんです。それを聞いて、ああ、幸せに暮らしているんだなと思いました。池田烈の話をするときの彼は、他のヤクザの親分の話をするときとぜんぜん違って敬語を使っていて、口調に尊敬しているようなニュアンスが漂っていたのは驚きでした。

池田烈は小柳昌之とそのことがあったあと、昭和五十八年十月に、いわゆる［池袋抗争］を引き起こして、ヤクザものの世界で知らぬ者のいない、堅忍不抜・命知らずの男としていっぺんに有名になる。

池袋抗争はまず新聞記事としては、路上で警戒、パトロール中だった警察官が怪しい男をふたり見つけて職務質問しようと声をかけたところ、いきなり一人が持っていた短銃を発射、近くにいた通行人と警官が狙撃された、という事件として大きく取りあげられた。

警察犯罪的にはそれだけのことで、事件は直接関係者が逮捕されて、あっという間に解決した単純な話なのだが、この問題は彼ら自身の世界（極道の世界）ではそうはいかなかった。

これには複雑な背景があった。怪しいふたりの男というのが前出の池田会の人間で、敵対する極東会の事務所を襲撃しようとしているところだったのである。

極東会というのはテキ屋の全国組織で、住吉連合はいわゆる博徒の集合体で、関東で稲川会とともに山口組に対抗しうる双璧の勢力というようないわれ方をしていた。

極東会もいわゆる暴力団とはちがうが、テキ屋集団ながら、警視庁からは暴対法指定団体になっている。

池田会というのは池田烈に率いられた、前述したように、そもそもイケイケの武闘派で、会の若いモンが女がらみのトラブルから極東会の人間にリンチされて、その報復を徹底的にやるつもりでいたのである。しかし、住吉連合会はこのことをきっかけにして、警察権力から目をつけられるのを恐れて、池田会に破門状を出す。

破門状がでたことでこの事件が極道たちの世界を根底から揺さぶるできごとになっていく。

新聞報道は表面的なことしか書かれていないのだが、その背景を、集めることのできた情報を整理せず、羅列書きすることにする。裏側から見た［池袋抗争］の事実関係である。

冒頭は、前出、中野ジローのブログ［中野ジローの暴走日記］からの引用、以下、それぞれ出典は【註】に記載した。

■私は本来の地元である中野に本拠を構えていた幸平一家に加入した。当時は幸平一家の中でも飛ぶ鳥を落とす勢いで勢力を強めていた池田会の方に…。それは殆どガキの頃から新宿歌舞伎町で遊んでいたこともあり、前々から（兄貴分に・註）加入を勧められていたからだ。
兄貴分は池田会でも事務局の役職に付き、池田会の中でもグングンと勢力を強めていた木村睦の事務局長…。私も暴走族時代の後輩らを何人か加入させて兄貴分も新宿に組事務所を構えた。

当時、木村睦は戦後から池袋を拠点に地盤を固めていたが、本来、池袋は幸平一家の縄張りのため奪い返すために、何かと小競り合いが続き、池田会も渋谷から池袋に通称「池田会館」と呼ばれる本部ビルを…。そこで一ヵ月缶詰状態になり、特攻第一斑のメンバーに選ばれ、大塚のマンションに一ヵ月ほど潜伏していた時もあった。

まあ、私らの方は相手側とも上手く話し合いも済みドンパチに行かず済んだが、後に池田会は末端組員が警察官や一般市民に発砲したこともあって、関東二十日会の規律に違反したということで、池田会の会長や木村の組長は絶縁処分になり池田会も解散に…。

しかし、私ら池田会は不服とし、残党が団結して全面的に関東中の組織を敵に回すことになった。そういう状態も長く続かず池田会の各系列組織は幸平一家や別の組織で復帰することに…。あくまでも木村睦の組長は愚連隊的な行動をし、後には新宿歌舞伎町の喫茶店で射殺されてしまった。（2）

■この年、やくざ社会全体を揺るがした大事件と言えば池田会事件です。当時、売り出していた池袋の池田烈というバリバリの極道が極東関口の三浦連合（当時）に喧嘩を売りました。

　このどんパチの最中に捜査中の警察官を池田会の人間が間違えて狙撃。池田会の上部団体の幸平一家の清水幸一《しみずこういち》総長（当時）の上である堀政夫《ほりまさお》会長が審議をした上で池田烈以下の池田会の組員千人を破門したっていう大事件です。（3）

■昭和57年、極東会との間で池袋抗争がおこる。池田烈会長率いる住吉連合会幸平一家池田会が極東関口の三浦連合と抗争をおこす。この過程で池田会の組員が警察官を誤射したことから社会的な非難を集める。これ以前に関東二十日会では一般人や警官に危害を与えたものは破門もしくは絶縁処分と定められていたので、堀会長は池田烈会長と誤射をした池田会の組員を赤字破門とした。池田烈会長は九州の道仁会を頼り、道仁会の古賀磯次《こがいそじ》会長は自分を頼ってきたということで迎え入れた。しかし、破門者を迎え入れたということで住吉連合会と道仁会との間で一触即発の抗争に発展しかかった。（4）

■トラブルとしては、住吉連合会系の幸平一家内池田会・池田烈会長が池袋事件の引責として赤字破門になった際、九州の道仁会・古賀磯次会長が池田元会長を引き取り身内にしようとした池田烈事件が有名。

この道仁会の態度は住吉連合会のみならず、関東博徒社会への挑戦と受取られ関東二十日会との抗争勃発寸前にまでなった。最終的には調停機関としての関西二十日会が真価を発揮し、道仁会が池田元会長受入を断念することで抗争は回避された。(5)

このころの池田烈のすごさというのは、住吉会から破門状を出されても、一歩も引かず、自分の子分を守ろうとして戦ったところにあった。処刑指令まで出たという話がある。

九州の道仁会は彼の侠気を無上のものとして肯定したのである。そして、九州の道仁会というのが、これがまたすごい武闘派の組織で、十倍以上の大きさの山口組が来ても関東の住吉会が来ても、へっちゃらという好戦的な集団だった。

うっかりすると、大騒ぎになりそうだったこの話は関西が仲裁に入って、手打ちされたという。そして、九州の道仁会が池田烈を迎え入れようとしたことで、彼は住吉会と道仁会の手打ちが終わったあと、特別な手出しのできない存在になっていった。

池田烈は住吉会の抹殺指令をしりめに、最前線の出入りの世界から姿を消し、組織の構成にかかわるヤクザから、そういう人たちの背後に控える、いざとなったらなにをするか分からない命知らずの極道者として、かつて自分の子分であった、いまや、一家を構える親分になった人たちに〝親分〟として慕われ、隠然たる力を未だに保持する人間として存在しつづけているのである。

前段で小柳昌之は夜の女たちにもてたと書いたが、このころの彼は夜の闇の世界で生きている男たちにとっても、ちょっと油断のならない、怒らせない方がいいヤツという迫力を感じさせた。こういうものは人間の精神的な力の総体が作り出すオーラなのである。まだ十代の少年の頃から、池袋の西口の盛り場で客引きの女のコにキャッチバーに連れ込まれても法外な料金を吹きかけられたことは一度もなかったというし、雑踏を歩くと、向こうから来たどこかの組の若い者が黙ってお辞儀をして道を譲ったという。

これは彼がその道で恐れられる誰かに似ていたとか、生来のたたずまいがそういう人たちをびびらせるような、無頼の雰囲気を漂わせていた、ということだと思う。

また、長年、夜の世界で客扱いというか客あしらいを覚えたことで、人とちょっと話をすると、その人間がどういう人か、油断ならないヤツか、それとも好漢か、そういうこともある程度、判断できるようになっていった。

たとえば、末端の暴力団員でも、一番注意して対応しなければならないのは背の低い、身体の小さな男で、こういう男はだいたいナイフなどの武器を隠し持っていることが多いのできわめて危険なのだ。腕ずくで争わなければならなくなったときに、身体が大きければ、殴り合いのケンカでも、身体が大きいということで相手に二の足を踏ませることができるし、柔道や空手などの体術をマスターしていることが多い。そういう人は殴り合いのケンカに強いのだ。ガタイの小さいヤツほど非力を道具でカバーしようとして飛び出しナイフなどを隠し持っていて、ホントは弱いのに（本人は強いと思っている）弱く見えるヤツほど、怒らせたときに凶暴なのである。だから、背の低い、見た目貧弱なヤツがクレームをつけてきたら、それが一番要注意なのである。そういうことも覚えた。

話の途中で総論的なことを書くのだが、小柳昌之はＨＡＢＡにたどり着くまで、大学を卒業してから十年間、昭和三十九年から四十九年までフタバ食品で働き、四十九年にフタバを退社して昭和五十九年までの十年間を池袋の夜の世界に店を構えて生きた。それぞれ十年ずつである。

このことは人間勉強的にいうと、フタバの十年は基本的に社会のなかをあちこち移動しながらのフィールドワークだったのであり、池袋西口の一角に店を構えて商いをし始めてからの十年は定点観測で人間と人生について考えつづける生活だった。

いま考えてみると、ボクはずっと、心の放浪生活をつづけていたんだと思うんですよ。

自分という人間は一生涯、いったいなにをやって生きていけばいいんだろうということをずっと考えていました。人生は短いのに自分の生涯の仕事はなんなんだろうと。そのことばかり考えていましたね。

パブ・レストランをやって一生を終わろうとは思っていなかった。

もちろん、そのときは真剣に必死になって一生懸命でしたけれど、それはあくまでも、将来［なにか］をするための生活の糧だったんです。夜の池袋の世界で暮らしながら、自分の一生の仕事はなんなんだろうと、これは文字通り、自分に対してその問いかけを繰り返しつづけていた。

これはどうしてそうだったかというと、フタバ食品で弁当を作って売っているときも、壺の家で働いているときも、自分が持っている雑学的な知識やそれまで勉強して身につけた教養のようなものがやりがいの形で生かされている、という感じがあまりなかった。

もちろん、いろいろなことを知っていたことで、幸運に恵まれた経験というのが何度もあって、そのことにはボクは自分の運命的な力というのを感じるんですが。


そのやりがいというのは整理して書くと、たぶん、新しいものを作り出し、それが、世の中に受け入れられていく充実感なのではないかと思う。

これは、あらゆる商業行為のなかに含まれているものだが、自分たちの商品が世の中に受け入れられたことが分かったトタンに、充実した満足感といっしょに霧散してしまう緊張感なのである。要するにそれは、フロンテア・スピリットとかチャレンジ精神のなかにしか存在していないのである。

本質は一種、のるかそるかの博打みたいなところがあるのだが、ビジネスでこの成功の味を経験すると、忘れがたい充実感を経験させてくれる。

前にも書いているが、小柳昌之がＨＡＢＡ研究所を、「これがオレの生涯の仕事だな」と思えたのはＨＡＢＡを創業して、十五年くらいしてからだったという。

そして、彼は「今まで色んなことを知ったり、やったりして得た経験や知識が本当に生かされているな、と思えるようになったのは、商品開発ということに真剣に取り組むようになってからだったと思います」といっている。

その、彼が雑学的な知識とかそれまで培った経験と教養といっている［なにか］はたぶん、人間が生きていく力＝人間力といっていいような、そういう力ではないかと思う。そこのところは、シンクロニシティを自分に引き寄せる力、という書き方でもいいのかもしれない。

シンクロニシティについては前章の406頁以下でも少し触れた。

シンクロニシティは日本語では［共時性］と翻訳されているが、一つの出来事が多重な意味を持って当事者たちの前で起こることをいう。ふつう、出来事は因果律のなかで生起するが、シンクロニシティの考え方は、現実は多重な因果律が錯綜して作用して、変化していく、というところにたつ。簡単にいうと、偶然の一致の背後に潜むなんらかの力があるというのである。

よく実例に上げられる面白シンクロニシティとしては、皇太子妃の小和田雅子さんと秋篠宮妃になった川嶋紀子さんの奇妙な偶然がある。

おわだまさこ
xxxxx
かわしまきこ

なぜこうなったか、このことになんの意味があるのか、それらのこと一切が分からないし、だからどうということもないのかもしれないが、こういう説明のしようのない偶然というのが確実に存在しているのである。たぶん、どの人間の人生にもこういう、偶然としか書きようのないことが、ある程度の頻度でおこっているのではないかと思う。

そして、そういう幸運を人々は多くの場合、日頃、善行をつみかさねている結果と考えて、神の祝福として、あるいは幸運の女神の采配と考えて、そういう偶然が、その人の身を助けるのを喜ぶのである。

壺の家を経営していた頃の小柳昌之にもそういう経験が何度もあった。

お店をやっていたときに、三回、火事にあっています。三回ともボヤなんです。壺の家は池袋の店と新宿の店、それからあと、壺の家を店じまいするころに池袋に出した酔いどれ船という店でも火事になった。原因は三回とも天ぷら油に火がついたんです。店では夕方に店を開けるから、その準備があって、なんかのために天ぷら油を温めて、種火を付けておく。

普通は問題は起きないんだけど、なにかネズミが走ったとか、なんらかの理由でその油に火がついたんですね。池袋の壺の家のときは、ボクはなにかを感じてお店にたまたま早く出ていった。

いつもより三時間くらい早くにいった。そうしたら、天ぷら油が煮立って、沸騰して、火の柱がバーンと上がるところだったんです。

これはね、消しようがないんですよ。ボクはそのとき、暮しの手帖と消防署のケンカ（論争）というのを覚えていたんです。これは要するに、油の火事を水で消せるかどうかで公開実験をやって、大騒ぎになったんですけれども、たっぷりの水でドンドンやっていけば消せるんです。

中途半端にやると、かえって燃え上がる。調理場というのはステンレスです。それで、パッと見たら、水槽があって、水槽のなかに野菜が浸かっていたんです。火には近づけない、勢いが強すぎて。バッとやると、そのまま撥ねますからね。

濡らした前掛けをバッと火にかけて、一瞬、火が横に出てくるときに水をかけたんですよ。水をかけると、このくらいの火の塊がそのまま飛んでいく。それをドンドン水をかけて、そのうちに、そのとき、マネジャーがトイレで掃除をしていたのかな、二人でドンドン水をかけて、火を完全に消したんです。煙が出たんで、消防車とか来ましたが、それ以上の大きな騒ぎにはなりませんでした。これはぼくが偶然に火事を見つけたわけだけれども、油の火事を消す方法についての知識を持っていた、ということが大きくあるように思います。

小柳昌之の日課としては、だいたい夜七時とか八時に店に入るようにしていたのだという。そのかわり、朝まで店にいて、勘定をしめて終わりにする、というふうにしていた。

午後四時とか五時に店に行くなどということはそれまでなかったことだった。近くに住んでいたから、昼間、銀行にいったり、食事したりするので店のそばは始終通るが、店に寄って様子をみようと思ったことなど、一度もなかった。

それが、そのときは胸騒ぎのようなものがあって、店の階段を降りていったら、それを待っていたようにいきなりバッと火の手が上がったのだという。

なにか、見えざる手の差配のようなものがあったとしか考えられない。

それから、もう一回、大変なことになったボヤがありました。

これは池袋で成功して、調子に乗って新宿の歌舞伎町の中央通りに大型店を出したんです。六十坪ある店だったんです。ちゃんと店を任せられる人もいないのに店を出しちゃって、シロウトの弟を店長にしたんですが、わたしがやっても苦労していただろうと思うんです。わたしの判断ミスで、池袋の店が順調だったんで、調子に乗ったんですね。ＨＡＢＡをはじめて十年目ぐらいにまあまあ上手くいっていたんで、調子に乗ってオーストラリアとアメリカに出ていって、痛い目に会うんですけれども、それとおんなじです。

その土地に人的コネもなにもないのに大型店を出すというのはいま考えればずいぶん無茶な話です。

大型店というのは家賃も高いし、いい店なのに売上げが少ないときは、赤字が百万単位で出る。

月毎に苦しくなって、お金が回らなくなって、これはもう倒産するしかない、というというところまで追い込まれていったんです。わたしも新宿へいくことが多く、そのために池袋の店の方も余り調子が良くなくなってきて、もうダメかもしれないな、今年、もうやり過ごせないかもしれないないなというときに、クリスマスイブに新宿の店の調理場から火を出したんです。

クリスマスイヴから大晦日にかけては一番の稼ぎどきでしたからね。このときはホントにまいった。で、新宿の店にいってみたら、ボヤで絨毯はボロボロで、壁もヨレヨレで、こりゃオレの店ホントに潰れるな、と思ったですよ。

それで、一晩必死で集中して考えて、火災保険に入っていたな、と。それで勝負しようと腹を決めて連絡したら、保険屋が査定に来て、そこから交渉が始まったんです。

新宿の店というのは絨毯《じゅうたん》を敷き詰めて、ものすごい高級な感じのお店に仕立てたんですよ。ボヤで汚れて、どうやってもぞうきんで何十回と拭いても真っ黒になっていてダメ。椅子も同じ状態で全部ダメ、それから壁は人工のプラスチックで、これも一部黒くなっていて、これを直そうと思うと一千万円単位なんですよ。で、もう覚悟を決めて、その人に、全部を更新してくれとは要求しない。そのかわり絨毯と椅子と調理場の一部を全部取り替えたいと。壁の部分まで直すと何千万もかかるので、それはガマンする——。そういったんです。

そしたら、スグに査定してくれて、けっきょくすぐにOKが出て、査定の金額が七百万円、そのほか、休業補償で何十万か出て、合計七百何十万円というお金が出ることになった。

七百八十万円くらいだったと思います。

そのときにボクはなにをやったかというと、すぐに電話帳でバーッと調べて、絨毯クリーニングというのが出始めのころだったんですけれども、そのことを知っていたので、すぐに来てもらった。

そしたらね、彼らは「分かりました」といって、こんなデカいモップのお化けみたいなヤツをモーターで回して、石けんを泡立てて洗って、それをバキュームでバーッと吸っちゃうんですよ。そしたら、椅子から絨毯から、壁から、なにもかもぴかぴかの新品になっちゃったんです。

それで、調理場の方はボロボロだったんだけど、これもステンレスでできているので磨き上げればなんとかなって、けっきょく三十万円くらいかかったんですけど、それ以上の経費をかけずに店を再開したんです。翌年、すぐにその新宿の店を売りに出して、半年ぐらい営業しながら、交渉して売却しました。

言葉は悪いが、焼け太りで窮地を脱することができたという話なのだ。

どうしても黒字にならなくて悩んでいた店が、そういうことになって七百何万円という保険金を手に入れることができて、店そのものもなんとか損することなく人手に渡すことができた。

このあと店を出した『酔いどれ船』でボヤを出したときも運よく大事にならずにすんだ。

新宿の壺の家のボヤは人生最大のピンチと書いてもいいような出来事だったんですけれども、ボクは後から考えて、運も良かったんだけれども、自分が新しい情報に敏感に反応していて、最新の絨毯クリーニングという商売の話をなにかで読んで気にしていたから、そのときにそのことを思い出したんだと思うんです。自分を助けてくれる知識をね。だから、日頃のそういう勉強熱心を［運］が助けてくれたんだと思うんです。

このことというのは科学的には説明できないけれども、麻雀の勝ち負けなんかもそうですけれども、運気というのがあると思うんですよ。そばにいる人で、この人はものごとを正確に判断できる人だなと思っている人が、「あんた、いま、ついていないから用心しなさいよ」といったら、ボクは用心しますよ。なにもなければ、それで幸せだし、運というのは流れがあって、上手にやると運は引き寄せられるものじゃないかという気もするんですよ。

凶事が起きていると思って途方に暮れたら、そこからラッキーが連続して勃発して、彼の世界全体を作り替えていってしまった。これが、要するに［神のご加護］、あるいはシンクロニシティである。こういうことは、なけなしのお金をはたいて買った宝くじで一億円当たるのも含めて、人間の世界には、よくあるといえば、よくあることなのである。

こういう経験をわたしは、個人的な見解として、わたしたちがまだ理解できていない（あるいは発見されていない）、ニュートン物理学的な、あるいはアインシュタインの相対性原理的な、未知の法則や物理の原則が存在していて、それに基づけば、そのことは簡単に解明できるような、合理的な、そしていまのところは超現実的なものなのではないかと思っているのだ。

もしかしたら、人間はそういうものを［神］と呼んできたのかもしれないのである。

この［シンクロニシティ］について書かれた、タイトルもそのものズバリの、物理学者で劇作家でもあるF・D・ピートが書いて管啓次郎が訳した『シンクロニシティ』という本があるのだが、そのなかにこんな説明がある。

カール・ユングは、シンクロニシティを「同じ意味を持つ、ふたつあるいはそれ以上の、因果的には無関係なできごとの同時生起」として定義しました。彼が意味するところはあきらかです――宇宙において、いくつかのできごとが、通常の因果関係の力にはよらず連続しておこり、意味のあるパターンをつくりあげる、ということです。

したがってこうしたシンクロニシティは、科学の通常の諸法則からは、はみだしてしまうにちがいありません。なぜならそれは、宇宙の基底から生ずるはるかに深い運動の表現であり、物質と意味とを、きりはなすことのできない形で巻き込んでいるものだからです。

とはいえ「非因果的連結原理」は、ひとつの究極原因をもたないようなできごとなどなにひとつおこりはしないという、因果律に支配された宇宙を信じる、きわめて拘束力の強い世界観を相手にするとき、たちまち吹き飛ばされてしまいます。

もしシンクロニシティがほんとうにふかい意味をもち、ただランダムな偶然の一致や、想像力の投影にすぎないのではないとしたら、科学は科学的宇宙のどこかに、シンクロニシティをいれる場所をさがさなくてはなりません。

しかし、すべてが因果律によって決定されているとき、このいたるところを支配している法則に従わないようなできごとのパターンが、いったいどうしてありえるでしょう?

いいかえれば、この矛盾してきこえる「非因果的連結原理」ということばには、どのような意味がありうるのでしょうか?(6)

シンクロニシティは、できごとの同時生起によこたわっている、普遍的なものと個別的なものとの統一性によって特徴づけられています。普遍的なもののこの本質は、またおおくの個別のできごとをパターン・対称性・数学的法則が相互連結している、科学のうちにもみいだされます。

科学は伝統的に科学法則を、純粋に記述的な生活をもつものとしてうけいれてきましたが、物質世界の現象の背後には、目的知性と呼ばれる発生的・形成的秩序がよこたわっている可能性があります。意識の層とフロイト流の個人的な無意識の下には、こころの集合的・普遍的レベルがあります。素粒子が物質世界を超越するダンスによって維持されるのとちょうどおなじように、こころもまた、こころと物質の彼方によこたわるダイナミクスによって維持されるのです。

したがってこころと物質の彼方には、ものごとを生成させ活性化させる、パターンと対称性が存在するということです。

シンクロニシティ現象がおこるとき、一瞬のあいだ、こうした領域にふれることが可能になり、偶然の連結のなかには、なにかあらゆる創造の核心に位置し存在のもっとも基本的なリズムにふれているような、真に普遍的なものがおりこまれていることがわかります。（7）

F・D・ピートはイギリスのリバプール生まれの物理学者で、カナダで量子力学の研究を続けながら、劇作家・放送作家としても仕事をしている人だという。

わたしは、これは理屈でいっているわけではなく、たとえばこういうことである。

SF小説の読み過ぎだといわれるかもしれないが、人間は電力や磁力、原子力など自然の世界に存在するさまざまの力をある程度、正体を突きとめて利用できるようにしたが、［重力］は確実に存在することが分かっている［力］だが、いまのところ、その力をコントロールすることはできずにいる。

これもそのうち、宇宙戦艦ヤマトの波動砲ではないけれど、人類が利用可能な力になっていって、いまは未知のものである超越的な存在を「やっぱり神様っていたんだ」というような話として、語りあうことができる日がいずれ来るのかもしれないと思う。

これはわたしの妄想である。

人間にとっての無意識の世界は、人間がそれを認識できない形において、構造を持っている。

つまり、何らかの意味を内包する存在として存在している。そして、それはわたしたちが認知できない形で存在している意味を持った存在である。意識があれば、当然だが認識もあるだろう。認知できないから、それが意識を持った存在であるかどうかもわからない。

それは端的にいうと、現在の水準の科学的な（つまり因果論的な）アプローチでは解明できない、超自然的な存在で、神様のような存在である。

つまり、神様はわたしたちが認識できない世界に存在していて、なにくれとなく、一生懸命に生きようとするわたしたちを助けてくれているのではないか、という話なのである。

その超越的な存在を［神］と呼ぶかどうかは別の問題として、人間が五感では確認できない、第六感覚的な存在として、何らかの形でそれが存在しているのではないか、ということがわたしのひそかな確信なのである。

この問題については、フロイトとユングの大喧嘩という話がある。

フロイトは無意識について、そんなものは個人的な経験に基づく、一人一人によってまったくちがうもので、単なる個人の経験が作り出したカオスである、と考えた。そして、無意識に共通性や法則性なんてない、という考え方をしていた。

偶然についても偶然なんだから必然なんかじゃない、という考え方をした。

それに対して、（弟分の？）ユングは、イヤ、これはきっとなにか意味があるはずだといって、［共時性＝シンクロニシティ］という考え方を持ち出すのだ。

わたしも別にこのことの専門家ではないから、自分の書いていることが絶対正しいと思ってこれを書いているわけではないのだが、ユングはここから、「無意識のなかには自分自身が認識できない構造がある」という考え方のなかに入っていくのである。

つまり、無意識は自分の心の問題だが、そこにはわたしという個人、一人の人間の位相を超えた、そのようにして存在している人間すべてに共通して、その人と共存している何らかの構造体＝意識を持つ存在がある、という考え方で、これはもう、考えるとすぐに、神秘主義思想や超現実主義哲学へと足を踏み入れていく場所で、これを日常的な言葉で書くと、守護霊や憑神様というような超能力話になっていくのである。

実際、小柳昌之は「ボクは幸運の神様に守られていたとしか考えられない」とはっきり明言しているし、小柳だけでなく、多くの成功した起業家がそういう天佑に助けられて今日がある、というふうに語っているのである。

それでは、そのシンクロニシティは技術的にコントロールしたり、使いこなしたりはできないものなのだろうか。これは、いい方を変えると、幸運を自在に招き寄せる方法はないものだろうか、という話になる。

残念ながら、ここでは、そもそも単純な因果関係が成立しないのだから、都合のいいマニュアルのようなものはない。しかし、相手が神様のような存在だとしたら、やりようはあるのではないかという気もする。このことについて、小柳昌之の意見を聞くと、彼はこういった。

ボクは自分がどうだったかということしか話せないんだけど、まず、子どものときに描いた夢をいろいろなことがあるなかで、変わらずに追いかけつづけたということがあると思うんです。それは最初、海賊になりたいということだったんですけれども、それはどういう意味なのか、ずっとそのことを考えつづけていた。自分はなんのために生きているのか、とか、青臭いと思ってあまり人に言ったことはなかったんですが。

そして、自分で決めた生き方を守った。人との約束は破らない、ウソはつかない、借金はかならず返す。親父に「沈黙は金だ」といわれてからは、あんまりひょうきんにふるまうのも辞めて、調子に乗らないように気をつけるようになった。そして、人に対してやさしい。それも親から教わったこと、それは特に母親の教えてくれたことだと思うんですけれども、それもボクにとっては自然なことだった。

生活習慣としては、本をたくさん読み、いつも、知らなかったことを知って良かったと思った。新聞や雑誌をできるだけたくさん読んで、世の中の動きについて、ある程度精通していると思える状態を維持しつづけるように努力した。つまり、ボクは［幸運］というのは日常的に努力している人間に、いつかなんらかの形で向こうから訪れるものだと思うんですよ。

運を引き寄せるためにどうしたらいいかというと、たぶん、うしろめたくなく、気分よく起きて、まわりの人たちに優しくしていれば、いい運が来たときにそれを感じてわかると思うんです。人に対する優しさというのは自分の心にマイナスを与えませんから。それが自分の心のなかに幸運を感じさせてくれるような、なんかそういうことなんだろうなと思うんですよ。ついていなかったり、落ち込んでいたりというときには、いいことがあってもそれに気がつかないじゃないですか。

いいことに気がつくということで、経営者は、特に創業の人間は、あとから振りかえって、みんな、運が良かったというけれども、それはみんな謙遜してそういっている、と思うかもしれないけれど、絶対にちがうんですよ。どうにもならない、もう潰れるという寸前に、こういうことがあった、それで助かったんだ、と。みんな、そういう経験をしてきているんですよ。

これらの言葉を総合的に積み上げて、人間像を作り出すと、いっしょに生きている人間たちにこの人といっしょに生きることができて幸福だと思わせる力を持った人間でありたい、ということだろうか。これは一日、二日の努力で作っていけるものではない、一生をそういうふうに生きる、そういう話だろう。そして、そういうふうに生きようとする人間が運命を自分の味方につけることのできる力を持つことができる、ということだろう。

小柳が語った人間像は、キリスト教や仏教等の宗教で、こんなふうに生きたらという人間の善の理想の形にとても近い。

たぶん、そういう生き方が神様や仏様が「コイツのことを助けてあげなくちゃ」と生きる味方をしてくれるような人生、ということなのかもしれない。

これは、酒もいくら飲んでもかまわないし、女のコともいくらでも遊んでいいのだから、そんなに大変な話ではない。現実に対して、ストレスになるような不満を持たず、自分の矩を守って、目標というか夢に向かって努力するのである。酒も博打も女もかまわないが、何事についても立ち居振る舞いがきれいでなければならない。潔くなければならない。それが人に優しいとか人にウソをつかないということの現実のなかでの形なのである。立ち姿のいぎたない男は、もちろん女たちもいやがるし、神様も嫌うし、仏様もいやがり、まわりの人たちも嫌う。

これは学者でも勤め人でも、ヤクザもの（侠客）でも同じことである。侠客ではないヤクザ＝暴力団員の場合は、神様の基準ではなく、悪魔の基準で裁かれることになるのだろう。

目に見えない幸運の手の力が彼を何度も救ってくれたのだった。

まだ四十五歳にならず、これがオレの一生の仕事だと思えるような仕事に出会えていない小柳昌之の人生の星巡りについて、いまここで書いておかなければいけないのは、こんなところだろうか。

彼は、壺の家時代にも［世界を見たい］という夢をできる限りで実現させたいと考えていて、何度か、従業員を引き連れて海外旅行に出かけている。

壺の家時代の生活の形の話にもどるのだが、奥さんだった女性と別居したあとのことである。

小柳東子の回想だが、420頁には［（そのころ）父と母がカフェバーを経営していて、夜は二人とも店に出かけてしまうので、目が覚めたら母がいなくて、よく泣いていました。そのあいだは、

（一緒に住んでいる）祖父が子守をしてくれたのを覚えています。ほどなくして父と母が別居。二歳のころだと思います」という文章があり、次の見開き（422頁）には［父と母が別居した後、わたしは堀切に住む母の姉夫婦に預けられた］と書かれている。

これはじつは、このままでは説明不足で、このままの文章だと、両親が別居して、彼女はすぐに姉夫婦の家に預けられたというふうに受け取れるが、実際にはそうではなかった。

小柳夫婦の離婚は、娘の東子が二歳のときというと昭和四十七年で、彼女が母親の姉夫婦に引き取られるのは昭和五十年を過ぎてからで、東子はそういう書き方はしていないが、じつはその四十七年から五十年まで、小柳昌之が妻と別居した後、東子にとっては二歳から五歳までの三年間だが、東子には濃厚な記憶としては残っていないようだが、昌之と父の文太郎と孫にあたる東子は三人で暮らしている。

これが、この人も波瀾万丈の人生だったと書いていいのではないかと思うのだが、小柳文太郎の人生の最後の日々だった。

家を出て別居生活に入ってから、子供をこちらに引き取ったんですよ。それは彼女が、娘がいたんじゃ生活していけないからということで、彼女のことを考えてそうしたんですが、そのとき、母親と引き離されたことは彼女（娘）のトラウマになっているみたいなんですが、そこからしばらく、親父とボクと娘の三人の生活がつづくんです。娘はけっこう親父になついて、おじいちゃんコだったんですよ。親父もボクが壺の家を成功させたのを見ていて、そのことをすごく喜んでいた。そうやって三人で暮らしている間に親父は脳血栓で倒れちゃったんです。

そして、小柳昌之にはこの時期に、忘れられない恋愛の記憶がもう一つあるという。池田烈と結婚したジローと別れたあとで、いまの奥さんとつきあい始める前の一時期、父と東子と三人で生活していたころ、愛し合った人である。著名な女流漫画家で、娘の東子さんも可愛がってくれたという。

その人は九州の太宰府出身で、家は三井家の血統にあたるといっていました。結婚していたんですが、夫がイヤになってそこを逃げ出すことになって住まいを探す手伝いをして親しくなったんです。頭のいい、独特のムードを持った女性でした。漫画家の世界というのは狭くて、友だちの漫画家と毎日のように、何時間も電話で話しながら仕事をしていた。女性の漫画家というのは普通、人物を大きく描いて、背景はあまり描かないんだけれど、彼女はしっかり背景も書き込んでいた。連載マンガの筋書きを考えてあげたりしました。

親しくしていたのは、東子と住んでいた二、三年間で、その後、彼女は前の男と離婚が成立して、ボクと別れ、同業の男の漫画家と結婚した。女の子が生まれたということを聞きました。

彼女はボクにいろいろな面で影響を与えた数少ない女性のひとりでした。ボクは女性との口数は少ない方なんですが、彼女とは毎日、いろんなことを話しあっていた。

知識も豊富で、ボクの知らないことも知っていた。

彼女はそのあと、出版界の大きなマンガの賞を受賞して、作品がテレビ番組化されて人気になった。いまも現役で活躍する、マンガの世界に詳しい人なら誰でも知っている著名な漫画家である。そのころ、撮影した写真をみせてもらったが、これが漫画家かというような美貌の女性だった。

このころはもう、小柳の家は夕張を引き払っていて、父親もだが母親も上京している。

小柳典子は「母も東京に来ていたんですけれど、うちの母は一回倒れていて、身の回りの面倒を見てくれる人がいて、姉もいたんですね、姉も病気がちだったんですけれども、次女（典子本人のこと）が元気だったので、母の世話はわたしの方でしていたんです」という。

文太郎は自宅で倒れて、病院に担ぎ込まれ、死線をさまよったあと、二十三日目に息を引き取ったという。そして、祖父に死なれて、東子は、ちょうど子供のいなかった母方の姉夫婦に引き取られるのである。

小柳文太郎は働きづめでガマン隠忍の人生だったが、晩年に息子に庇護されて孫の世話をしながら暮らした平和な、最後の日々は彼の波乱の人生に花を添えた、幸福な生活だったと書いていいのではないかと思う。

享年八十一歳だった。「親父にいまのＨＡＢＡを見せてやりたかった」と彼はいっている。

話を壺の家の経営にもどすのだが、一九八〇年を過ぎるころ、新宿に池袋より大きな店であったという壺の家新宿店を出店する。これがうまくいかなかったことはすでに書いたが、その店が火事を出したことをきっかけに、まず、新宿店を処分し、池袋の店も売り払うことに決める。

そのころ、すでに現在の奥さんとの交際が始まっていて、一九八〇年には池袋西口の繁華街のど真ん中、ロサ会館の斜めにあたるビルにスナックの『酔いどれ船』という店を出している。この店が、壺の家を店じまいしたあと、ＨＡＢＡが商売として軌道に乗るまでの彼の生活を支えている。

壺の家を店じまいしたことについては、それなりの努力をして店を軌道に乗せたあと、そのときの彼の可能な限りのエネルギーを注ぎ込んできたのだろうが、それでも、花瓶に挿した切り花がつぼみから大きく咲いて、そして、やがて散るように、店としての寿命を終えた、と書くことにしよう。

たぶん、彼にこの仕事が自分の人生の一生の仕事だと思えれば、本気でスタッフも育てただろうし、店のシステム自体もその都度、活性化させることを考えて、もっと客を飽きさせない工夫を徹底して追求したのではないかと思うのだが、そこまで水商売に打ち込めなかったのは、やはり、この仕事がどうすれば「海賊になりたい＝世界を見たい」という彼の人生の根源的な願望に結びつく筋道を立てられるのか、夏休みに従業員をつれて外国旅行するだけではしょうがないだろうという思いにまといつかれて、そのつながりが見えない、ということだったのだろう。

たぶん、そこに活路があると思えば、彼はそこで戦えたはずである。彼はこういっている。


壺の家をもう辞めようと思ったのは、もともと、友だちには、腰掛けでやっているんだといっていたんですよ。友だち（佐野功太郎・註）も「お前さん、いつまでもそれやっている場合じゃないだろう」と。まわりの昔からの知人はみんなそう思っていたと思うんですが、まあ、居心地がいいからやっていた、みたいなところがあるんですよ。

それで、もう終わりにしようと思った直接的なきっかけというのがあったんです。というのは、朝方、店にまだお客がいるのに居眠りするようになったんですよ。これはこのまいくと肝臓を壊すな、と。健康の知識は昔からすごくあったから、年齢のこともあるし、もう明け方まで起きているような形の仕事はしない方がいいなと思ったんですよね。それで、なにをやるかというときに、いま、これだと決めて走り始めたら絶対に間違えるだろうと思ったんですよ。なにをやるか、とにかく、走りながら、考えようと思ったんです。

考えて考えて、結論を出してというのではなく、とにかく、まず第一歩だ、と。一歩を踏み出さないと前に進まない、と思ったんです。

【註】

（1）『裏社会噂の真相』二〇一〇年刊　彩図社　中野ジロー著　P・48

（2）［中野ジローの暴走日記二〇一一年十二月六日分］参照

（3）ヤフー［知恵袋］chiebukuro.yahoo.co.jp［池田会事件］参照

（4）rekishiiroiro.blog130.fc2.com/blog-entry-1757 歴史のお勉強　ヤクザ組織小史（7）住吉会　参照

（5）［極道用語の基礎知識］は行　www.usamimi.info/~kintuba/zingi/zingidic-ha

（6）『シンクロニシティ』一九八九年刊　朝日出版社　F・D・ピート著　管啓次郎訳　P・55

（7）『シンクロニシティ』P・155

最終章　ＨＡＢＡへ　酔いどれ船の日々

一九八四（昭和五十九）年、小柳昌之は四十五歳になっている。

彼はここまで人生の河の流れをたどって、海をめざす旅をつづけていた。

水商売という言葉に引っかけた文章を書くと、彼も夜の河で泳ぎつづけるのに疲れたということでもあったのだろう。池袋西口での飲食店商売の日々もまもなく終わりを告げようとしていた。

ここでこのまま、いくら流れに乗って、日々を生きていっても、彼がこの旅の出発の時点で描いた大いなる疑問の答は、いまだ得られず、とてものこと海賊にはなれそうもなく、夢見たその夢の場所へもたどり着けそうもなかった。

——俺はどこへ行こうとしているのだろうか。俺は本当はなにがしたいのだろうか。

酩酊の思いは深かった。

一九八〇（昭和五十五）年から八一（昭和五十六）年にかけて、彼は壺の家を店じまいして、池袋の西口の一番の繁華街に小さなスナックを出す。

店の名前は『酔いどれ船』という名前だったというのだが、これはフランスの詩人、アルチュール・ランボーの詩の題名である。小林秀雄《こばやしひでお》の名訳がある。

われ非情の河より河を下りしが
船曳《ふなひき》の綱《つな》のいざなひいつか覚えず
罵《ののし》り騒ぐ赤肌人ら船曳《やつら》等を標的《まと》にと引つ捕らえ

彩色《いろ》とりどりに立ち並ぶ杭に赤裸《はだか》に釘付けぬ

船員も船具も今は何かせん
ゆけフラマンの小麦船イギリスの綿船よ
わが船曳等《ふなひきら》の去りてより騒擾《さわぎ》の聲《こえ》もはやあらず
流れ流れて思ふまゝわれは下りき

怒り高鳴る潮騒を小児等《こどもら》の脳髄ほどにもきき判《わ》けず
われ流浪《さすら》ひしはいつの冬《ひ》か
纜《ともづな》ときし半島もこの揚々たる混沌を
忍びしためしはなしと聞く

嵐来てわが航海の眼醒めを祝別《いわ》ひてより
人呼んで永劫の犠牲者《にへ》の運搬者《はこびて》という波の上
身はコルクの栓よりなほ軽く跳り狂ひて艫《とも》の灯の
惚けたる眼を顧みずわれ漂流《ただよ》ひてより幾夜へし……（1）

この詩編はまだまだつづくのだが、引用はここまでにしておこう。

ちなみにだが、小林秀雄はこの詩の題名を［酩酊舩］と書いて、「よいどれぶね」と読ませている。［酔いどれ船］の表題は一九〇五（明治三十八）年に上田敏が発表した訳詩集『海潮音』のなかにこの作品を載せたときに用いた表記で、これが日本にアルチュール・ランボーの詩篇が紹介された嚆矢だった。この詩はここまでの引用した部分だけでも、人生のさまざまの苦難を想起させる象徴性の高い語句の羅列である。

小柳昌之の人生はまだ、半ばにさしかかったところだったが、航海の最後の港はどこなのか、彼にはまだ見えなかった。いつまでも酔っ払ってあてどのない船に乗っているわけにはいかなかった。このときのことを彼はこういうふうに想起して、説明している。


明け方、店はまだやっていてお客さんもいるのに、眠くてしょうがなくて、居眠りをしているんですよ。自分が年をとったということなんだろうけれども、生活のなかで今までと同じように暮らしているのに、疲れがとれなくなっていった。それで、このままいくと、肝臓を壊すな、と思ったんです。それで、水商売はもう辞めようと思った。

何十年も経ってわかったことなんですが、このとき、ボクは肝炎を起こしていたらしいのだけれど、そのときはわからなかった。

店を閉めたあと、なにをやるのかも決まっていなかった。（現実の問題として）なにがやりたいのかも判っていないんだから。とにかく、漠然と［海外に行ける仕事したい］というおおざっぱな夢というのはあったんですけれども、それじゃあ、どうすればいいかというのはまったく判らなかった。それで、とにかく、走りながら考えようと思ったんです。

とにかく、一歩を出さないと前進できない。そのとき、たまたまなんですが、あるところが新しいビタミンCを添付した健康食品を出すという話に弟が絡んでいて、その説明を聞いているうちになるほどナアと思った。それで、オレもこれをやってみよう、と思ったんです。


実際のところ、彼はやがて自分が船長になって遠出することのできる船を一艘手に入れようとしていた。ここから、彼が海を渡るまで、まだまだ幾多の困難が待ち受けていたし、船も最低の資本金供出でつくった自分一人の会社だった。しかし、その船でも好運に恵まれれば、いずれ、世界を見にいくことができる立派な仕立ての大きな船になるはずだった。

小柳昌之がこのとき、なにをやろうと思っていたかというと、こういうことである。

考えてみると、彼は銀座のバーのバーテンから始まって、フタバ食品でのアイスクリーム、蒸かしまんじゅう、駅弁から始まった弁当作り、そして、壺の家での飲食店経営と、ずっと食べ物に関わって仕事を選んできていたのだから生活のなかの［食］の分野でものを考えるのは、一種、必然的なことだった。それと、［健康］というテーマを重ね合わせたのである。

これは自分自身の年齢による身体の衰えをどうすればよいか、という問題もあった。［健康］ということを意識せざるを得なかったのである。

話を日本社会全体の動きにもどすのだが、大衆文化的にいうと、一九八〇年という一年を中心に前後一年のあいだに、日本の社会では本当に色んなことが起こった。

よく歴史の曲がり角というが、一九八〇年は太平洋戦争に負けたわけでもなく、バブルが弾けてベルリンの壁が崩壊したわけでもなかったが、この前後からインベーダーゲームが大流行しはじめ、サラリーマンは就労中はライバル企業と戦い、休憩中は喫茶店で宇宙人の侵略と戦うことになった。また、一橋大学の学生だった田中康夫が書いた『なんとなくクリスタル』という小説が河出書房新社の文藝賞を受賞して、ベストセラーになり、世の中になんとなくクリスタルな風潮が生じた。街にはスナックやパブではなく、カフェ・バーと呼ばれる新しいスタイルのおしゃれなデザインの飲食店が姿を現した。

これはつまり、いまから考えてみると、百パーセントアナログの時代から、そういえば、銀行にＡＴＭが登場したのもこのころからで、社会にデジタルの若葉が芽吹いて、それが次第に幅をきかせはじめていた。携帯電話が出現するのはこのあと、まだ、七、八年先のことだが、任天堂のテレビゲームが大流行するのはもうすぐのことである。

日本の大衆文化も大きく変化しようとしていた。まず、プロ野球の世界では王貞治《おうさだはる》が引退し、長嶋茂雄が巨人軍の監督を辞めさせられた。野村克也《のむらかつや》が引退したのもロッテの監督だった金田正一《かねだしょういち》が馘首されたのもこの年である。そして、広岡達朗《ひろおかたつろう》が西武ライオンズの監督に就任し、強烈な管理野球を提唱し、それを推し進め、西武を優勝させる。長嶋が巨人軍の監督を辞めさせられて、その代わりに指揮を執ったのは投手上がりの藤田元司《ふじたもとじ》だった。この人も長嶋野球に比べればずっと理論的で管理的な野球をやった。ちなみに余談だが、このあと、王が巨人の監督になってなかなかいい成績が上がらずに辞めさせられたときも、彼が後の監督を引き受けている。

一九八〇年の芸能界では山口百恵の引退を中心に、ピンクレディー、キャンディーズの解散、沢田研二《さわだけんじ》、森進一《もりしんいち》、布施明《ふせあきら》などの人気歌手を擁して全盛を誇っていた渡辺プロダクションが弱体化し始め、その代わりに松田聖子《まつだせいこ》（サンミュージック）や中森明菜《なかもりあきな》（確か研音所属だったと思う）、小泉今日子《こいずみきょうこ》（バーニングプロ）、たのきんトリオ（ジャニーズ事務所）などのそれまでとはなんとなくリアリティのあり方がちがうアイドル歌手たちが現れる。

個人的な記憶では、このころ、わたしは週刊誌の編集者だったのだが、自分がやっていた雑誌（『週刊平凡』という芸能週刊誌の編集記者だった。この雑誌は、美空ひばり、石原裕次郎の死、昭和天皇の薨去、つまり昭和の時代の終焉とともに廃刊になっている。）が山口百恵の引退・結婚と潮時を同じくして、部数を減少させはじめ、返本率がドンドン悪くなっていったのを記憶している。同時に兄弟週刊誌的な存在であった『平凡パンチ』が七十年代の後半に百五十万部の発行部数を誇っていたのが、百恵の引退、ピンクレディーの引退などがあり、部数を六十万部ぐらいのところまで落としてきていたのだった。わたしのいた出版社は平凡出版（＝いまのマガジンハウス）という会社なのだが、かわりに『anan』『POPEYE』、『BRUTUS』、『Croissant』、『Olive』

などの横文字タイトル雑誌群が大量に売れはじめ、雑誌の勢力図が急速に変化していった。

世界史的な視野でいうと、ソ連のアフガニスタン侵攻やポーランドでの連帯の成立、アメリカのレーガン大統領の登場、それにジョン・レノンがニューヨークで殺されるという事件が起こっている。これらの文化現象は、世代交代というようなところもあるのだが、内容はもっと本質的な変化を伴ったモノだったと思う。これらの表面的な変化の背後、実体社会の内部ではいったい、なにが起こっていたのだろうか。

社会動向的にいうと当時、飛ぶ鳥も落とす勢いだったスーパーのダイエーが年商一兆円を突破するのが一九八〇年なのだが、これはたちまち減益動向に転じて、八二年にはそのほかのスーパーマーケットも軒並み、年商減に転じている。(2)

アメリカとの関係でこのことを論じると、この当時、日本は年間千二百億ドルを上回る貿易黒字を稼ぎ出す状況にあり、通過の需給関係からいえばドル安円高になって当然の状態だったが、この時点(一九八〇年)での1ドルは年平均226円だった。むしろドルが上昇し、円は下落していったのである。この原因は米国国債の11パーセントから13パーセントという高利にあった。それやこれやで日本の対米投資が貿易黒字を上回るペースで拡大して、ドル高は収まらなかった。蛇足の説明になるが、このことの解決について話し合われたのが、一九八五(昭和六十)年のニューヨークのプラザホテルでおこなわれた話し合い(プラザ合意)で、大規模なドル引き下げだった。ここからドルはドンドン安くなって、1ドル120円という平成の、いまの時代と変わらないレートに突入する。これが八十年代後半の日本社会にバブルを招来したといわれている。

蛇足が長くなってしまったが、八〇年はまた、イランで革命が起きた翌年で、同時にＯＰＥＣが原油価格を値上げするということがあり、石油の供給をイランに頼っていた日本社会は、その影響（第二次オイルショックである。）をまともに受ける。しかし、これは第一次オイルショックの教訓もあり、備蓄もあり、深夜テレビの放送自粛などもあって、実際には石油が手に入らなくて大騒ぎして、トイレットペーパーを手に入れるために行列するというような（第一次オイルショックのときのような）ことにはならなかった。

一九八〇年の経済状況について、［昭和56年度年次経済報告］は次のように述べている。

53年末から55年にかけての第２次石油危機の直接的、間接的影響は決して小さくはなく、石油価格上昇等による交易条件悪化によって実質購買力の伸びの鈍化から、景気のかげりは大きく、設備投資や輸出が堅調な増加を示していた反面、個人消費や住宅建設は停滞し、在庫調整が進行するといったように需要項目間の跛行性が目立ち、また産業別、企業規模別、地域別にみた経済活動にも跛行性が目立った。（３）

経済成長率的にいうと、七十八年、九年の経済成長率が５・４パーセント、５・１パーセントであるのに対して、八〇年２・６、八十一年３・９、八二年３・１、八十三年３・５、とそれまでの数字に比較すると、ガクンと数字的にも低成長率の時代がしばらくつづくのである。

これは一般の大衆社会的にはどういう意味なのだろう。

当時、プロレスの世界で、新日本プロレスのアントニオ猪木《いのき》を中心にした「過激なプロレス」というのが大流行したのだが、これもそれまで、敵を外人レスラーに想定してやっていたものが、このころから日本人レスラー同士の試合が多くなっていく。

代表的な例では長州力《ちょうしゅうりき》と藤波辰爾《ふじなみたつみ》のかませ犬事件というのがある。

これは年齢は上でオリンピックまで出場した長州力が、先輩なのに年下の藤波辰爾との試合でいつも藤波の引き立て役をやらされることが多く、ある日、それに対して「おれはお前のかませ犬じゃねえ」と発言して、反旗を翻した、という話である。これは実際、相当にリアリティのあるストーリーで、観客の喝采を浴び、ここから、日本人同士が戦う、一種の「下克上プロレス」が始まるのである。

つまり、試合の形が外的襲来型ではなく、内部抗争型の試合運びになっていったのだ。もちろん、これはプロレスだから、この筋書きを考えて、試合を面白くしようとした人がいたのだが(たぶん、アントニオ猪木。彼はプロレスのマッチメイクの天才だった。)この長州力のセリフが当時のサラリーマンたちに共感を呼んだのは、彼らの会社勤めのなかでの出世競争が、座れる椅子の数が少なくて、社内では、次に課長になるのは誰かというのが、ひそかな大問題になって、最大関心事が同僚社員との社内競争になっていたという背景があった。

このことは企業的にいうと、それまで高い成長率があり、商売もドンドン規模が広がって支店ができたり、支社ができて、みんなでドンドン出世できたのに、商売の伸びが止まって、ここのところから、社内での出世が上が閊《つか》えていてままならない、そして、この生き残りゲームのなかで、オレはどうしたらいいいんだろうというのが、八十年代の前半のサラリーマン社会の、個別のサラリーマンひとりひとりの状況だった。

それで、このころ、上記のような風潮と並行して特徴的だったのは、ファッションが大衆の生活のなかで深化して、ライフ・スタイルという言葉を生み出したことだった。これはやはり『アンアン』や『ポパイ』など、アメリカやヨーロッパのトレンドを最新情報として日本の都市生活者たちに情報提供した雑誌が主導した動きだったと思う。

雑然とした高度経済成長を終わらせた後の日本社会での暮らしぶりを整理して、混沌のなかから、なにを一番大事にしなければいけないのか、という問題意識が生じて、そのなかで、これが一番大事じゃないかといわれて見つけたのが［健康］だったのである。

モノがあふれて、なんでも手に入る豊かな生活のなかで、人々は皆、［美］と［健康］を選んだのである。これはアメリカでも同様で、アメリカではすでに七十年代のベトナム戦争が完全に終わったころからフィットネスやダイエットが大衆の一番大事な生活テーマになっていた。

健康に暮らすことが一番大事なのである。

これらのことを考えに入れると、小柳昌之が八十年前半の模索のなかで、これからは［健康］

が生活のキーワードだな、と考えたのは、それなりに鋭い着想だった。

彼が創業した会社の社名であるＨＡＢＡの由来は、〝Health Aid Beauty Aid〟だというのだが、これは意訳すると［健康と美が一番大事］ということだろうか。これもたぶん、彼が自分の頭のなかの雑学百科事典のエネルギーを落とさずにそこまで研鑽してきていたから、思いつけたことだったのだと思う。

ちなみに、これもまたマガジンハウスの話だが、小柳がＨＡＢＡを創業したと同じころ、わたしたちも同じようなことを考えていた。これからは［美と健康］が人生のキーワードになるなと考えて、わたしは石川次郎につれられて、一九八五（昭和六十）年から新雑誌の『Tarzan』の創刊作業に取り組むのである。

ＨＡＢＡ創業以降の話は、別巻に譲るが、創業にいたる経緯については、これも小柳昌之の運の強さを強調することになるのかもしれないが、書き加えておかなければならないことがある。

彼はこういうのである。


ひとつの仕事から別の仕事に移るときに、問題になるのは、区切りになる期間、どうやって食いつなぐかということと、新しい仕事のための元手をどうするか、ということだと思うんですが、壺の家をはじめようとしたときに、太平洋大学で親しくなった秋山ちえ子さんが助けてくれて、銀行相手に、ボクの保証人になってくれた。

考えてみると、ボクはホントに女に助けられているんですよ。特に、女房に。ボクがフタバ食品を辞めたときには、（418頁で）いったように、ボクはロクな退職金をもらえなかったんですが、そのころには前の女房が板橋でアダモという店をやっていて、彼女は客の扱いが上手で、店を始めてすぐに黒字の軌道に乗せて、毎月、何十万円の利益を出していたんです。それが独立資金になりました。

それで、前の女房と別れたあと、何年かして、いまの女房と知り合ったんですけれども、彼女もじつは友だちと共同経営でスナックをやっていたんです。それで、ボクといっしょに生活するようになって、新宿の壺の家を閉めたのに合わせて、酔いどれ船をやってもらったんですよ。

酔いどれ船でも天ぷら油でボヤを出したんだけど、運がよくておおごとにならなかった。

この店はよく繁盛して、それにあわせるように、池袋の壺の家がだんだんダメになっていった。ＨＡＢＡはたいした準備もせずにはじめた会社だったんですが、いろいろに苦労してなかなか上手くいかず、最初に用意した事業資金が底をつきそうになったときに、彼女が酔いどれ船で稼ぎだしてくれるお金でなんとかなった。彼女はＨＡＢＡについてもずっと控えめながら、色んな意見を言ってくれて、あの、一番苦しかった時期を乗り越えられたのは彼女のおかげなんです。

奥さんの小柳かず江さんの証言では、酔いどれ船をはじめたのが一九八〇年の八月で、壺の家のお別れパーティーが翌年の五月だから、小柳昌之たちがやっていたことも、前述の［一九八〇年の曲がり角」という時代の背景に、詳密な因果関係までは判らないが、関係しているのではないかと思う。

長嶋の監督辞任も王貞治の引退も山口百恵・三浦友和の結婚も、ジョン・レノンの殺害もレーガン大統領の就任も、これは別の本に書いたことだが、わたしが取材記者として一番の衝撃を受けた市川房枝《いちかわふさえ》さんの死去も、みんなこの、酔いどれ船を始めてから壺の家を閉めるまでの十ヵ月あまりの間に起こった事件なのである。（4）


そして、時代の激流は東京の池袋だけでなく、北海道の彼の生まれ故郷にも押しよせていた。

故郷の夕張では一九七三（昭和四十八）年には、三菱大夕張炭坑が閉山する。

第三章でもちょっとふれたが、年表を調べると、七十年代から八十年代にかけて、この時期に夕張の炭坑はガス爆発、ガスの突出事故などが起きて、多くの炭坑夫が命を落としている。

そして、夕張にあった、大小の炭坑が閉山しつづけて、多くの人たちが町を離れていった。

石炭産業が衰亡していったことで、夕張の町は人口をドンドン減らしていったのである。

北海道を出て、東京で仕事をしながら暮らし始めてからの彼は、北海道のことをどう考えていたのだろうか。彼はこういう。


東京で生活しながら、北海道というものを考えたときに、北海道というのは、あのころ、ゴツゴツの座席の腰が痛くなってしまうようなところに座りつづけて、列車でいけるところまでいって、それから連絡船に乗りかえて、さらにまた列車を乗り継いで、二十四時間かからなければたどり着けない、そういう最果ての場所だったんですよ。それでも、ボクは余裕があれば北海道に帰りたいと思いながら、暮らしていた。オレの故郷は北海道だ！　北海道、どうだ！　っていう気持ちが自分のなかにあって、自分が北海道の大自然のなかで生まれたことと、そこに生きた開拓者の子孫だということを誇りにして生きていましたからね。東京の人たちも、北海道の出身者だというと、ちょっと見る目が違っていた。身びいきかも知れませんが、「いい所ですよね」とか「行ってみたいです」といってくれる特別な場所という感じがしますね。

けっきょく、その北海道という問題を考えたときに、東京とは対照的な雄大な自然の場所ということを感じていたんだけれど、そのなかで寂しかったのは、ボクにとっての［故郷］というのは〝母なる大地〟ということばがあるけれど、オフクロが生活していた場所だったんじゃないかと思うんです。あるときから、オレの故郷はオフクロじゃないかと思いはじめた。それは、本物のオフクロでもあり、心理的な（＝象徴的な）意味でも母親のようなもの、という意味でもあるんですけれど、ボクはいつの間にか、故郷とオフクロを一体化させて、同じものというふうに考えるようになっていった。そういうなかで、夕張はドンドン寂れていった。

東京で苦労して、いろいろな目にあっても、故郷のオフクロのところにもどると、なんともいえない暖かさにつつまれて、またエネルギーをもらえて元気になれる、ボクの人生にとっての北海道というのはそういう存在だったんです。

夕張の町は昭和の終わりにかけて、非常な勢いで衰亡していった。

最後の、三菱南大夕張炭坑が閉山するのは一九九〇年、平成二年のことである。

人が少なくなり、夕張で暮らしていた小柳の父と母が見切りをつけて離郷を決意したのは七十年代の終わりの時期だった。

親父たちが「もう夕張にいても食べていけない」というので東京に引き取ることにしたんです。そのころ、ボクは東京でお店（＝パブレストランの壺の家）をやっていたころですから、ソコソコ食べられるようになっていた。妹の典子も結婚して東京で暮らしていましたし、オフクロは足が悪くて、病院に通っていたんで、妹のところで世話してもらって、オヤジは（そのころ、小柳は離婚してやもめ暮らしのなかで娘を育てていた）ボクといっしょに暮らして、孫の面倒をみてもらうことになった。

わたしの方は毎月、必ず母親のところに顔を見にいくようにしていました。オヤジは一九八一年に脳梗塞で倒れて、そのまま亡くなったんですが、オフクロは九十二歳まで生きて、天寿を全うしました。オヤジもオフクロも晩年は平和でおだやかな生活をさせてあげることができた。それは良かったと思っているんですよ。

母親は東京で暮らしながら、息子に会うと、「いまごろ北海道は…」と忘れがたい故郷の思い出を語りつづけたという。そして、夫の死後、北海道にもどりたいといい出したのである。もう夕張にもどっても、誰か知り合いがいるというわけではなかったから、もどる場所が夕張の必要はなかったが、とにかく北海道にもどってそこで死にたい、というような思いだったのだろう。この時期に妹の典子が離婚して、彼女も家庭の拘束から解き放たれ、自由な身になった。彼女も「わたしも北海道にもどろうと思ったんです」という。こういっている。

父親が典子に「お前は大学に行かなかったから、そのかわりに土地を残して置いてやる」といって、苫小牧に土地を買って置いてくれたんです。それで、苫小牧にその縁を求めて、移り住むことにしたんです。実際はその土地は長いこと放っておいたため、建築不可の土地になっていて、その近くの白鳥湖畔の古い家を買って住むことになったんです。

小柳も同じ白鳥湖畔に母親のための家を建ててやり、そこで、母と妹が隣りあわせで暮らすことになった。その家が母親の終の棲家になったのである。彼のなかにも、自分が東京でのビジネスに成功したら、北海道にもどりたいという意識が強くあったのだという。

この、母と妹が北海道にもどったのが、八十年代のなかば、彼がハーバーを創業した、ちょうど、その時期だった。やがて、ハーバーが軌道に乗ったとき、彼は苫小牧の土地を手に入れ、ここに生産拠点を求めて、工場を作ることになる。それも、税務的には別会社仕立てにしない方が安上がりで住むところをわざわざ、北海道の工場を別会社にして、北海道に税金を納める形にしている。北海道に対する望郷の思いがそうさせた、ということである。

小柳昌之の北海道とかかわる話を聞いていて、わたしが思いだしたのは、昔、千昌夫が歌ってヒットさせた『夕焼け雲』という歌だった。

この歌は昭和五十一年と五十八年の二度、シングル盤が発売された。望郷演歌の名曲である。

♪夕焼け雲に誘われて　別れの橋を越えてきた
帰らない　花が咲くまで帰らない　帰らない
誓いのあとの切なさが　杏の幹に　残る町♪

♪ふたりの家の白壁が　並んで浮かぶ　堀の水
忘れない　どこへ行っても忘れない　忘れない
小指でとかす黒髪の　かおりに甘く　揺れた町♪

♪あれから春が　また秋が　流れていまは遠い町

帰れない　帰りたいけど帰れない　帰れない
夕焼け雲のその下で　ひとりの酒に　偲ぶ町♪

この歌を作ったのは横井弘《よこいひろし》、昭和期の作詞家で、倍賞千恵子《ばいしょうちえこ》の『下町の太陽』や仲宗根美樹が歌った『川は流れる』、中村晃子《なかむらあきこ》の『虹色の湖』などのもこの人の作品だ。

この歌もそうだし、小柳昌之の証言からもわかるが、故郷というのは、けっきょく土地というよりは人間なのだろう。昔、いっしょに暮らした懐かしい人々との生活の記憶、そして、それらの人々への惜別と愛、それが望郷の正体なのではないか。

人は年を取り、もう二度と、若かった日を生きたその場所にもどることはできない。

そのことを思うと、心のなかに切ない思いがあふれ出てくる。

わたしも人生のケリがついたら第二章の98頁に書いた、生まれ故郷にもどって死にたいと思う。

最後に――、いつも誰かに見守られているような気がする、という話になったときに彼は、

守護霊が見えるという人が何人かいて、その人たちに自分のことを観てもらったんですが、みんな、「あなたには女性の守護霊がついています」とか、「女神がついている人を初めて見ました」とかいうんです。フランスの中世の貴族の女性だとかね。ホントかどうかわかりませんが、ボク

はこれは「女性の役にたつような仕事をしろ」という意味だと勝手に解釈しているんです。

そういって笑った。そして、小柳昌之は自分という人間について、こんなふうに語っている。

ボクは親の愛情をこれ以上ないというくらいにたくさん受けて育った、とても好運な人間だと思います。父の愛についていては大人になってからわかったんですが、親に愛されるということは、人間にとって、すごく大事なことなんだなと、いま、ここにこうしているから、余計にそう思うんですよ。ボクは人を見ても、その人を敵だとは思わないし、その人にだまされたり、ひどい仕打ちをされても、きっとなにか、そうせざるを得ないわけがあるんだろうな、大変だな。と思う人間なんです。愛をもらっていると、それを人に与えることができる。

たぶん、彼がそういう人間だったということは、最終的に彼が人生の勝者になったことと関係があるだろう。彼自身は、「幸運が重なった」というが、ツキも実力のうち、というのが商売の世界である。彼のこの最後の告白のなかには、人生の大事なヒントがひとつ隠れている。

子供にとって親に最大限に愛されたことは偶然で好運だったかもしれないが、親たちにとっては、子供を親愛の情で包み込んでできる限りの愛を与えて育てることは、一種の必然なのである。

つまり、好運や幸福を呼び込む力を持つ人間性が、親が子に与える、人に優しくしなさい、とか、礼儀正しくしていなさい、ウソをついちゃダメですよ、約束を守りなさい、というような細かな生活のなかの善良なルールの積み重ねでその基礎の形を作ることができるのであれば、わたしたちはまず、自分の子供や孫たちにそういうふうに接し、子供たちをそういうつもりで育てなければならない。そして、そうやって育てられた子供が、親に言われたことの矩を守って、実直に努力して生きていけば、運命は切りひらかれていく。

人間は自分の可能性を信じなければいけない。自分の信じる生き方をあきらめてはいけない。

これが人生の真実、この本の結論である。

（第一巻　終）

【註】

（1）『仏蘭西詩集』一九四三年刊　青磁社　村上菊一郎編　小林秀雄訳　P・45

（2）『にっぽん株式会社戦後50年』一九九五年刊　日刊工業新聞社　eX Mook28　P・404

（3）『戦後・日本経済日誌―半世紀の歩みと今日の姿―』一九九六年刊　生産性労働情報センター（財）社会経済生産性本部編　P・231

（4）市川房枝さんの死については、拙著『編集の砦』（二〇一四年刊　河出書房新社　P・385）参照。

■参考資料リスト

『世界文学全集第28巻』一九二八年刊　新潮社　ストリンドベリ著　三井光弥訳
『世界文学全集第一期第十巻』一九五三年刊　河出書房　ストリンドベリ著　山室静訳
『コンサイス人名辞典日本編』一九八三年刊　三省堂
『新選現代日本文学全集 15 伊藤整集』一九五九年刊　筑摩書房　伊藤整著
『鍋島直正公伝　第六編』一九七三年刊　西日本文化協会　久米邦武他著
『佐賀偉人伝05　島義勇』二〇一一年刊　佐賀城本丸歴史館　榎本洋介著
『北海道の百年』一九九九年刊　山川出版社　永井秀夫ほか編
『屯田兵村の百年・中巻』一九七九年刊　北海道新聞社　伊藤廣著
『美唄市百年史 通史編』一九九一年刊　美唄市役所発行　美唄市百年史編纂委員会編
『昭和史「１９４５～89』一九九三年刊　東洋経済新報社　中村隆英著
『二十世紀』二〇〇一年刊　毎日新聞社　橋本治著
『数字でみる日本の百年』一九九一年刊　国勢社　矢野恒太郎記念会編
『朝日新聞に見る日本の歩み』一九七四年刊　朝日新聞社　第一巻～第四〇巻
『戦後・日本経済日誌―半世紀の歩みと今日の姿―』一九九六年刊　生産性労働情報センター
『にっぽん株式会社戦後50年』一九九五年刊　日刊工業新聞社　eX Mook28
『戦後産業史への証言」～エネルギー革命～』一九七八年刊　毎日新聞社　エコノミスト編

『石炭鉱業原価計算解説』一九四八年刊　日本石炭協会　発行・編　緒言
『東武鉄道百年史』一九九八年刊　東武鉄道株式会社　社史編纂室編
『雪明りの路』一九二四年刊　椎の木社　伊藤整著
『君よ知るや南の国・ミニヨンの歌』一九三九年刊　新興音楽出版　堀内敬三訳
『仏蘭西詩集』一九四三年刊　青磁社　村上菊一郎編　小林秀雄訳
『一握の砂・悲しき玩具』一九五二年刊　新潮文庫　石川啄木歌集　金田一京助編
『挽歌』一九五六年刊　東都書房　原田康子著
『北国抄』一九七三年刊　読売新聞社　原田康子著
『昭和文学史』一九五九年刊　至文堂　吉田精一編
『大正文学史』一九六三年刊　筑摩書房　臼井吉見著
『石狩平野』一九六七年刊　河出書房　船山馨著
『更科源蔵詩集』一九七三年刊　北海道編集センター　佐々木逸郎編
『青春の門・第二部 自活篇』一九七三年刊　講談社文庫　五木寛之著
『風の果て』一九八八年刊　文春文庫　藤沢周平著
『わが谷は緑なりき』一九九五年刊　筑摩書房　安野光雅著
『編集の砦』二〇一四年刊　河出書房新社　塩澤幸登著
『県民性』一九七一年刊　中公新書　祖父江孝男著
『ベストセラーの戦後史1』一九九五年刊　文藝春秋　井上ひさし著
『大正 大阪 スラム』一九八六年刊　新評論　杉原薫ほか著
『ワイド版 北海道をゆく／～北海道の諸道～』二〇〇五年刊　朝日新聞社　司馬遼太郎著

『日本人の源流～ヒマラヤ南麓の人々』一九八〇年刊　冬樹社　森田勇造著
『日本人 はるかな旅①マンモスハンター、シベリアからの旅立ち』二〇〇一年刊　ＮＨＫ出版
『碧素・日本ペニシリン物語』一九七八年刊　新潮社　角田房子著
『サルファ剤、忘れられた奇跡』二〇一三年刊　中央公論新社　トーマス・ヘイガー著
『エンピツ一本』一九九二年刊　講談社　大森実著
『ラグナビーチより愛をこめて』一九八九年刊　学研　大森実著
『大森実ものがたり』二〇一二年刊　街から舎　大森実ものがたり編纂委員会　奥付
『ヤン・ケン太平洋らくが記 [Kindle版]』二〇一四年刊　Yanken Doodle（版元）　柳原謙一著
『裏社会噂の真相』二〇一〇年刊　彩図社　中野ジロー著
『悲しみよ こんにちは』一九五五年刊　新潮文庫　フランソワーズ・サガン著　朝吹登水子訳
『シンクロニシティ』一九八九年刊　朝日出版社　Ｆ・Ｄ・ピート著　管啓次郎訳
『海賊大全』二〇〇〇年刊　東洋書林　デイヴィッド・コーディングリ著
『ＧＭとともに』二〇〇三年刊　ダイヤモンド社　アルフレッド・Ｐ・スローン・Ｊｒ著　有賀裕子訳
『東京女子大学社会学年報第1号』二〇一三年刊
『漫画読本』一九六八年十一月号
『週刊新潮』一九六八年八月十七日号
『産経新聞』二〇一四年二月十日発行分
『朝日新聞』一九四四年一月二十七日発行分

※直接引用しました資料を列挙いたしました。このほか、たくさんの資料を参考にさせていただきました。

【著者紹介】塩澤　幸登（シオザワ　ユキト）作家・編集者

1947年生まれ。東京都世田谷区出身　早稲田大学文学部卒業。

1970年平凡出版（現・マガジンハウス）入社。雑誌編集者として『平凡』、『週刊平凡』、『平凡パンチ』、『ターザン』、『ガリバー』などの雑誌編集に携わる。2002年より作家活動に入る。

主な著書に『夢の行方』、『ＫＵＲＯＳＡＷＡ』三部作、『ＭＯＭＯＳＥ』、『バリの海へ』、『ＵＷＦ戦史』三部作、『平凡パンチの時代』、『「平凡」物語』、『王貞治の甲子園』、『死闘 昭和三十七年 阪神タイガース』、『雑誌の王様』、『南ア戦記〜サッカー日本代表激戦譜〜』、『編集の砦』、『格闘者〜前田日明の時代〜』などのノンフィクション作品がある。

北の男　第一部　激流篇

2016年 4月20日初版印刷
2016年 4月25日初版発行

著　者　塩澤幸登
発行者　堀内明美
発　行　有限会社　茉莉花社（まつりかしゃ）
〒173-0037　東京都板橋区小茂根3-6-18-101
電話　03-3974-5408
発　売　株式会社　河出書房新社
〒151-0051　東京都渋谷区千駄ヶ谷2-32-2
電話　03-3404-1201（営業）
http://www.kawade.co.jp/

印刷・製本所　（株）シナノパブリッシングプレス

定価はカバー・帯に表示してあります。
落丁本・乱丁本はお取り替えいたします。

ISBN978-4-309-92084-9　C0093